科技档案管理服务
农业发展的实践与思考

陈成瑾　著

吉林科学技术出版社

图书在版编目（CIP）数据

科技档案管理服务农业发展的实践与思考 / 陈成瑾

著． -- 长春 ：吉林科学技术出版社，2023.6

ISBN 978-7-5744-0658-2

Ⅰ．①科… Ⅱ．①陈… Ⅲ．①农业技术－技术档案－

档案管理－研究 Ⅳ．① G275.3

中国国家版本馆 CIP 数据核字（2023）第 136546 号

科技档案管理服务农业发展的实践与思考

著	陈成瑾
出 版 人	宛 霞
责任编辑	李万良
封面设计	树人教育
制 版	树人教育
幅面尺寸	185mm×260mm
开 本	16
字 数	280 千字
印 张	12.75
印 数	1–1500 册
版 次	2023年6月第1版
印 次	2024年2月第1次印刷

出 版 吉林科学技术出版社

发 行 吉林科学技术出版社

地 址 长春市福祉大路5788号

邮 编 130118

发行部电话/传真 0431-81629529 81629530 81629531
                81629532 81629533 81629534

储运部电话 0431-86059116

编辑部电话 0431-81629518

印 刷 三河市嵩川印刷有限公司

书 号 ISBN 978-7-5744-0658-2

定 价 80.00元

前　言

　　档案是一种不可再生资源，其最大的特点是原始性和唯一性，随着社会的发展，档案资源的开发力度越来越大，档案利用的频度越来越高.因此如何及时、有效地保护档案，如何最大限度地延长档案的寿命等问题凸显出来档案的保护工作就是为了更好地、长远地利用档案，克服与限制损毁档案的各种因素，最大限度地延长档案的寿命，维护档案的系统和安全。档案馆应建立和健全各种管理制度，提高档案人员保护意识，改善档案的保管条件，并采取必要的防治措施，确保馆藏档案的完整与安全。

　　在档案的分类中，有一种很重要的档案，即科学技术档案。科学技术档案是科学技术和社会文明发展到一定阶段的产物，是人类社会进步的一个标志。人类社会发展史告诉我们，生产活动是人类最基本的实践活动，科学技术来源于生产实践和对自然现象的观察与探索。科技档案就是人类生产实践活动和科学技术实践活动的历史记录。科学技术档案是一种科技信息，是反映人们认识自然、改造自然的手段、过程和成果的科技信息及其载体的统一体科学技术档案本质上是一种知识形态的产品。在人类的科技、生产活动中，一般可获得两种形态的产品：一种是物质形态的，如机床、楼房、煤炭、石油等；另一种是知识形态的，如工程或产品设计图样、科学实验记录和成果报告等。这种知识形态的产品归档保存起来，就是科学技术档案。而科学技术档案的重要性决定着科学技术档案管理的重要性。本书通过对科技档案管理的相关理论研究，探讨科技档案管理服务农业发展的路径，相信能为我国农业发展起到一定积极作用。

　　本书论述力求系统和详实，但鉴于笔者能力有限，书中内容难免存在不足之处，望广大读者批评指正。

目　　　录

第一章　档案和档案工作

第一节　档案

一、档案的定义及其基本要素

《档案工作基本术语》对档案的定义表述为：档案是国家机构、社会组织或个人在社会活动中直接形成的有价值的各种形式的历史记录。本定义包含了以下四个基本要素。

（一）档案的来源

档案来源于一定的单位或个人，是人们在社会活动中形成的，其形成单位极其广泛。档案的形成者来自两个方面：一是机关、团体、部队、企事业单位等；二是个人、家庭和家族。

档案来自四面八方，是社会上各行各业、各个单位及个人在社会活动中的产物，从而决定了档案来源的广泛性。同时，这些形成档案的特定单位有着相对的稳定性。只要某个单位继续存在，那么相关的档案就会连绵不断地形成和积累，从而决定了档案来源有着一定的连续性和稳定性。另外，各单位每一方面工作、每一次会议、每一项科学技术活动等，必然会产生相关的文字记录，这些多样化的社会活动决定了档案内容的丰富性与联系性。

所以，档案来自一定的单位，形成于特定的社会活动中。档案的来源广泛、内容丰富，同一来源的档案内容之间有着内在的联系，在档案管理中必须尊重和维护这种联系，从而有效地发挥档案的作用。

（二）档案的形成条件

各单位或个人在自身活动中，为了相互交往和记录事务，总要产生和使用许多文件材料，由于工作的持续性和事业的发展，便有意识地将一部分文件留存下来以备查考，但并不是所有的文件都需要和可能实现这个转化。文件转化为档案一般需要具备一定条件，即必须是办理完毕的文件；必须是对日后具有一定查考和保存价值的文件；必须是按照一定规律整理完毕的文件。由此可见，档案和文件既有联系又有区别，档案是由各种文件材料转化而来的。

（三）档案的形式

档案的形式包括档案的载体形式、档案的文种名称和档案内容的记录方式等。我国档案载体形式，古代有龟甲兽骨、青铜钟鼎、竹木板片、金册铁券、纸张等，现代有胶片、磁带、磁盘等；档案的文种名称，有诏、谕、题本、奏折、咨呈、照会、电报、命令、通知、条约、协议、计划、报表、会议记录、手稿、日记、信函等形式；档案内容的记录方式有手写、刀刻、印刷、晒制、摄影、录音、录像等。档案的形态还会随着社会的发展而不断变化和更新。

（四）档案的性质

档案是原始的历史记录，这是档案的本质属性。档案是由形成者在各自的活动过程中直接形成的，即档案是由特定的形成者在当时当地为适应活动需要而直接形成的原始文件的转化物，所以，档案具有很强的原始性。同时，档案亦是以具体内容反映形成机关或人物社会活动的历史记录，所以，档案具有很强的记录性。正是这种兼原始性和记录性于一体的特点，成为档案区别于图书、资料等其他文献资料的独有特性和根本标志。

作为人们社会实践活动原始的历史记录，档案具有最权威的真实性、可靠性。但不是说档案所记载的内容都是真实的，我们必须辩证地看待档案的可靠性问题。一方面，从档案文件的形成本身来看，档案都是真实的历史记录，即使档案内容没有真实描述某一客观事实，但文件的形成过程是真实的，即使某份文件是伪造的，这份文件本质上也就成为伪造者的伪造活动的真实记录；另一方面，从档案的内容来看，即使档案内容有虚假部分甚至完全违背事实，它表达了当事人的意图，留下了当事人行为的痕迹，其档案本身也说明了某种历史事实，即成为伪造者自身行为的一种证据。对于研究伪造行为的背景和意图，对于认识和揭示某种社会历史现象，有时也是颇有利用价值的。对内容确有不真实、不可靠之处，既不能简单地将这一客观存在付之一炬，也不能用现实的观点去"改造"它，应在考证后在卷内备考表内附以必要的说明。

二、档案的种类

按照不同的标准，档案的常见分类方法有按形成时间划分、按内容性质划分、按形成领域划分以及按载体形态划分这四种。

（一）按形成时间划分——古代档案、近代档案、现代档案

古代档案是指 1840 年以前所形成的全部档案。

近代档案是指 1840 年至 1949 年 10 月 1 日中华人民共和国成立之前的各个历史时期中形成的各种内容和形式的档案。

古代档案和近代档案习惯上称为"历史档案"。

现代档案是指1949年中华人民共和国成立以来党和国家的中央和地方各级机关、团体、企事业单位形成的档案，以及由国家征集和个人捐赠的某些著名人物档案。

（二）按内容性质划分——文书档案、科技档案、专门档案

文书档案亦称"普通档案"，是机关、团体、部队、企事业单位等在党务、行政管理活动中形成的档案材料。

科技档案是指人们在科技、生产和基本建设等活动中形成的、具有查考利用价值、已经归档保存的图纸、图表、文字材料、计算材料、照片、影片、录像带、磁带、光盘等各种类型和载体的科技文件材料：

专门档案是指某些部门在从事各种专门活动中形成的有保存价值的文件材料，专门档案种类繁多且具有独特的管理方法。

（三）按形成领域划分——公务档案、私人档案

公务档案是指国家机关、团体、企事业单位和其他社会组织在公务活动中形成的为社会所有的档案材料。这些档案多由各级各类档案机构保存。

私人档案是指人们在社会活动中形成的、归私人所有的档案，如日记、文稿、笔记、账单、票据、信函等。这些档案在不危及国家、集体和他人利益的前提下，一般由个人自行保管和处置。

（四）按载体形态划分——纸质档案、非纸质档案

纸质档案是指以纸张为记录载体的档案，这是在相当长时期内档案馆（室）保管的主要载体形态，为我国一千多年来最基本的书写材料。

非纸质档案又称"特殊载体档案"，不仅包括纸张发明以前出现过的甲骨档案、金石档案、简牍档案等古代档案，而且还包括新型材料为载体的档案。

三、档案的作用

档案是一种社会活动的历史记录，它纵贯古今各个历史阶段，横跨各个领域，而

现实社会的各个方面都是历史上社会活动的延伸，不可能脱离历史的发展而发展，因此，档案具有广泛而重要的社会作用。

（一）档案的作用与价值

档案作为历史的原始记录和凭证，在行政管理、经济建设、政治活动、科学研究和宣传教育等方面具有广泛的社会作用。

档案的价值体现在凭证价位和参考价值两个方面，档案的凭证价值，是档案不同于其他各种资料的最基本的特点。首先，从档案形成的过程及其结果来看，它是当时、当地、当事人在活动中直接形成的，客观地记录和反映当时的历史情况，反映了人们的思想和活动，是一种令人信服的历史证据；其次，从档案的形式特征来看，文件上保留着真切的历史标记，有当事人行为的痕迹，因此，档案具有无可置疑的权威性，成为证实国家、集体和个人合法权益的可靠文件。此外，作为原始记录的档案，档案还具有可靠而广泛的参考作用。档案参考作用的特殊性和主要特点在于其原始性和可靠性，它比档案、图书和报刊及其他资料等更加可靠，具有更强的权威性。

（二）档案发挥作用的规律性

1. 档案作用范围的扩展律

一般而言，时间和作用范围是成正比的。档案在形成之初的相当一段时间内，在要是对形成者本身有用，是为形成单位工作和生产活动提供查考利用，档案发挥作用的主要对象是本单位。随着时间推移、社会的不断发展，档案在本单位的现行效用会逐渐降低，档案进入档案馆管理阶段后，利用服务的范围向社会扩展。与此同时，社会各界对这些档案的利用需要日益增强，人们不但要利用自身所形成的档案，还会涉及其他的档案，因此，档案最终成为社会的财富。

2. 档案机密程度的递减律

档案是各个机关、团体和个人在社会实践活动中形成的一种历史记录，其中一部分档案具有一定的机密性。首先，从档案的前身——文件开始，就有不同的密级区分，而文件转化为档案之后，出于各自的政治和经济等方面的利益考虑，必然有一部分档案不能公开，必须对具有机密性的档案规定一定的使用范围和开放期限。其次，档案的机密程度随着时间的推移和条件的改变而发生变化。经过若干年后，有些档案仍具有机密性，而有些档案机密程度减弱，有些则完全失去了机密性。一般来说，档案机密性的强弱与档案保存时间的长短成反比。

3. 档案作用的多元化趋势

随着社会的进步和人们对档案认识的深化，档案发挥作用的领域趋于多元化，从作用于行政管理、经济建设、文化建设和科学研究等领域，逐渐拓展到面向社会。

4.档案发挥作用的条件性

档案作用发挥主要受到以下三个方面因素影响：

（1）社会经济发展水平。不同的历史时期，不同的社会经济发展水平，不同的社会制度，以及国家有关法规政策等，对于档案利用的需要和可能提供利用的程度，有很大的制约作用。目前，我国的经济发展水平有了明显的提高，因此，档案的作用较之以往得到更好的发挥。

（2）社会档案意识。人们对档案的认识水平以及社会上对档案带有普遍性的认识程度，称为"社会档案意识"。这一意识对于档案作用发挥程度的影响表现在三个方面，即档案利用需求、档案利用政策和档案服务观念。凡是对档案作用有明确认识、意识强的地方或单位，人们就能够重视档案工作，从而有意识地保管和利用档案，档案作用发挥得比较好。

（3）档案管理水平。档案管理水平的高低直接影响档案作用的发挥。一个档案馆、档案室对档案实体的管理，以至档案业务工作的水平，也会影响到档案发挥作用的程度。

因此，运用科学的原则和方法，采用先进的技术手段，提高档案的科学管理水平，是确保档案价值充分实现的重要条件。

第二节 档案工作

一、档案工作的基本内容

档案工作，是指用科学的原则和方法管理档案，为党和国家各项事业服务的工作。从广义上讲，档案工作是以档案室工作为基础，以档案馆工作为主体，以档案行政管理工作为组织和指挥中心，以档案教育、档案科研、档案宣传出版、档案国际交流等为条件的国家规模的社会主义档案事业。从狭义来讲，档案工作就是档案室、档案馆开展包括档案的搜集、整理、鉴定、保管、统计、检索、利用、编研八个环节的业务工作。

档案工作各环节间有一个最基本的关系，即基础工作和利用工作。其中，档案的搜集、整理、鉴定、保管、统计、检索等环节，都是为档案提供利用创造条件的，属于基础工作范畴；而利用和编研是直接发挥档案作用的，属于利用工作范畴。长期以来的档案工作实践证明，基础工作和利用工作同等重要，二者不可偏废。

二、档案工作的基本原则与组织体系

（一）档案工作基本原则

我国档案工作的基本原则，是在总结档案工作实践经验的基础上形成的，并已经过《中华人民共和国档案法》（以下简称《档案法》）的形式予以确定。档案工作的基本原则是"档案工作实行统一领导、分级管理的原则，维护档案的完整与安全，便于社会各方面的利用"。这一原则包括三部分基本思想：一是确立了档案工作的组织原则和管理体制——统一领导、分级集中地管理全国档案工作；二是提出了档案管理的最基本要求—维护档案的完整与安全；三是体现了档案工作的根本目的便于社会各方面的利用。

（二）档案工作组织体系

在我国档案工作组织体系中，档案室、档案馆档案和档案行政管理部门是三大主要机构，是档案事业的主体。其中，档案室是档案事业最广泛的基层组织，是各单位的内部组织机构。档案馆是党和国家的科学文化事业机构；是集中保存和管理档案的基地；是科学研究和社会各方面利用档案史料的中心。档案行政管理部门是党和国家监督、指导和检查档案工作的行政管理机构。

我国档案馆目前主要包括：各级国家档案馆和部门档案馆。各级国家档案馆又分为综合档案馆和专门档案馆"部门档案馆是指那些中央和地方某些专业主管部门所属的、收集管理本部门及其直属单位档案的事业机构。另外，还有企业和事业单位档案馆。

随着我国改革开放的深入进行，我国档案机构的设置也出现了一些新情况，产生了一批新型档案机构，其中较为突出的是文件中心、档案寄存中心和档案整理咨询服务机构等。这些机构的建立，对推动我国档案工作的开展和探索我国档案管理的新形式发挥着积极的作用。

正是以档案室为基础，档案馆为主体，档案行政管理部门为组织中心，档案科研、教育、宣传、外事、出版机构及新型管理机构等为条件，从而在全国范围内构成了一个结构合理、管理科学、颇具规模的档案工作组织体系。

三、档案工作的性质

档案工作的性质主要表现为三个方面，即档案工作的服务性和条件性、档案工作的政治性和机要性、档案工作的科学性和管理性。

（一）档案工作的服务性和条件性

档案工作的服务性是科学研究和社会各项工作持续发展的条件，是档案工作赖以生存和发展的基础。档案工作部门是信息服务部门之一，是通过提供档案信息为各项社会实践服务的，这是区别于其他服务性工作的主要特点。档案工作本身并不直接产生物质财富，也不直接参加具体的经济建设，但它要为物质财富的顺利创造和各项事业的正常进行提供必不可少的服务。档案工作是在为一定的经济、政治、科学、文化等事业服务中得到加强和发展。

档案工作是为科学研究和各项工作服务的条件性工作，虽然档案工作也从事研究，但研究的是档案，并在研究的基础上进行汇编，最终档案工作的还是为社会各项事业的利用需要服务的。档案工作为党政领导和各项业务建设提供了条件，起了参谋和助手的作用。

（二）档案工作的政治性和机要性

档案工作是一项政治性和机要性的工作，具体表现在以下几个方面：

首先，档案工作的服务方向是档案工作政治性的集中表现。在阶级社会中，档案工作体现着一定的阶级关系和阶级利益，历来是为一定的统治阶级所掌握，为一定的社会制度和一定的路线、政策服务的。档案工作为谁服务、如何服务始终是一个不可忽视的政治问题。在社会主义新的历史时期，提高党的执政能力和政府管理水平、维护国家安全和社会稳定、推动经济社会科学发展服务，是新形势下我国档案工作的重要任务。

其次，档案工作也是一项具有机要性质的工作。档案工作的机要性是指管理机密档案的工作具有机要性，这种机要性是由档案本身的特点和国家利益所决定的。档案中有一部分涉及国家的政治、军事、经济和技术等方面的机密，因此，对机密档案要保密，古今中外都不例外。档案工作者应当树立正确的档案保密观，夸大或否定档案工作的机要性质都是错误的。

最后，档案工作的政治性还体现在维护国家历史真实面貌方面。由于档案主要产生于一定阶级的政党、国家机关和社会团体，是历史的见证，所以，在一定意义上说，档案工作就是保存历史、维护历史真实面貌的工作。

（三）档案工作的科学性和管理性

档案工作不仅为社会各界的科学研究创造条件，而且其本身也是一项科学性的工作。档案工作的科学性主要是指档案管理的科学性，即档案工作的各个业务环节，都有一套科学的工作原则和方法，而且档案工作的组织也要科学化，要运用档案学各门学科知识来管理档案；采用现代科学技术手段管理档案；运用档案工作法规管理档案。而推行档案工作标准化、实行规范化管理等，都属于科学管理。同时，档案工作尤其是科技档案工作的科学性还体现在专业性要求上。科技档案工作是一项专业性很强的工作，它要求档案工作者不仅要拥有一般的档案管理理论与方法，还要求掌握较为完整的科技专业理论知识体系来处理这些专业性很强的科技档案资料。

档案工作也是一项管理性的工作。它的管理对象包括档案实体和档案信息，管理目标是开发档案信息资源为社会实践服务。而这正是档案管理工作与其他管理工作的区别。同时，档案管理还是其他各项社会管理不可缺少的组成部分，比如，人事档案工作是人事管理工作的一部分；会计档案工作是财务管理的一部分；机关档案工作则是机关日常行政管理的组成部分。

由此可见，档案工作的科学性与管理性具有非常紧密的联系，档案工作的科学性具体体现在档案的管理过程中，而档案工作的管理性必须建立在科学性的基础上。

第二章　科技文件材料与科技档案概述

第一节　科技文件材料与科技档案的概念

（一）科技文件材料的概念及含义

科技文件材料（即科学技术文件材料）是记录和反映生产、科研、基建、设备及其管理活动的文字、图表、声像等不同形式技术文件的总称。

这是对科技文件材料所作的简明、确切的定义。这一定义的含义可从以下几方面理解：

（1）科技文件材料是人们在从事科技、生产活动中产生、形成的，它真实的记录和反映了科技、生产活动的全过程。明确科技文件材料产生和形成的领域，有助于区分科技文件材料与一般文书材料的界限。

（2）科技文件材料是科技、生产活动的直接记录，它直接记录和反映科技、生产活动的全过程和结果，是第一手材料。明确科技文件材料是科技、生产活动的直接记录，有助于科技文件材料和科技资料两者区分。

（3）科技文件材料是指一切记录有科技内容的和与之有关联的文件材料的总称，包括科技文字材料、科技图样、科技表册、科技照片以及科技录音和录像等。

科技文件材料的产生与形成，是以国家专业技术政策、标准、规范为指导，以有关行业、企业的标准化、规范化制度为依据的，凡是定稿的科技文件材料，一般都要履行严格的审签程序。正确认识和理解科技文件材料的定义及其含义，准确地把握科技文件材料的本质属性，这不仅有利于对科技文件材料形成阶段的工作进行监督和指导，而且还有利于做好科技档案工作。

（二）科技档案概念及含义

在《科学技术档案案卷构成的一般要求》中，对科学技术档案定义为：科学技术档案（以下简称科技档案）是企事业单位和国家机构、社会组织及个人从事生产、科研、基建及管理活动形成的对国家和社会具有保存价值的应当归档保存的科技文件材料。

对于上述定义应作如下理解：

1.定义阐述了科技档案产生的领域和内容性质科技档案产生于生产、科研、基建及其管理活动之中，它包括自然科学研究活动，水文、气象、天文地震以及一切自然现象的观测活动，地形、地质的测量和勘探活动，工程和产品的设计活动，建筑施工活动，产品的开发、研制和生产活动，以及农业的科技和生产活动等等。科技档案就是在这样一些活动领域里形成的，是这些活动的记录和伴生物。

2.定义明确的初始记录

定义明确了科技档案是生产、科研、基建及管理活动的原始记录。科技档案是生产、科研、基建等活动的原始记录，它是第一手材料，与活动的内容过程相对应，而不是事后另行编写和搜集的。

3.定义规定了归档文件需有价值

定义规定了科技档案是对国家和社会具有保存价值的应当归档保存起来的科技文件材料。科技文件材料能否转化为科技档案的基本条件，在于它是否对国家和社会具有保存价值，有保存价值就应当转化为科技档案，反之则不然；科技档案是履行了归档手续，统一保管起来的科技文件材料。

上面阐述的科技档案的定义，只是若干个科技档案定义中的一种。由于人们认识科技档案本质属性及其与相关事物特征区别的角度或表述方法不同，关于科技档案定义的表述不是唯一的，往往会因人而异。美国档案学家谢伦伯格在讲到档案的定义时曾说："档案一词显然没有一个不可变动而必须优先采用的、最终的、最完备的定义，它的定义可以在不同的国家做不同的修改，以适应不同的需要。而且，在不同的时代，亦可以做不同的修改，以适应不同的需要。"我们对科技档案的形成与来源角度下这样一个定义，主要是为了适应强化科技档案管理的需要。

第二节　科技档案与相关事物的联系与区别

（一）科技档案与科技文件材料的联系与区别

1.联系

科技档案与科技文件材料存在着必然的联系，这种联系主要体现在相互转化的关系上。首先，科技档案是由科技文件材料有条件地归档转化而来的，其条件一定是要具有保存价值的科技文件材料，这是科技文件材料转化为科技档案的基础，这也表明并非所有科技文件材料都要作为科技档案加以保存；同时，科技文件材料转化为科技档案必须履行归档移交手续。科技档案是科技文件材料的精华部分，按传统的做法履行归档手续，存在一个转化时间的问题，一般是在科技文件材料现行效用完毕或告一段落后归档备查，也就是同一事物的不同发展阶段。其次，归档的科技档案经常会以复制件的形式被科技、生产所采用，这时科技档案就转化为科技文件材料，如产品恢复生产时将保管的档案复制下来，作为科技文件材料使用。

2. 区别

在直观上，科技档案与具有保存价值归档的科技文件材料是同一事物在不同运动阶段上的两种表现形式，两者还是具有一定的区别：

从性质上看，科技文件材料是按照规程在科技、生产活动中形成的原始记录；科技档案是科技、生产活动的历史记录。

从功能上看，科技文件材料是指导现行科技生产活动的依据；科技档案是备查考的历史凭证。

从来源上看，科技文件材料是科技人员按照生产活动的需要有针对性编制而成的；科技档案是由科技文件材料的归档形成的，但又不局限于科技文件材料，还含有部分非科技文件材料。

从存在形式上看，科技文件材料由形成科技、生产活动的单位管理；科技档案由归档的科技部门或有关人员整理组卷，移交给本单位档案机构实行集中统一管理。

认识科技档案与科技文件材料的联系与区别，对科技档案管理具有重要的指导意义：一是有利于划分科技文件材料的归档范围。即把具有保存价值的科技文件材料作为归档保存的对象，并非是所有文件材料都必须归档。二是有利于保证科技档案的质量。为保证科技档案的完整、准确、系统，档案部门应提前介入到科技、生产活动中，对科技文件材料的形成、积累进行及时收集，为档案部门对科技文件材料工作进行监督、指导提供了理论基础。三是为文档一体化管理提供了理论依据。鉴于科技档案与科技文件的密切联系，应当全程对其实行一体化管理。

（二）科技档案与科技资料的联系与区别

科技资料是为了本单位的科技、生产活动作为参考而搜集来的科技文献材料，也是科技文献材料的一种。科技文献材料包括科技期刊、学术论文、产品样本、技术标准、科技档案复制件等。

1. 联系

首先两者内容属性相同，同属科技信息的范畴。其次，在一定条件下可以相互转化。从外单位搜集来的科技资料一旦被本单位采用，就成为本单位科技、生产活动的历史记录，最终转化为本单位的科技档案，如引进技术中的技术资料；本单位科技档案的复制件可以转化为外单位的科技资料，如以技术成果形式参与科技转让的科技档案的复制件。

2. 区别

在与科技、生产活动的关系上，就一个单位来说，科技档案是本单位科技生产活动的历史记录，是直接记述和反映本单位科技、生产活动；而科技资料是与本单位的科技、生产活动没有直接的联系。

从来源上看，科技档案主要是科技文件材料归档移交而来；而科技资料是为参考目的从外单位购买、搜集而来的。

从作用性质上看，科技档案具有查考的历史凭证作用；而科技资料主要用于现实的参考作用。

认识科技档案与科技资料的联系与区别对科技档案管理同样具有重要的指导意义：一是便于明确归档范围，不要把科技资料列入科技文件归档范围。二是便于各自实行科学管理。科技资料与科技档案对于科技、生产活动都是必要的，只是各自在形成规律、保管期限、整理方法与要求上有所不同，对其分别管理便于各自实行科学整理与保管。三是便于保密与利用。它们两者在使用范围、保密期限及利用方式上都会有所不同，分开管理便于保密与利用。

（三）科技档案与文书档案的联系与区别

从联系而言，它们同属档案的范畴。以一个单位为例，它们是从不同侧面反映了单位的实践活动。两者的区别主要是形成领域与内容性质的不同。在企业档案综合整理后，这两者区别的矛盾已不像建档初期那么尖锐。现在的主要矛盾恐怕是科技档案与经营管理类档案的区别，例如基建档案与物业档案的区别。但这并不是说区分两者已经没有实际意义。其意义在于：（1）便于各自实现科学管理与有效利用。科技档案与文书档案在形成规律、整理方法、检索途径上均有所不同，分开管理便于各自实现科学管理和有效利用。（2）有利于档案的流动。档案的流动一是指两种档案的进馆方向的不同，基层单位文书档案进综合档案馆，科技档案进科技专业档案馆；二是随企业整理，可以避免档案流动时的再整理工作。

第三节　科技文件材料及科技档案的基本形式

（一）文字科技文件材料及科技档案

在科技文件材料和科技档案中，文字文件材料是以文字为主体，配合数字、图表等，用来记录和表达有关信息的文件材料。它是科技文件材料与科技档案的重要组成部分，一般只占较少的部分，是具有依据性、管理性和结论性的文件材料。

1. 机械工业产品文字文件材料及科技档案

机械工业产品文字文件材料及科技档案主要有：各种任务书、建议书、协议书、说明书、鉴定书、试验大纲、试验报告、分析报告、审查报告、运行报告及总结等。

2. 科研文字文件材料及科技档案科研文字文件材料及科技档案主要有：科学技术奖励申报书、科学技术成果鉴定书、科技成果专家评审意见表、应用证明、科技项目查新报告、国内外技术状况的对照、研究工作报告、试验报告、质量标准、技术指标测试报告、效益报告、总结、论文论著及引证材料、奖状及证明等。

3. 基建文字文件材料及科技档案

基建文字文件材料及科技档案主要有：建设工程勘察合同、工程建设项目报建通知单、建设用地规划许可证、建设工程设计合同、新建 X 工程可行性报告批复、下达 XX 年自有资金基建计划通知、建设用地批准书、国有土地批准书、建筑工程委托监理合同、中标通知、建筑工程施工合同、建筑工程规划许可证、投资许可证、建筑工程许可证、施工许可证申报批准表及开工通知单等。

4. 设备文字文件材料及科技档案

设备文字文件材料及科技档案主要有：购置申请报告、各级机关审批文件、订货合同、到货后开箱验收记录、装箱单、使用说明、随机技术文件、仪器设备安装技术文件、仪器设备安装调试记录、仪器设备安装验收报告、仪器设备操作规程、维修保养制度、使用记录、维修保养记录、故障修理报告及记录、报废申请报告、报废的技术鉴定及有关部门审批文件等。

（二）图样科技文件材料及科技档案

图样科技文件材料是指按照有关制图标准和方法，用专门的线条、符号等绘制的图形。图样材料大量地产生和形成于科技、生产活动之中，是科技文件材料及科技档案的重要组成部分，对科技生产活动起到直接的指导作用。如产品文件材料及科技档案中的产品图样是产品加工制造的依据和标准，对产品加工制造起到直接的指导作用。此外，基本建设工程项目文件材料及科技档案中的基建施工图样则是工程施工建设的依据和标准，设备文件材料及科技档案中的设备图样则是设备管理、使用等的依据和标准。图样材料具有较好的直观效果。

1. 机械制造业基本产品图样机械制造业基本产品图样有：零件图、装配图、总图、安装图、外形图、系统图、表格图、原理图、线路图和方框图等Q 其中前五种为详图，后五种为略图。

2. 建筑工程图样

建筑工程图样有：总平面图、平面图、剖面图、立体图、透视图、施工平面图、施工详图、大样图和竣工图等。

3. 设备图样

设备图样有：设备原理图、设备电气图、设备安装基础图、设备零部件测绘图和设备更换易损零件图等。

4. 其他专业性图样

地质图，包括地质剖面图、水文地质图、工程地质图、海洋地质图、矿产图等。

气象图，包括地面天气图、太阳辐射和日照图、气温图、降水与湿度图、风速图、综合性气候图等。

地图，包括普通地图和各种专题地图。

农业专门用图，包括农业区划图、农业土壤图、土壤酸碱度图、土地利用现状图、地表水、地下水资源分布及现状图等。

此外，还有天文、水文、地震、环境保护等专业的用图。

（三）表格式科技文件材料及科技档案

表格式材料是指各单位科技文件材料及科技档案中的表格式部分。

1. 机械制造业基本产品表格式材料

机械制造业基本产品表格式材料有：各种目录、明细表、检查表、零件材料消耗表、装箱单、变更通知单、卡片等。

2. 基建表格式材料

基建表格式材料有：各种任务单、记录表、验收单、决算表等。

3. 设备仪器表格式材料

设备仪器表格式材料有：各种验收单、记录单、报废单、卡片等。

（四）非纸质载体的科技文件材料及科技档案

非纸质载体主要是指以感光材料、磁性材料等特殊材料为载体，以摄像、录音和刻录等为记录手段，产生和形成的文件材料。

1. 电子文件材料

电子文件材料有：各种类型的文字处理文件、图形文件、图像文件、多媒体文件、数据库文件、计算机程序、光盘、磁盘、磁带等。

2. 声像文件材料

声像文件材料有：录音、录像、照片。

此外，还有能够反映科技活动的实物、样品等。

第四节　科技文件材料与科技档案的作用、特点

（一）科技文件材料的作用、特点

1. 科技文件材料的作用

科技文件材料是国家重要的科学技术资源，是广大科技人员获得科技成果的重要载体，在生产、建设、科研等活动中发挥着重要的作用。

（1）科技文件材料是指导科技、生产、建设活动的重要依据。科技生产活动产生了各种科技文件材料，科技文件材料又是指导科技生产活动的重要依据。为使科技生产活动有条不紊地进行，就要通过科技文件材料对科技生产活动进行指挥、控制、协调等。如设计人员通过编制产品设计文件以指导生产计划和生产调度，技术人员根据产品工艺文件进行产品的生产和加工，质量检测部门利用各种产品标准文件、工艺文件进行质量检查，施工单位根据设计文件进行工程的施工。总而言之，科技文件材料产生于科技生产活动，又指导科技、生产实践活动。

（2）科技文件材料是集成科技知识的重要手段。科技文件材料是科技生产活动的直接记录，记录了丰富的科技知识，是继承和传播科技知识的重要手段。这主要表现在：一方面科技文件材料是科技人员开展科技工作的重要条件，科技文件是继承和借鉴前人或他人科技成果不可缺少的重要文献，是科技人员进行科研工作、设计工作的重要条件。另一方面，科技文件是进行交流和实现信息资源共享的重要工具。当一项科技任务结束或告一段落，一般情况下会产生两种结果：一是硬件成果，如建筑、产品的实体；二是软件成果，如反映建筑、产品生产建设情况的科技文件材料。科技文件材料是科技成果交流和技术转让的主要物质承担者，人们通过科技文件材料交流和转让，达到信息资源共享和传播科技知识的目的。因此科技文件材料是继承、传递和交流科技成果的重要手段。

（3）科技文件材料是提高经济效益的重要工具。科技文件材料是提高经济效益和社会效益的重要工具，这主要表现在：一是科技文件是知识形态的生产力。科技文件是科学技术活动的产物，是科学技术资源的有机组成部分，属于知识形态的生产力。科技文件材料具有技术转让性的特点，利用它实现技术有偿转让，可以使科学技术转化为现实的生产力，从而创造经济效益和社会效益。二是利用科技文件材料，加速科学研究，促进生产发展，提高经济效益和社会效益。通过利用科技文件材料，我们可以了解和掌握新的技术、新的科研成果，对其加以借鉴和吸收，可以避免重复劳动，缩短科研周期，提高经济效益和社会效益。

2. 科技文件材料的特点

科技文件材料与一般文书有着本质的区别。科技文件材料的特点很多，其主要特点是具有很强的专业性、成套性、更改性、通用性和现实性。

（1）专业技术性。从科技文件形成的领域看，科技文件产生于国民经济各个领域的科学技术活动中，任何一项科技生产活动都是在一定专业分工的范围内进行的，都具有较强的专业性。科技文件材料作为科技、生产活动的直接记录，同样具有专业性的特点。专业技术性是科技文件材料最突出的特点之一。

（2）成套性。科技文件材料成套性是指在科技活动中围绕一个独立的工作项目（如一个工程项目的设计与施工，一个新产品的研制与开发，一个科研课题的研究等）所形成的全部科技文件材料的总和具有不可分割的性质。科技文件材料的成套性是由科技、生产活动的特点决定的。任何科技、生产活动都是以一个独立的项目为对象进行的，一个项目内各个阶段之间、程序之间存在着有机联系，是密不可分的，只有成配套，才能准确地反映项目工程的全过程。成套性的特点，对于科技文件材料在整理、保管及利用等方面起着重要的规范和制约作用。

（3）更改性。科技文件材料在各个专业技术领域的活动中，处于正在形成、使用的动态过程中。如一个产品或一个建筑工程在生产和建设的过程中，为满足用户的需要，而进行工艺、设计的改进，这就需要对相应的科技文件材料进行不断的修改、补充，使之准确地反映产品、工程等客观变化的实际。

（4）通用性。各学科、专业的相互依赖性增强和标准化工作的不断发展，科技文件材料的通用性奠定了基础。如标准化程度很高的电子和机电产品，在其产品系列范围内，大部分零件可以互换通用。利用原有的科技文件材料，不仅可以提高产品质量，而且可以加速、缩短产品研制的生产周期。在建筑工程设计部门，新设计一项工程项目，经常要利用或套用已有的科技文件材料，特别是套用标准设计图纸的情况更多，这样可以节省人力、物力和时间。科技文件材料在行业、专业之间进行的科技交流，互相借鉴和使用，充分体现了科技文件材料的通用性特点。

（5）现实性。科技文件材料使用的现实性，是指科技文件材料从某项科技、生产活动的开始到完全结束，都自始至终发挥着重要的作用。科技文件材料是为了科技、生产活动的客观需要而有目的地编制和形成的。它指导现实的科技、生产活动，如实地记录和反映科技、生产活动的全过程。它是领导决策、制定方案，指导科研、设计、生产活动的依据。总之，一切现实的科技、生产活动都是在科技文件材料的指导下进行的。因此，科技文件材料具有极强的现实效用性。

（二）科技档案的作用、特点

1.技档案的作用

科技档案的作用是指其功效、功能之一，它不是人们主观想象的，也不是外部强加的，而是科技档案通过自己特有活动而实际起到的作用。科技档案对于促进科技、生产的发展和社会生产力的提高，具有重要的现实作用，并且具有长远的历史查考价值。

（1）信息储备作用。科技档案是科技生产活动的历史记录。由其本质属性所决定，它直接记录了人们从事各种科技生产活动的过程和经验，因而是一种重要的信息储备源。一个国家或地区科技发展的水平、成就，可以从城市外貌、产品等实物上得到体现，但更需要科技档案的印证。人们用来记载和储备科技知识的文献型载体的种类很多，如科技图书、科技资料等，都具有积累经验、储备知识的作用，而科技档案的突出之处，在于它直接记述了人们的科技、生产活动过程、经验和成果，他所储备的是在科技、生产活动中直接产生和形成的原生信息。在各种类型的科技文献中，唯一直接记录和储备原生信息的只有科技档案。人们在认识、改造和利用自然的社会实践中，不断地形成新的思想，取得成功的或失败的经验，获得这样或那样的科技成果，所有这些原生信息都首先是以科技档案的形式记载和储备下来的。

在科技、生产活动中，某些科技项目，特别是军事国防方面的研究项目，研制工作取得成果以后，根据实际情况并不一定马上投入生产。这些科技成果就是以科技档案的形式储存起来，待以后需要时再正式投入生产。但是，如果在科技、生产活动中不注意形成、积累科技档案，也就失去了这种科技储备手段，科技、生产活动就会受到严重影响。例如，某大学的一个重点科研项目研制成功并获奖，但没有保存完整的科技档案，过了一段时间，当要投产制造时，因为没有保留相关科技档案，失去了科技储备，只好安排几十名教师和科技人员，又用了一年多的时间重新进行试制。

正因为科技档案具有科技信息储备的功能，所以对于一个国家来说，如果有高质量的科技档案的丰富馆藏，那就标志着这个国家科技资源储备雄厚；同样，对于一个企业、事业单位来说，如果他有质量较高、数量较多的科技档案库藏，就说明他有比较雄厚的科学技术基础。相反，假如一个企、事业单位没有科技档案，或者科技档案数量少、质量低，那么它的科技发展就会遇到很多困难，在同行业的竞争中就会处于相对不利的地位。

（2）依据凭证作用。保存档案就是保存历史。但保存档案的目的不仅仅是为了保存历史，更重要的是为了有效地利用档案，这也是档案事业不断得以发展的动力。在档案的各种功能中，由档案的本质属性所决定，依据凭证功能是其最基本、最本质的功能。

一是科技档案是产品定型、成果鉴定和工程竣工验收的依据。科技档案是科技生产活动的原始记录，人们进行产品研制、科学研究和工程建设活动中，最终对成果的验收必须要有相应的科技文件为证，因为只有这些原始记录才能真实地反映科技生产活动的过程与成

二是科技档案是维护企业合法权益的凭证。在市场经济体制下，企业间有关经济纷争的事件日益增多，有关档案的凭证作用也日益突出。

三是科技档案是科学决策的依据。科学决策离不开翔实的档案材料，例如气象、水文、地质测绘档案不仅用于工程建设上，还广泛用于工业、交通、农业、科研部门，为有关决策提供依据。

三是科技档案是进行管理活动的依据。科技档案无论是对企事业设备、生产的日常管理，还是对城市建设管理，其依据凭证作用都是不可代替的。这也是人们保存科技档案最直接的目的之一。

四是科技档案是编史修志的依据。在编写产品发展史、科技发展史、企业发展史等活动中，科技档案是最基本的素材。

（3）经济效益作用。经济效益作用也是属科技档案依据凭证与参考的范畴，是其表现形式之一，只是这种作用较为直观且多为人们重视，在此我们单列予以叙述。

科技档案的经济效益主要不是体现在创造新的财富上，而是体现在减少投入或节省资金上，这是科技档案对现行工作的一种较为显著的贡献，在科技档案工作中应重视这一作用的发挥。一是发挥科技档案的依据与参考作用创效益。二是利用科技档案节约人力投入创效益。利用原有工程或产品设计档案在节约人力投入上的效益十

三是利用科技档案进行技术改造、技术转让创效益。利用科技档案进行技术改造，走扩大内含再生产的道路，是提高经济效益的重要途径。科技档案是进行技术成果转让的载体，利用档案复制件转让技术在市场经济体制下日趋活跃，效果也十分明显。

（4）情报作用。科技档案的情报作用，是指科技档案信息在科技生产活动中的科技交流与科技参考功能。人们在利用档案中并非都在利用它的证据作用，在相当多的场合实际是利用其情报价值。科技档案的情报价值主要体现在：

一是进行决策与制定规划时参考的必要条件。领导进行决策、制订规划既需要了解最新消息，也需要了解有关历史信息。利用档案信息对预测、决策无疑能起到参谋、助手的作用。在保证决策的科学性方面，档案情报作用主要体现在人们对事物发展历史与规律的认识与掌握上。档案作为一种情报源，其中的有关的信息在决策中的作用是不可忽视的。

二是开展科学研究的必要条件。科学研究、工程设计、产品开发等科研活动总是以前人认识的终点为自己认识的起点，任何科学技术的发展都是在继承他人研究成果的基础上进行的。档案对科学技术发展的推动作用在科技档案中的体现尤为明显。

三是推动科学技术交流的工具。科技信息交流，是推动科学技术进步、技术成果转让的主要手段。因此，科技档案不仅具有保存、传递科技信息的作用，还有推动信息交流的作用。

科技档案作用的实现，尤其是从凭证作用、经济效益作用和情报作用的实现中，我们可以发现有两个必备的条件：一是这些作用只有在利用中才能得到充分体现。在一定意义上可以说这些作用只是潜在的作用、静态的作用，而我们开展科技档案工作的目的之一就是将其变为现实的作用，尽快地转化为现实的生产力。二是当实践有利用需求时要有相应的档案作保障。没有相应的科技档案，要实现它们的作用只能是一句空话。由此可知，档案工作者的责任是要收集和利用好档案，以充分实现科技档案应有的作用。

2. 科技档案的特点

科技档案是档案的一大门类，同其他档案特别是同一般政务档案相比较，在许多方面呈现出比较突出的特点。研究和分析这些特点，对于把握科技档案的本质及其运动规律，实现对科技档案的科学管理和对科技档案资源的有效开发利用，具有一定的理论指导意义。因为科技档案是由科技文件材料转化而来，因此，当把科技档案与其他档案作比较时，会发现有着科技文件材料与其他文件材料比较时相似的特点。

（1）专业性特点。科技档案的专业性特点，是由其形成领域和内容属性两方面所决定的。首先，从形成领域看科技档案的产生具有鲜明的专业性特点，科技生产活动与各类管理活动有明显的不同，凡是科技生产活动，其共同特征是有明显的专业性。其次，从内容属性看，科技档案不仅有一般意义上的专业性，而且不同专业领域形成的科技档案还具有不同性质的专业性。这一特点对科技档案工作的管理和指导作用表现在以下三方面：一是为确定科技档案工作的管理体制提供了依据。我国对科技档案管理的传统体制是按专业门类进行统一管理。这一体制之所以具有生命力在于它符合科技档案专业性的特点。二是为科技档案的前处理提供了依据。科技档案的专业性不仅能与文书档案相区分，而且科技档案也可区分出不同的种类，例如气象档案与水文档案的不同就是由其专业性质所决定的。科技档案的专业性使不同专业的科技档案自然分门别类，而我们整理科技档案的基本方法首先是分类整理。三是为确定科技档案人员知识结构提供了依据。由专业性特点所决定，科技档案工作者不仅要有档案管理知识，而且还应具有相关专业的基础知识。

（2）种类多样性特点。科技档案种类的多样性，一是指科技档案的类别的多样性。目前人们一般认为，科技档案共有16类。这是由科技、生产活动的多样性所决定的。在各大门类档案中科技档案是种类最多的一种档案。二是指科技档案组成的多样性，在一套科技档案中有图形材料、文书材料、表格材料等，不像文书档案那样单一。三是指科技档案载体的多样性。虽然随着科技的进步，其他档案载体材料也呈现多样化的趋势，但科技档案的表现要更为突出一些。科技档案的这一特点要求人们对不同种类的科技档案要采取不同的整理方法，对不同载体的科技档案要采取不同的保管方法。

（3）成套性的特点。科技档案的成套性反映了科技档案的形成和内容构成的整体特征。由科技、生产活动的特点与规律所决定，人们进行科技、生产活动总是以一个独立项目或某一对象为单元进行的，期间自然形成了一系列相关文件，它们在程序与内容上既相互区别又相互联系，构成了一个有机联系的整体，我们称之为成套性。这一特征在基建、科研、产品、地质勘探、测绘等活动中都有明显的体现，例如一个科研课题的研究，一个工程项目的设计和施工，一个型号产品的研制和生产制造等都是围绕着一个独立项目进行的。档案工作者在实践中必须认识成套性是科技档案的一个非常重要的特征，它对科技档案管理工作有明显的规定与制约作用。

（4）现实性特点。科技档案的现实性是由科技档案具有较强的现实使用性所决定的。前面讲到科技档案具有历史查考作用，但并不否定它的现实使用性。归档进入档案部门的大多数科技文件材料，不仅仅没有退出现行使用过程，相反，这正是它们发挥现行效用的活跃时期，而且将在较长的时期内发挥现行效用。例如在设计单位，归档保存的底图和蓝图是进行现行设计不可缺少的条件；在生产单位，归档保存的设备档案是设备使用、维护的不可短缺的现行依据。

科技档案的现实特点，客观地对科技档案的科学管理提出了某些特殊要求。如科技档案必须同它所记述和反映的科技对象保持一致，失真、失准的科技档案无法满足它的现行使用功能。这一特点要求科技档案要实行动态管理，其规定与制约作用主要体现在要建立健全更改补充制度，在符合制度要求的情况下，对归档保存的科技档案适时地进行更改和补充，以维护科技档案的准确性。

第五节　科技档案的基本种类和内容构成

科技档案的基本种类，是选择某种标准并从宏观上对科技档案的总体进行区别划分的结果，而不是对一个单位所有的科技档案进行的具体分类的结果。当然，对科技档案可从不同角度和采用不同标准进行种类划分。如按时期划分，可分为原始型、传统型、现代型科技档案等等；按文件形式划分，又可分为原件、复制件等等。我们这里是按科技档案产生领域和内容性质来划分，将其分为五大基本种类，这样划分的目的，是要通过对几个不同的科技档案种类所含内容的揭示进行比较，能够更好地保证科技档案的收集质量和实行科学管理。

（一）生产技术科技档案及其内家构成

生产技术科技档案简称生产技术档案，是人们从事物质生产活动所形成的档案。物质生产活动可分为工业生产（含手工业和工艺品生产）和农业生产（含林、牧、副、渔业生产）两大门类。因此，生产技术档案可分为工业生产技术和农业生产技术档案两种。

1，工业生产技术档案及其内容构成

工业生产技术档案，是指在工业产品的设计、试制和生产、制造等活动中形成的科技档案。其基本特点是型号成套，一个型号产品的档案材料是有机联系的整体。它主要出现在工业产品的设计部门和工矿企业单位。

由于产品部类的繁多，工业生产技术档案的内容也就十分复杂。从共性上讲，其中一般包括产品档案、工艺档案和标准档案等。

（1）产品档案主要有：技术协议书、委托书及有关的合同文件，技术任务书、可行性研究报告、行业调查报告、有关的专题分析报告，产品设计计算材料，图样材料，技术条件，产品试制鉴定材料，产品定型报告，说明书，合格证，质量证书，产品样本及装箱单等。

（2）工艺档案主要内容有：产品工艺方案，工艺流程图，生产流程图，工艺规程，技术操作规程，工艺装备图样（包括刀具、夹具、量具、模具图等）及说明书、技术定额，工艺技术总结等。

（3）标准档案：从等级上包括国际标准、国家标准、部颁标准和企业标准；从类型上则包括基础标准、产品设计标准、工艺标准、工艺装备标准、原材料标准等。

此外，围绕产品形成的对产品改进、发展及销售有重要依据和参考作用的市场技术信息、用户意见反馈材料及产品广告等，也应作为工业生产技术档案的组成部分。

2. 农业科技档案及其内容构成

农业科技档案是在农、林、牧、副、渔各业的生产技术活动中形成的档案。它是种类繁多、综合性强的科技档案。其中包括种子档案、作物栽培档案，植物保护档案、林业档案、畜牧档案、水产档案及农业生态环境和农业区划档案。

（1）种子档案是在新品种选育、良种繁育、新品种引种实验以及在作物品种资源普查活动中形成的科技档案。这主要包括新品种选育文件材料、良种繁育文件材料、新品种和实验文件材料。

（2）作物栽培档案是指在作物播种和田间管理等栽培技术和栽培管理活动中形成的科技档案。

（3）植物保护档案是指在农作物病虫害测报、防治和植物检疫活动中形成的科技档案。

（4）林业档案是指在林业资源普查、林木抚育、采伐和更新过程中形成的科技档案。

（5）畜牧档案是在草场建设、育种饲养和畜牧兽医活动中形成的科技档案。

（6）水产档案是指在水产养殖、捕捞和水产品加工活动中形成的科技档案。

（7）农业生态环境和农业区划档案是记载和反映农业自然生态条件和农业区划活动及其成果的科技档案。

（二）基本建设科技档案及其内家构成

基本建设科技档案简称基建档案，它是在各种建筑物、构筑物、地上地下管线等基本建设工程的规划、设计、施工和使用、维修活动中形成的科技档案，即是一个建设项目从酝酿、决策到建成投入使用的全过程中形成的应当归档保存的文件材料。

基建档案的特点是建设项目成套，即围绕一项工程项目的进行所形成的具有保存价值的文件去形成一套基建档案。由于一项工程项目的进行会涉及若干个单位，例如，设计单位、施工单位、建设单位和工程监理单位等，因此围绕一项工程项目的进行，至少会形成工程设计档案、工程施工档案、工程竣工档案和工程监理档案等四类档案，并分别对应存放在上述四个单位。其中，由建设单位保存的工程竣工档案内容几乎包括了全部四类档案内容。

为了解四类档案的内容构成，先了解一下一个基建工程项目进行的大体过程及其产生的文件。按照基建活动的一般程序，一个新建项目会经过前期准备阶段、设计阶段、施工阶段和竣工阶段。这里省略了使用阶段和维修阶段。各阶段形成的有关主要文件如下：

1. 前期准备阶段

（1）项目建议书及批复文件；

（2）可行性研究报告、项目评估报告；

（3）计划任务书、设计任务书；

（4）国有土地使用证及地形图、国有土地使用权转让文件；

（5）建设工程规划许可证信审批的总平面图、位置地形图、项目表；

（6）水文、气象、地震记录；

（7）地形、地貌控制点、基建项目及主要设备测量定位观测记录；

（8）承包合同、招标文件、动迁文件；

（9）消防、卫生、水、电、煤供应协议、环保"三同时"文件；

（10）施工执照。

2. 设计阶段

（1）工程水文、地质勘探报告；

（2）初步设计、技术设计、施工图设计；

（3）工程结构设计计算书（或设计单位代保管证明）及说明（含 CAD 设计技术参数、计算公式及运算结果）；

（4）技术秘密、专利文件；

（5）关键技术实验文件；

（6）概算书、预算书；

（7）设计评审、鉴定及审批文件；

（8）主要原材料消耗表。

3. 施工阶段

（1）土建施工阶段

①开工报告、工程技术要求、技术交底、图纸会审记录；

②设计变更通知单、材料变更通知单等施工图修改依据性文件；

③原材料出厂证明、原材料实验报告；

④施工定位、土岩实验、基础处理；

⑤工程记录与测试、沉降、移位、变形观察与处理；

⑥隐蔽工程质量验收证明单、单位工程质量综合评定表；

⑦重大施工质量事故报告；

⑧竣工验收证明；

⑨施工管理（施工小结）。

（2）设备与管线安装阶段

①开工报告、工程技术要求、技术交流、图纸会审记录；

②设计变更、工程更改洽商、材料、零部件、设备代用及审批文件；

③焊接实验、操作、施工检验；

④强度、密封实验；

⑤隐蔽工程检查验收；

⑥设备安装调试记录、质量检查、事故处理；

⑦管线标高、位置、坡度测量；

⑧竣工验收文件。

（3）电器仪表安装阶段

①开工报告、工程技术要求、技术交底、图纸会审记录；

②设计变更、工程更改洽商、设备代用审批文件；

③安装调试记录；

④竣工验收文件。

（4）监理文件

①监理合同和监理大纲；

②业务联系单、监理备忘录；

③工程质量评估报告、工程质量认证书、工程验收记录；

④监理规划、监理指令；

⑤质量事故调查与处理报告。

4. 竣工验收阶段

（1）项目竣工验收报告及批复；

（2）竣工图（含总平面布置图、建筑与结构竣工图、电力、照明、排水、煤气、通讯、暖通监控、电梯等专业竣工、建设用地范围内地下管网综合图）；

（3）项目决算书与汇总表；

（4）项目质量评定、各专业竣工验收鉴定证书；

（5）竣工验收会议决议文件；

（6）工程现场原地貌、地形及建成后工程项目的照片；

（7）重大工程项目主要过程的照片、录像片。

工程设计档案。工程设计档案的内容构成指设计单位为工程建设编制和提供的有保存价值的文件，主要包括工程前期阶段、设计阶段形成的有关文件，例如设计依据性文件、设计原始基础资料、初步设计文件、施工图设计文件等。它们构成了工程设计单位的业务档案。

工程施工档案。工程施工档案的内容构成指工程单位在组织、施工中形成的有保存价值的文件，主要包括施工阶段、竣工阶段形成的一些有关文件，例如施工准备文件、施工文件、施工验收文件等。它是施工单位的业务档案。

工程监理档案。工程监理档案的内容构成指监理单位在工程监理活动中形成的有保存价值的文件，多出现于施工阶段与竣工阶段，例如监理合同、监理月报、监理工作总结、工程验收汇总等监理文件。它是监理单位的业务档案。

工程竣工档案。工程竣工档案的内容构成几乎包括整个工程项目进行中形成的有价值的文件，是建设单位在工程立项、设计、施工、竣工与使用维修阶段形成，且应该保存的文件，例如前期准备文件、设计文件、施工文件、竣工文件、监理文件等。该套档案以竣工图为主体，建设单位习惯上称之为基建档案。

（三）设备仪器科技档案及其内容构成

设备仪器科技档案，也称仪器设备科技档案简称设备档案。设备档案是指各种机器设备、车辆、船舶和仪器、仪表的档案材料，其特点是按型号成套。在实际工作中，当同一种型号的彼此相对独立的设备有若干台时，为了便于设备的管理和使用往往是围绕一台设备的购置（自制）、使用和维修活动形成的有保存价值的文件组成一套设备档案，即按单机成套去建立档案。

设备来源不同，其内容构成往往不同。按来源划分可分为外购设备（包括国内购置与国外购置）和自制设备。它们的主要内容构成如下：

1. 国内购置设备

（1）购置阶段

①申请购置信审批文件、购置会同；

②开箱文件：合格证、装箱单。开箱记录、工具单、线路图、使用说明书等。

（2）安装调试阶段

①设备基础安装文件；

②安装调试记录；

③验收记录、性能测定、数据测定。

（3）使用阶段

①大修记录、履历本、技术改造总结；

②操作规则；

③设备卡片或台账；

④设备转让或报废文件。

2. 国外引进技术设备

（1）购置阶段：

①申请引进设备报告与批复；

②可行性研究、调查报告；

③与外商商谈、谈判记录、合同及来往函件；

④随机图样与文字材料；

⑤设备开箱文件。

（2）安装使用阶段：

①安装竣工文件；

②设备安装调试记录、试车记录、检测验收报告；

③技术质量异议与处理文件；

④大修记录、设备重要事故分析处理报告、技术改造总结；

⑤设备转让或报废文件。

7. 自制设备

投入使用前见机械产品文件，使用阶段见国内购置设备文件。

此外，与基建工程连在一起的设备，如某些化工装置以及钢铁企业的各种熔炼炉、酿酒设备档案，与基本建设档案一般很难分开，可以作为基建档案的一个组成部分。

（四）科学技术研究档案及其内来构成

科学技术研究档案简称科研档案，是指在自然科学技术研究活动中形成的科技档案。

科学技术研究，是在自然科学领域研究客观事物的本质及其运动发展规律的一项工作，它是人类认识自然、改造自然和利用自然的一项重要的社会实践活动。科研档案就是这项社会实践活动的直接记录，它记载和反映了科技研究活动的全部过程和具体成果。

由于科研档案是科技研究活动的直接记录，因此，科研档案的形成和内容，将必然会受到科技研究的性质、类型和专业的影响。科技研究是一项十分复杂的科学劳动，按照其类型或层次，一般被划分为基础科学研究、技术科学研究和应用科学研究三种类型，从而相应地形成了三种类型的科研档案内容构成。

科研档案的基本特点之一是以课题成套，一个科技研究课题的档案材料，是有机联系的整体。科研档案的这个特点，是由科技研究活动的特点决定的。任何科技研究活动都是以课题为单元，按课题去进行的。这样，围绕一个课题的科技研究活动，就会形成一套在程序上和内容上前后衔接、左右联系的科技档案整体。

尽管科研档案的类型是多样的，研究对象及规模不同，但按科研活动的一般程序与规律所形成文件的名称大体是相同的，不同的只是文件的具体内容。因此，我们用一套科研档案的内容构成来揭示科研档案类的内容构成，一般包括以下六个阶段的内容：

1. 准备阶段

（1）立项申请书；

（2）开题报告、选题报告；

（3）调研、考察报告；

（4）可行性研究报告；

（5）方案论证、专家评议书；

（6）招、投标文件；

（7）项目审批文件；

（8）计划任务书、项目建议书；

（9）合同、协议、委托书；

（10）项目研究计划及年度执行情况报告。

2. 研究实验阶段

（1）实验、试验、测试的重要原始记录；

（2）实验试验、测试的报告；

（3）技术分析报告；

（4）关键配方、计算数据；

（5）计算机程序、说明书、用户手册；

（6）研究实验大纲；

（7）标本、样本。

3. 总结鉴定阶段

（1）工作总结、技术总结；

（2）研究报告、研制报告；

（3）研究论文、专著；

（4）设计图纸、文艺文件；

（5）技术标准、规范说明书；

（6）用户报告、经济效益证明材料；

（7）科研成果鉴定申请书；

（8）科研成果鉴定证书；

（9）专家鉴定委员会名单、专家评审意见；

（10）科技成果水平检索证明；

（11）科研经费决算材料；

（12）科技成果登记表。

4. 成果申请阶段

（1）科学技术奖励申请书；

（2）获奖通知、奖状、证书；

（3）成果应用证明材料；

（4）效益分析报告及证明材料；

（5）专利申请书及授权证书。

5 应用转化阶段

（1）应用转化方案及实施材料；

（2）成果转让合同或协议；

（3）生产定型鉴定材料；

（4）国内外同行评价及用户反馈意见；

（5）学术交流、培训材料；

（6）应用转化情况报告、工作总结；

（7）成果宣传报道材料。

上面所列科研档案的内容构成并不是每一个项目所必须具备的。这首先需要具体到不同性质的研究项目，例如软科学研究或基础理论研究的内容构成会有所增减；其次这 5 个阶段也不是每个项目都必须经历的，如转化应用阶段，近些年来，自然科学研究与社会科学研究相互交叉、互相渗透加快，也有许多单位把社会科学专题研究档案从政务档案中分出来，甚至同科技研究档案一同管理。

（五）专门性质科技档案

专门性质科技档案，是指某些专门性科技部门或人员在自然观测等活动中形成的专门档案。这类档案在形成过程、内容构成、记录方式和载体形式等方面同一般科技档案存在一定差异，各具独特风格，主要有以下八种。

1. 地质档案

地质档案，是指在区域地质调查、矿产资源勘探、探测实验、专题研究等生产技术活动中形成并归档保存的地质科技文件。它是地质部门业务活动的记录和成果。

地质工作的专业比较多，内容比较复杂，按其专业性质来分，可划分为区域地质调查档案、矿产地质档案、工程地质档案、水文地质档案等。地质档案的成分，基本上可分为两个部分。一部分是原始记录，内容包括调查记录、勘探记录、野外原图、采样图件等。另一部分是成果部分，包括地质成果报告及有关图件、附表等。其特点具有利用广泛性和地域性强等。

2. 测绘档案

测绘档案，是指在大地测量和地图绘制活动中形成的应当归档保存的各种技术文件材料。测绘档案是测绘活动过程和成果直接记录，是国家经济建设的重要依据和基础材料。

测绘档案比较复杂，按不同的使用性能来划分，可分为基本测绘档案、专业测绘档案、特业测绘档案和现势参考档案等。测绘档案主要成分有各种照片、原始记录、地图、地形图、路线图、成果表、计算书、技术总结等。另外在航空摄影测绘中还形成摄影底片、鉴定表、索引图等。其特点具有地域性、系统性、连贯性等。

3. 气象档案

气象档案，是指在气象观测、预报活动中形成的科技档案。气象档案产生于各级气象观测、预报单位。

气象档案主要有气象记录档案、气象业务和服务档案、气象业务技术管理档案、气象仪器设备档案、气象教育档案等。气象档案是在气象观测活动中形成的，记载大气中的冷、热、干、湿、风、云、雨、霜、雾、雷电等各种物理现象及其发展变化的已归档保存的科技文件材料。气象档案主要是由气象部门产生和保管。但是，各种气象数据是基本建设和农业生产的必要条件，因此气象部门提供的各种气象数据可成为基本建设档案和农业生产技术档案的组成部分。其特点具有时间性、地域性、系统性、连贯性等。

4. 天文档案

天文档案，是指在天文学研究和天文观测活动中形成并归档的科技文件材料。这种档案主要产生于天文台或天文站。

天文观测档案包括三种成分。一是在天文观测活动中形成的各种原始记录、图表和照片；二是根据原始记录，经过综合、分析整理的各种定期报表和图件；三是观测规范和仪器设备的常数记载材料。其特点具有长期积累和永久使用等。

5. 水文档案

水文档案是指在水文观测、预报活动中产生并归档的原始材料。

水文档案主要产生于各种水文机构，包括水位、水质、水温、流量、水情、地下水位、降水等的观测记录，水文手册及图集和水文年鉴等。水文档案反映水文气象、陆地水文、海洋水文、水文地质等不同领域长期观测积累的水文变化和洪水旱情预报的情况，为水利和其他国民经济建设部门提供基础资料。

水文档案大致可分为站网规划和测站文件，水文测验文件，水文预报文件。其特点具有时间性、水域性、系统性、连贯性等。

6. 地震档案地震档案，是指在地震监测、预报活动中形成并归档保存的科技文件材料。这种档案是由地震部门归纳整理并集中保存。

地震档案包括地震监测档案和地震预报档案两个基本部分。主要成分有地震地质，基础探测，地壳变形、前兆、裂度，监测预报等方面的记录、图表、计算材料及文字报告等。其特点具有时间性、地域性、系统性、连贯性等。

7. 环境保护档案

环境保护档案，简称环保档案，是指在环境管理和环境监测活动中形成的档案。这种档案主要产生于环境保护部门和工矿企业。

环保档案包括环境管理档案和环境监测档案两个基本部分。环保档案主要有各种管理性文件材料，环境污染调查材料，化验分析材料，治理污染材料，环保监测、评价材料等。

8. 医疗卫生档案

医疗卫生档案，是指在各种疫病的预防、治疗、护理和卫生监督活动中形成的档案。其中主要有各种病案、临床经验总结、护理技术总结、流行病的调查和防治，以及卫生监督活动中所形成的各种原始记录、照片、报告等文件材料。

在上述科技档案类别中，以科学技术研究档案、基本建设档案、设备仪器档案、工业产品档案最为普遍。专门业务档案一般属专门部门的业务档案，如气象部门的气象档案、天文台的天文档案等，由于这些档案具有很强的专业性，且按行业或部门都有各自专门的成文的整理标准与方法，因此在本书中只作简单的介绍。

第三章 科技档案管理的标准化和现代化

第一节 科技档案和科技档案管理工作的标准化

科技档案和科技档案管理工作的标准化，是实现科技档案现代化管理的前提条件，也是进行档案信息交流和提高科技档案经济效益和社会效益的必要条件。大量事实证明，科技档案工作中如果出现案卷组织杂乱和著录标引工作混乱等现象，就无法实现档案的自动化管理，同时也难以进行档案的信息交流，从而会严重影响科技档案工作的利用效率和科技档案效益的发挥。因此，要想实现科技档案的现代化管理和提高科技档案的利用效益，必须要充分重视科技档案和科技档案管理的标准化工作。

一、标准和标准化

（一）标准

"标准"是衡量客观事物的准则。标准的定义是：为取得最佳效果，依据科学技术和实践经验的综合成果，在充分协商的基础上，对经济技术活动中具有多样性、相关性特征的重复事物，以特定程序和特定形式颁发的统一规定。

上述"标准"的定义具有以下含义：

第一，明确了统一制定标准的基本出发点是取得最佳效果，这个效果不仅指经济效果还包括技术效果和社会效果。

第二，表明标准产生的基础是在相关部门或组织充分协商的条件下制定的。

第三，表明制定标准的领域或对象。制定标准的领域，包括了人类生活和生产活动的一切范围；制定标准的对象，即上述领域中具有多样性，相关性特征的重复事物。

第四，表明标准的本质特征，是统一，标准的作用归根结底来源于"统一"。

第五，明确了标准制定的格式和颁发程序。

标准的形态有两种，一种是实体形态，如砝码等标准计量工具；另一种是信息形态，即在各项科技活动中流通的标准文件。

我国标准分为四级：国家标准、行业标准（部颁标准）、地方标准和企业标准。这四种标准分别依其成熟程度，又分为正式标准与推荐性标准。行业标准、地方标准、企业标准不得与国家标准相抵触。

1. 国家标准

国家标准是在全国范围内统一的标准。这一级标准由有关专业部门起草，国家标准局会同有关专业部门审批，再由国家标准局发布。国家标准的代号为 GB；国家实物标准的代号为 GSB；国家军用标准的代号为 GJB（国防科工委主管）；国家内部标准代号为 GBN；国家计量标准代号为 JJG。

2. 行业标准（部颁标准）

主要指全国各专业范围内统一的标准，由专业标准化机构提出，由有关专业主管部门审批、颁布，并报国家标准局备案。

行业标准代号，如：

JB 机械工业标准

YB 黑色冶金工业标准

SY 石油工业标准

3. 地方标准

地方标准主要指各省、市、自治区颁发的标准，其代号为 DBXX/，如北京市地方标准代号为 DBll ／。

4. 企业标准

由企业、事业单位自行批准发布的标准为企业标准。它在标准中是级别最低的一级标准。

各种标准均由编号，其编号由代号、顺序号和年代号三部分组成。

企业标准的编号法目前尚不统一，但较多的是采用"企业代号＋标准顺序号＋年代号"形式。

上述标准代号，均为强制性标准代号。国家和行业推荐性标准代号则在标准代号后面加"/T"；地方性推荐标准代号则在"/"右下方加"T"（"T"为"推"字汉语拼音字母的第一个字母）。

（二）标准化

标准和标准化是不同的两个概念。

"标准化"的定义是以制定标准和贯彻标准为主要内容的全部活动过程"。这个定义，包括以下含义：

（1）标准化是一个活动过程，这个过程是不断的循环、螺旋式或阶梯式上升的活动过程。

（2）强调"标准"是标准化活动的核心。制定、修订和贯彻标准，是标准化的基本任务。

（3）定义表明了标准化的效果，只有在社会实践中做到贯彻实施才能收效。

（4）标准化概念的相对性，即非标准与标准之间的相互转化。标准化的基本原理与活动原则，是研究和指导标准化实践的理论依据和共同法则。

1. 标准化的基本原理

（1）互换通用原理。同一种类具有同等效能，可相互替代。

（2）选优与最佳化原理。最佳化在于确定出标准化对象。参数重复优选可得到最佳效果。

（3）综合与系统分解原理。标准化过程是系统分解后的最佳合成。标准化的科学系统，其结构要素应精简、有效并具有相对稳定和可再合成的特点。

（4）动态过渡原理。这是指标准的适用期，和向新水平过渡的理论。

2. 标准化活动原则

（1）统一原则。统一是加强联系的保证，是标准化活动的基础。

（2）协调原则。统一是通过协调实现的，协调是保证标准化活动有条不紊进行的重要条件。

二、科技档案工作标准化的意义

科技档案工作的标准化，包括科技档案标准化和科技档案管理标准化两大部分。科技档案工作的标准化对现实工作和现代化管理具有重大意义：

（1）科技档案工作标准，是对科技档案工作活动中重复性事物、概念的统一规定，是必须遵守的科技档案工作准则。

（2）它是建立最佳科技档案工作秩序，取得最优经济效益和社会效益的保障。

（3）它是实现科技档案管理现代化的基础建设。

（4）它是加强科技档案工作为经济建设、科学研究服务的基础。科技档案工作的标准化，又是沟通和加强与经济建设、科学技术及其各项管理工作之间密切联系的纽带。

（5）它是促进科技档案理论研究和发展的重要手段。在科技档案标准制定的过程中，需要在专业内取得共同语言和一致的认识，这就有助于不同意见的广泛交流而达到统一，为总结提高和丰富发展创造了有利的条件和机会。同时，科技档案标准的制定，必须汲取相关科学的知识，用来充实和发展科技档案管理学。

三、科技档案标准化的内容

科技档案标准化的内容包括科技文件的标准化和案卷组织的标准化两个方面的内容。

科技档案的前身是科技文件，没有科技文件的标准化，也就没有科技档案的标准化。科技文件的标准化又分两个部分，一是科技文件的撰写、编制的标准化；二是信息载体材料的标准化。

科技文件是人们表达和交流技术思想的工具，它的种类有管理性技术文件、原始记录文件、计算文件、成果性文件等。因为科技文件存在着技术交流性质，所以科技文件的撰写、制作，包括技术用语、公式、符号、数字的书写、使用以及编写格式等等，都要有公认的统一化的标准。只有这样，有关文件才能为社会人士迅速、准确的理解和接受。为此，在国际上、国家和专业部门都制定了各种有关标准。我国根据国际有关通用标准和国家的实际情况，制定了一系列的标准和法规，如在文字书写方面，有汉字简化方案；在计量单位使用上，有《中华人民共和国计量法》；在科技领域内，有《有关量、单位和符号的一般原则》（GB3101—86）以及各专业标准有关规定；在名词术语使用方面，有各专业的术语使用标准；在试验测定和计算所得出的数值需要修约时，有《数值修约规则》（GB8170—87）；在密级等级方面，有国家标准《文献保密等级》（GB7156—87）；在技术报告、学位论文和学术论文编写格式上，有国家标准《科学技术报告、学位论文和学术论文的编写格式》（GB7713—87）；在文后参考文献的编写上有国家标准《文后参考文献著录规则》（GB7714-87），等等。对于一些科技管理文件的编制，应按科技文件的通用格式。总之，凡是国家已经制订有标准和专业范围内的专门性规则，都要在形成文件时严格遵守。

科技文件书写材料的质量、规格，科研试验信息记录载体材料，要采用国家通用规格，在质量上要有耐久性。目前我国起草的印制用纸的规格还没有统一，目前国内一般机关和研究单位习惯用 16 开纸，少数文件用 A4（210X297mm）规格用纸，但应逐渐统一到 A4 规格上来。

科技档案案卷组织的标准化问题，国家标准局已经制定了《科学技术档案案卷构成的一般要求》GB/TU822—89，各级科技档案管理部门都应在原则上遵守。但由于当代社会科学技术发展十分迅速，科技信息的载体材料样式繁多，加之科技档案的案卷组织理论尚处于研究发展之中，所以，目前很难形成一个各单位都能适用的统一的案卷组织标准，这必然将影响着科技档案的标准化和规范化。因此，制定完善实用的科技档案案卷组织标准是科技档案标准化工作的重要任务。我们前面讲过，目前科技档案盛行盒装组卷形式，实际上这种案卷组织形式利少弊多，但对于某些技术图纸、磁带、磁盘、胶卷等，它是适用的。

科技档案的标准化，涉及到科技档案的使用和信息交流，也涉及到科技档案的馆藏组织和档案的寿命。如果科技档案在撰写上不遵循国家有关标准和通用规则，则难以供他人查阅，更难以以成果的形式进行转让，或作为研究报告、论文去进行发表。

四、科技档案管理标准化的内容

科技档案管理在某些工作内容上可以采取"标准"方式进行统一和优化，如科技档案主题词表，科技档案分类法，科技档案著录规则，科技档案标引规则等；在有些内容上国家或专业系统可以采取规定、规范方式进行统一和优化，如科技档案建档和建档管理工作，科技档案鉴定工作，科技档案的馆藏组织工作，科技档案利用工作等。

我国科技档案工作专门性的标准，除上面谈到的《科学技术档案构成的一般要求》外，尚有《科学技术研究课题档案管理规范》（DA/T2—92）。除此之外，还形成了不少档案工作通用标准，如《照片档案管理规范》（GB/T11821-89）、《档案工作基本术语》（DA/T1-92）、《档案馆指南编制规范》（DA/T3—92）、《缩微摄影技术在16mm卷片上拍摄档案的规定》（DA/T4—92）；《缩微摄影技术在A6平片上拍摄档案的规定》（DA/TS—92）；在档案设备、建筑方面制定有《档案装具》（DA/T6-92）、《直列式档案密集架》。（DA/T7—92）、《档案馆建筑设计规范（试行）》（JGJ25—86）。另外，在文书档案工作方面国家还形成了国家标准《文书档案案卷格式》（GB—/T9705—88）。

根据国家标准《标准化工作导则标准编写的基本规定》（GB1.1-87），"标准编写应贯彻国家有关政策、法令和法规，并与同级有关标准相协调。下级标准不得与上级标准相抵触"的规定，上述标准都应该贯彻《中华人民共和国档案法》，科技档案工作标准都应贯彻国家《科学技术档案工作条例》。

目前看来，科技档案管理的专门性标准还不多。实际上科技档案有着它的特点，应该形成更多的专门性标准，如科技档案著录规则，科技档案标引规则，科技档案统计标准，科技档案利用效益计算方法，科技档案鉴定、改变或删减规则等。

科技档案管理工作的标准化或制度化，必然能够提高科技档案工作质量，提高科技档案的利用效益；同时，也更能满足科技档案现代化管理的要求。

五、实现科技档案和科技档案管理标准化的途径

1. 建立完善的科技档案和科技档案管理标准化体系

国家档案管理主管部门应根据科技档案工作发展的实际需要及时地提出和制定国家级和行业级科技档案工作标准。标准的制定应建立在有关专业的科学理论和充分实

践的基础上，要具有先进性和实用性。各种标准要具有一定的稳定性，所以拟定标准是一件十分慎重的工作。由于科技档案工作的复杂性和科技档案学科的发展性，对于急需全国统一和比较成熟的专门性工作可在调查研究和充分征求意见的基础上制定有关标准；对于急需全国统一，但理论基础或实践基础薄弱的事项，可制定推荐标准，待执行一段时间后条件成熟时再颁发正式标准。标准虽然具有稳定性，但社会在发展，科学技术在发展，标准也是一成不变的。国家标准、行业标准一般不超过 5 年就应进行复审或修订，以便保持它的先进性和实用性。

2. 贯彻下级服从上级原则

全国标准，需要全国有关单位贯彻执行，行业标准需要有关行业贯彻执行。如果标准没有法规性、权威性，标准就失去了意义。所以在贯彻标准中，一般说，下级制定的标准在原则上不应与上级有关标准抵触，只有这样才能达到"统一"或规范的目的。在实践中，各单位在编制自己的标准、规定或规范中，应注意要与国家标准以及上级有关标准、规定保持一致性。当然，结合本单位具体情况，根据上级标准、规定的原则，制定适合本单位更具体的规定，不但不算违犯标准，而应该说是最好的执行。例如在《档案著录规则》中，就准许具体单位选择简化性著录方法，也准许增加一些适合自己情况的著录项目。但具体单位做出自己的选择或增加著录项目，应按"著录"标准的规定用□括起，以便与通用著录项目加以区别。

3. 填补空白

我们已经讲过，由于科技档案工作的复杂性和科技档案专业的发展性，国家在某一时期内不可能建立起健全、完善的科技档案工作标准化体系。这样，专业系统或具体单位在不与国家、上级标准、规定、规范化文件抵触的情况下，可以制定自己的标准、规定，或补充规定。但是标准规定具有权威性，它的制定也必须经过主管领导批准。

4. 开展学术研究

开展标准化或有关工作的学术研究是推动科技档案和科技档案工作标准化的有力措施。我们知道，学术研究可以贯彻"百花齐放，百家争鸣"的方针，因此，可以自由地交流不同的学术观点。实践证明，许多先进的思想理论往往来自于学术研究。学术研究可以说是科学发展的先导，在科技档案标准化管理中，同样它也可以起到先导作用。标准是由具有一定权威的机关制定的，这些权力机关制定、修订标准的人员，除具有一定的学识水平外，必须从实践中汲取先进思想，学习学术研究成果。学术研究可以发挥广大科技档案人员的积极性，他们的学术思想一旦被人们接受特别是用于实践，就会发生巨大作用。因此，开展科技档案标准化学术研究，或者是发挥集体的智慧和积极性，或者是领导机关和群众结合。它的威力自然是不可小觑的。

第二节　科技档案现代化管理的任务和内容

科学技术的发展，形成了内容专深、交叉、载体形式繁杂、多样的科技档案，特别是科技档案的形成数量和增长速度更是令人吃惊。据 1991 年国家档案局综合科教司报道，大型企业档案馆平均保存档案 2.8 万多件（卷），底图 10.8 万多张，缩微胶片 630 米；大型企业的科技档案处（室）平均保存档案 0.5 万件（卷），底图 0.3 万多张。科技档案的馆藏的增长速度现在还没有比较准确的统计数字，从部分单位科技档案的年增长情况看，大概为 10%~15%。如此内容复杂、形式多样、数量巨大的科技档案，如果能够使之充分满足日益增长的科学研究、经济建设等多方面的需要，只靠传统的、手工式的管理方式是远远不够的。现代的科学技术还产生了现代科技档案，现代科学技术又为现代科技档案管理提供了先进的、现代化的管理手段。因此，现代型科技档案有必要同时也有条件进行现代化的管理。

一、科技档案现代化管理的目耳、任务

科技档案实现现代化管理的目的，总的说，是适应现代科学技术、经济建设发展的需要，具体来说，就是提高科技档案工作效率，优化档案管理工作，确保科技档案的安全，最大限度地延长档案寿命，充分地为科学研究和经济建设等方面提供利用。

提高工作效率是现代化管理的中心任务。传统的、手工式的工作方式在过去和现在的档案管理中发挥了巨大作用，就是将来的档案管理，某些传统、手工工作方式仍然不能被废除。但是随着档案管理工作量的增大和科技人员对档案需求迫切性的增加，档案管理工作必须要提高效率，因此就必须走现代化管理的道路，尤其是大型档案馆、室更是如此。利用计算机进行档案统计工作迅速、准确，能够及时地向领导和主管机关提供决策和参考数据，而且还便于做各种研究工作；利用缩微和激光技术存贮档案信息，具有体积小、经济和方便管理的优点。当代社会的档案保护技术，有可能使现有的档案或档案信息永久地保存下去，与世长存。利用科技现代化管理手段的最终目的，仍然是为了档案的利用，为了提高档案的利用效率，提高档案的经济和社会效益。对于档案的利用，如果利用手工检索方式进行一个研究课题的查找，需要几日到十几日的时间，但利用计算机检索只需要几分钟的时间，而且查全率还大于手工检索。实现计算机联网化，可以使人们在非常遥远的地方使用档案中心任何的档案信息，使档案信息资源达到人类共享。总之，档案管理现代化，不仅可以减轻档案工作者的体力

劳动,提高工作效率和质量,更能给人类社会和广大利用者带来好处,使他们能够迅速、准确地查到他们需要的档案。

二、科技档案管理现代化的内容

科技档案管理现代化的内容是多方面的,主要体现在以下几方面:

1. 知识结构现代化

科技档案人员掌握的知识,以及所掌握知识的结构,是档案管理现代化基础的基础。档案管理现代化虽然是以先进的设备和先进的技术方法为基础的,但还是离不开现代知识武装的人员。所以强调现代化,首先要强调人的知识和知识结构的现代化。

现代化知识,主要指现代化的档案学和科技档案学的知识理论,现代化的科学技术知识,现代化的管理方法和思维方法。知识结构,是指科技档案人员应掌握具体知识所占的比重。我们前面已经提到过,科技档案管理,是一门管理专业,但它是以科学技术为基础的管理专业,同时它的工作对象又是以科学技术为信息内容的科技档案和掌握现代科技知识的科技人员。这样,科技档案管理和文书档案管理就有很大不同。前者应属理工科范畴;后者应属文史科范畴。科技档案专业和文书档案专业,虽然以"档案"二字把他们联系起来,其中也确实存在一定的共性和联系,但是这种联系只是有限的,甚至是浅层次的。实际上,科技档案专业和文书档案专业不仅专业性质和知识基础不同,而且科技档案管理学和档案管理学的理论和技术方法也是有很大差别的。科技档案和文书档案的案卷组织方法、分类和主题标引的方法不同以及利用对象也不同。科技档案的主动服务方式,类似于科技情报工作的方式,而文书档案工作主要讲的是"编纂工科技档案和文书档案最大的共性是它们都具有档案的属性,是历史记录,而且档案的保护技术和方法也基本没有差别。

根据科技档案管理和文书档案管理的各种差别性,科技档案人员需要的知识结构与文书档案人员需要的知识结构是有很大差别的。科技档案人员不仅要掌握档案学和科技档案管理方面的理论,而且还应掌握新的自然科学知识、有关专业知识和计算机技术等基础知识和技术。

对于科技档案工作本身说,亦应改变传统的思想理论,并应与现代化的管理思想、管理方法相结合。结合的方法是引进图书馆学、情报学的有关理论或开设有关课程;二是加强科技档案学的定量性研究,使科技档案学的专业知识,向广度和深度发展。现在大学的"科技档案管理学"教科书,实际上大专、中专都可以学习,甚至共同一般干部学习它也并不吃力,原因就是缺乏深度。这也可能反映了科技档案学的一个发展过程。

综上所述,科技档案人员掌握的知识,一是要新、要深;二是结构合理,注重科学技术特别是专业理论技术的学习。只有这样，才能适应科技档案现代化管理的需要。

2. 设备现代化

先进的设备是管理现代化的物质基础和技术手段。如果没有先进的设备，再先进的技术思想和技术方法都无法落于实处。当代社会，计算机的应用已深入现代化社会的各个角落，成为现代化管理的核心内容。科技档案的管理也是如此，现在计算机已经广泛地应用于档案管理、统计和检索工作，特别是正在研究和进行的智能检索和自动标引技术，具有良好的发展前途。缩微技术在档案管理的应用，已经成熟和普及。光盘的应用在我国已经起步。计算机、现代通信、光盘、缩微技术的联合应用，将使档案管理现代化水平大大提高，而进入世界现代化管理的先进行列。

3. 技术、方法现代化

先进的设备通常是可以通过购买获取的，但是先进的技术方法，却需要人们通过艰苦的学习才能掌握；最先进的技术，还需要人们进行深入的探索、研究才能获得。档案的自动标引技术就是许多名档案人员和科技人员智力劳动的成果。但是这种自动标引技术虽然能够部分地投入应用，但现在还不够完善、成熟，因此还没有投入广泛使用。如果想要投入广泛使用，它还有许多问题就需要研究和解决。光盘在档案现代化管理中具有许多优势，但是它的寿命和可靠性问题是个很大的弱点，因此，需要依靠新的技术方法，才能解决。从目前说，档案管理使用的先进设备是有限的，主要设备也只不过数种，但是使用这些先进设备的技术方法却是无限的。一定的设备，使用方法先进，它的用途和使用效率就高，使用方法落后，它也就无法发挥作用。

在科技档案现代化管理中，现代化的设备和先进技术，已经用于档案的管理、统计、档案信息的全文存贮、检索以及档案的自动.标引等，另外，也用于档案的保护。库房的温、湿度控制，自动报警系统，档案信息载体的转换等等，都是现代化技术在档案保护方面的应用。可以肯定地说，现在已有的现代化设备，在档案管理中还有广阔的利用前途，这需要档案人员积极地进行应用技术的开发工作。只有先进的设备和先进的技术方法相结合，也就是先进的设备和掌握先进技术方法的人员结合，现代化的管理水平才能大大的得到提高。

第三节　计算机在科技档案管理中的应用现状和发展

档案管理现代化的主要标志是在档案管理中广泛地使用计算机。在我国利用计算机进行档案管理，起步较晚，但是发展迅速，应用领域也越来越宽，技术水平也越来越高，正在向着人工智能方向发展。

一、计算机在档案管理中应用的现状

从应用领域说，从档案的常规现代化管理如档案的编目（打印账本、目录、卡片）、统计、检索、借阅等，正向着自动标引、智能检索、网络化以及微机光盘系统方向扩展。

经过多年的研究、探索，计算机档案常规管理技术已经成熟，并较为普遍的投入到实用。科技档案检索是计算机档案管理的最核心课题。科技档案检索的前处理工作是档案的著录、标引，在现阶段最可靠、最现实的方法仍然是人工著录、人工标引。人工著录、标引的速度虽然慢了一些，但是输入计算机后，也就是建立了计算机条目数据库后，可以达到一次录入，多方收效的效果。首先，计算机管理系统的设计可以达到多途径检索的目的，例如实现主题检索、分类检索、责任者检索、题名检索、单位检索、时间检索等。第二，实现计算机统计。如果著录项目齐全、完善，计算机可以迅速、准确的进行各种统计工作。例如档案分类统计，年度归档统计，单位归档统计，单位、年度归档统计，档案保管期限统计，档案密级统计，档案销毁统计，档案上交统计、档案利用统计等。第三，实现档案利用管理。档案利用管理的内容包括：逐日借还管理，个人借还管理，去向查询，读者借阅查询，档案催还清单编制等。在档案计算机借阅管理中可以轻而易举地实现保管单位利用时间和利用人员统计，以及科技人员利用档案时间、题名统计。这些统计数据对于研究科技档案的利用规律将起到关键性作用。第四，实现档案信息管理。档案信息管理，是在档案检索管理的基础上发展的档案信息内容的利用系统，也就是我们通常讲的事实检索。当前，档案事实检索的主要问题不是计算机利用的技术问题而是数据库的建立，航空航天部512所的"中国卫星大事记信息系统"收录了我国26年30多款卫星研制历史里1600多个大事件的近2万个数据值，包括从任务依据、卫星用途、星体组成、技术指标、轨道运行情况、重要会议、重大项目评审、技术负责人任命、研究计划、研制经费、任务分工、领导批示等16个方面的纪实事项。该系统有50多种检索途径，30多种统计功能，迅速准确地满足了领导决策和管理机关以及科技人员的需要，是我国目前计算机档案信息管理最重要、最典型，也是较成熟的事例。

档案计算机应用前沿上的工作，如自动标引、智能检索、计算机光盘系统以及计算机网络技术等，近年来档案界进行了积极的研究，也取得了较为可喜的成果。

（一）自动标引技术

自动标引，又称机器标引，是一种由电子计算机等设备来赋予文献主题以某种检索标识的标引。自动标引又可分为自动抽词标引和自动赋词标引两种。自动抽词标引，是由计算机直接从文献（题目、提要、文摘）中自动抽取能表达该文献、档案主题的关键词作为检索标识的一种标引自动赋词标引，则是依据文献本身的词汇特点，由计算机将主题词表中的主题词自动赋予文献的一种标引。

汉语文献、档案自动标引的方法有以下几种：

1. 单词自动切分法

首先设计一部单元词词典，每个单元词含有汉字数不超过 3 个。然后由计算机从左至右处理标题，先取前三个汉字，到单元词词典中查找，当单元词词典中不存在该三个汉字组成的单词时，则依次取前两个汉字、一个汉字查找词典，凡能查到，就取到了一个单词，并继续从取出单词的下一汉字位置重复上述过程。若词典中均不存在标题中取出的由三个汉字、二个汉字、一个汉字组成的单词，那么跳过一个汉字继续取下三个字重复进行，直至标题全部处理完为止。采用此法也可以用逆向的方法分词，即从句子的末尾向前取字按同样方法进行处理。

但除了从标题中取出单元词外，也可从文摘中取得单元词。此时可采用文献频度倒数法或词分辨法分别计算这些单元词的重要程度，取重要的词作为文献的标识词。

文献频度倒数法或词分辨法，都是计算单元词重要程度的方法，从而取得最佳文献标识词。

2. 片段分割抽取词法

先建立一部切分标志词典，词典中包括了不能构成词的单字，对检索无意义的词等，从被引文献的标题和文摘中先找出这些切分标志，把句子切分成片段，再与机内存入的关键词词典进行匹配，从而取得标引用词。

3. 部件组词标引

汉语的任何词，都可以被分解为一字词或二字词。例如"情报检索"可以分解为"情报"、"检索"、"计算机"可分解为"计算"和"机由此编制一部由一、二字组成的实义词典—"部件词典"，这部词典中除包含部件词外，还包含这些词在复合词中可能的位置信息，如"情报"这个二字词，在复合词"情报检索"、"计算机情报检索"、"社科情报"中分别出现在前中后三个位置。此外，它还可以单独成为一个检索词。然后根据部件词典从文献的标题及文摘中得到一组一、二字的实义词。根据实义词在句中的位置以及部件词典中它们可能出现的位置信息再行组词，得到关键词作为文献标识。

4. 机助标引

大量实验证明，用非控自然语言标引文献，可以使标引的专指度与速度大大地提高，它的检索效率也不比受控语言差。但它毕竟存在着标引用词的不一致性与检索用词的不一致性，无疑影响着查全率的进一步提高。若能对非控自然语言标引加以改进，使标引和检索用词自动归一，则结果将更优于人工受控语言标引。

（1）联机标引。原始输入数据中的文献标题作为主要标引对象。在标引时，将标题自动显示于屏幕，然后利用光标，由人工根据易于掌握的原则进行抽词，一次性得到所需关键词。这样，不仅可以绕开预先编"部件表"、"单元词表"或"非用词表"的艰巨劳动量，而且避免了标引的重复输入，减少了工作量，同时在以后的自动转换中实现了标题及标引词的自动校对。

利用标题进行标引时，很难避免个别文不对题的寄生性题目，更多的是，题目之外有更能确切表达文献主题的关键词（即隐含概念）遗漏了，为此可采用问答方式，人工输入表达隐含的关键词，以弥补只从标题抽词而造成的漏标现象，使标引质量有所保障。

（2）词表的同步生成。编写一本词表往往需花费很多的人力和时间，为了使编表工作不影响整个标引工作的进程，同时使词表收词得到文献的充分保证，可以采用词库自动动态建立的方法，即在标引过程中，词库自动生成并不断地完善。词库从无到有，从小到大，从不完善到完善，通常经过以下几个阶段。

①生成阶段：在建库的初级阶段，系统首先要解决词库从无到有的问题，把联机标引所取得的关键词不断收集，形成一个关键词集合。当集合达到一定规模时，根据词频统计等方法对它进行整理，并由人工充分反映词间的同义关系，这样便形成了一个新的集合，具有大量等同关系的规范化词库与没句参照关系的自由词库组成的混合词库。

②扩大、成熟阶段：每标引一篇文献，每个关键词都由机器自动查一下混合词库。当混合词库中没有收录该词时，则以自由词的形式添上。经过一定时间，混合词库中的自由词数量渐增，则再按上法整理。此时，混合词库的规范化词不断增加。如此几轮，便形成一个具有一定规模的叙词、关键词混合词库了。此时，词库中的等同关系已趋于成熟和稳定。

（3）自动受控转换

①标引、转换异步实施：在词表生成及扩大阶段，词表的稳定性还很差，此时联机标引的文献不作任何转换。待词表渐趋成熟后，再将这些已标引的文献根据词表进行用词转换，使原标引的不规范词转换为叙词赋予文献。此阶段是标引和转换异步进行阶段。

②同步实施阶段：当词表已趋成熟，则在联机标引每篇文献时，自动根据词库进行用词转换。

这种半自动的标引方法，在人工智能与汉字抽词尚未达到理想程度的现状下，是一种有效的方法。它能克服目前全自动标引所造成的用词不一致的现象，从而提高查全率。同时，由这样的标引系统所建立的检索系统是"用户友好"系统，用户可用自己的自然语言进行检索而达到比目前全自动标引系统更高的查全率。词库中的用词完全基于文献，所以是最精简实用的，词库的有效性是可以完全肯定的。

自动标引技术在档案界正在积极地研究和应用，据报道，1987年浙江档案馆在《浙江省档案信息管理系统》中，应用抽词法原理成功地实现了档案题名关键词的自动标引。现在该系统又有了新的改进，向着智能化方向发展。解放军档案馆、总后档案馆等单位，也应用了计算机自动标引技术，总后档案馆还编制了《军队自动标引主题词表》。计算机自动标引技术的研究与应用，将使档案现代化管理的前景更加美好。

（二）计算机网络

计算机检索最早应用于图书情报工作，就世界范围而言，1954~1964年为脱机情报检索时期。这一时期采用的是顺序检索技术，检索结果不能立即获得，必须等待成批处理或定期检索处理，1965~1970年为联机情报检索研究发展时期，也就是单机多终端联机系统时期。1971年以后计算机检索进入了计算机网络时期，即借助于通信线路（数据通信网或卫星通信网络）使任何终端用户不但能与计算机直接对话，而且能检索网络内任何一台计算机数据库存储的情报资料。目前世界上已经有几十个供计算机传输数据用的数据通信网，美国最多，西欧各国及日本都有。在80年代中期，由于微型计算机具有体积小、价格便宜、使用灵活、功能强等特点，而得到了一定的发展，所以微机情报检索也得以迅速发展。

我国1981年开始，计算机情报检索才进入实际应用阶段，计算机档案检索的实际应用时间就更晚一些。目前档案检索已经实现局域性网络。例如宝钢工程档案自动化管理系统，硬件为：AST-386微机，主机硬盘230MB，内存4MB，4台终端机，3台打印机；系统软件：操作系统XNEXR2.23汉化版，应用FOXBASE语言结合系统SHELL功能实行多终端联机操作以及终端级打印。

（三）智能检索

智能检索是将自然语言理解用于检索的一种方法。它是将利用者的类自然语言提问加以语义分析、进行理解，然后抽取主题词生成相应的集合运算检索。智能检索在档案界已经开始着手研究，并取得了一定成果。

（四）计算机光盘技术

从80年代末计算机光盘技术得到迅速发展，为档案的现代化管理提供了技术手段。目前档案的原文存贮与自动检索由实验为主向实用化发展。从1991年开始沈阳市档案馆、中央档案馆等数十个单位进行实验和应用。现在应用计算机光盘设备的单位增加很快，尤其是一些尚未应用缩微技术设备的单位，对应用计算机光盘技术更为积极。

二、计算机在档案管理中的应用和发展

计算机的应用在档案界发展迅速，也正向着高层次和综合应用方向发展，这是可喜的一面。但是任何事情都要根据自己的实际情况发展，同时在发展中还要考虑使用效益和经济消耗的问题。根据档案和科技档案的管理及利用特点，应着重从以下几个方面发展。

（一）计算机应用的主要方向仍然是微机的常规应用

计算机档案常规管理的内容我们前面已经讲过，主要是档案检索，档案编目，档案统计、档案利用等。首先，这些计算机常规管理应用项目，在档案界某些单位虽然已经投入实用，但目前并不广泛，而且其应用软件也还没有标准化。这说明，就档案工作全局而言，计算机档案常规管理仍然处于"百花齐放，百家争鸣"阶段，并未定型。我们知道，既然是计算机管理应用中的"常规"项目，就应该是个标准化、规范化的定型性管理技术，否则它便仍然处于不成熟阶段。从另一方面看，"常规"项目更具有普遍意义。现在全国有几十万个基层单位，如果在管理上都能实现计算机的常规应用，它的意义可能在档案现代化管理中是首屈一指的。因此，目前在档案界微机的常规应用，应是一个重要的应用方向。

（二）微机光盘技术用于档案信息管理

档案管理，是指档案实体的管理，档案信息管理则是指档案内容或档案情报的管理。档案信息管理，目前最成熟的方法是建立计算机事实数据库。然而，建立档案事实数据库，计算机要具有很大的容量，这就需要昂贵的设备，一般单位是难以实现的。微机光盘技术的应用，为建立档案事实数据库提供了条件。微机光盘系统还可以实现档案的全文贮存。这样，又可以起到一举两得的作用。微机光盘系统（微机、光盘设备和扫描仪）目前市场价格在 10 万元人民币之内。

建立计算机事实数据库，最主要的是数据采集工作，一旦建立，就为档案信息的利用提供了极为方便的条件。档案事实数据库的建立，首先是离不开档案，因为它的数据来源主要是档案；档案数据库的应用，仍然离不开档案，特别是一些起凭证作用的事实、数据，就要依靠档案原件的支持。所以在建立档案数据库的过程中，要特别注意事实数据的原始来源，不但要注明来源档案的题名，还要注明档案号（索取号），以便查核或使用原件。

（三）档案局部网络与办公自动化同步发展

从档案的利用特点说，档案管理计算机应用的网络化与图书情报计算机应用的网络化相比，它的急迫性就要低得多。我们知道，图书情报的利用广度和急迫性，远远大于档案或科技档案，因此计算机情报信息系统，在世界范围内早已产业化。档案的利用面较窄，特别是历史档案；另外由于档案，特别是科技档案的成果性、保密性，档案信息的交流也受到一定的限制。因此，档案管理计算机网络化，不是计算机应用当前的发展方向。但是档案计算机的局域性网络，在某些地区和较大的单位，特别是办公室自动化管理起步较早的地区和单位，也是应该得到发展的，

（四）自动标引技术和智能检索是档案自动化管理的研究方向

自动标引技术和智能检索是现代图书情报、档案工作中的高技术工作，也是最具有深远意义的工作之一。目前情报、档案界虽然有的单位已用于实际工作，但它与计算机翻译类似，还仍然处于实验研究阶段。自动标引技术和智能检索，涉及到许多高精尖的专业领域，首先是计算机专业以及计算机应用开发技术；还涉及到语言学以及文献、档案的主题标引、检索理论和技术等等。这些专业技术一定要保证使用机器的人员要精通，如果我们的有关技术人员连手工标引和检索的理论方法都不通，或不精通语言学，那他从根本上说，就无法设计出具有一定智慧作用的机器标引和检索系统。所以开展该项工作的研究，一是培养具有雄厚有关专业技术知识的人才；二是要在基础条件好的大型档案馆进行；三是目前主要进行试验研究工作，用于交流经验，不急于大规模地推广。

第四节　光盘技术在科技档案管理中的应用

光盘技术是信息革命中又一重大成就。80 年代中期，CD—ROM 光盘逐步在图书馆业务中推广应用，这是继联机检索系统大发展后又一影响深远的技术进步。微机与光盘的结合，正在改变着信息的处理、存储、传播模式和方法。在我国光盘技术应用于档案管理是近几年的事，但发展迅速，已进入应用阶段。

一、光盘的种类和特性

光盘技术是 70 年代初发展起来的一门高新技术。光盘是记录信息的媒体，分为只读式光盘、一写多读式光盘、可擦式光盘三种。

（一）只读光盘（CD—ROM）

只读光盘是光盘技术发展的第一代产品，只读光盘上的信息由厂家写入，用户不能对已记录的信息进行修改、补充，只能读出和复印。只读光盘的类型很多，最主要的是 CD—ROM 产品。80 年代末，CD—ROM 光盘型出版物数量品种增加很快，据统计，1992 年已达 3000 种，其中一半是销售给图书馆。我国 1986 年开始引进光盘，据 1991 年统计，全国已有 126 个单位引进 53 种 199 份光盘数据库。只读光盘在图书馆工作中主要用于书刊采购，文献编目，文献检索，参考咨询服务，局域网络服务等，特别是光盘文献检索，与联机检索系统相比，具有许多优点：无需昂贵的通讯线路费用，不受机时的限制，有良好的工作环境，直接面向用户等，颇受用户欢迎。我国许多图书馆情报系：利用文献检索光盘，积极有效地开展了文献检索服务，例如第二军医大学平均每年检索近千个课题，山西医学院中的研究生也广泛应用光盘检索文献。目前我国自建的 CD—ROM 数据库已开始起步，例如国家专利局最近推出了中国专利文献的 CD—ROM 数据库。

（二）一写多读式光盘（WORM）

一写多读式光盘，简称 WORM，是光盘技术发展过程的第二代产品，它不仅可写入、读出信息，且能在未记录的部分，追加新的信息。母盘制作时，只记录格式化数据，其余部分用户可根据需要，录入数据。WORM 光盘系统，可实现图书资料的全文存储，亦可作为生产 CD—ROM 前期的准备和积累数据的重要工具。

（三）可擦式光盘（ORAM）

可擦式光盘，是光盘技术发展过程的第三代产品，亦是最新产品。它具有光存储的一切优点，同时在写入信息后，还可抹掉重新写入新信息，现在最多可反复抹掉 100 万次。这种光盘和磁盘一样，是新型外存设备，尤其能充分满足图书馆、档案馆外存量巨大的需要，且能随机直接查找，存入系统比磁带快，还可作为电子化复制品的媒体。

二、光盘的特点

与其它存储载体相比，光盘具有以下特点：

1. 存储密度大、容量大

极高的存储密度和极大的存储容量是光盘系统最大的特征之一，光盘的存储密度约为 108bit（位）／cm²。一张标准规格的 CD—ROM 光盘可记录 550 兆字节的信息，相当于 1500 张双面双密度软盘的容量。光盘的存储密度比磁盘高 50~200 倍。下表给出了光盘、缩微胶片和磁性存储的密度，以示比较。

类别	光盘	一般缩微胶片	超缩微胶片	磁盘
存储密度（bit / cm^2）	108	107	1010~1012	105

据计算，一片容纳几千亿字节的光盘，可存储《人民日报》10 年的全部内容。1981 年美国一家公司用 8 片光盘存入了 1971 年以来的 70 万件专利文献，通过计算机终端可随机检索所需要的专利说明书全文。

近年来，尽管磁盘存储系统的工艺水平与技术性能都有了很大改进，磁盘的存储密度与存储容量也有了显著的提高，但与光盘的发展相比，仍不理想。

2. 具有显示多种信息的能力

可以实现原文原样的一次情报检索，包括存取文字、图形、照片、手迹、印章和批示等功能；没有汉字输入输出的困难，连手写汉字亦可原样输入或输出，这为汉字信息处理打开了新的局面；光盘既能存储与显示文字与数字，又能记录与显示彩色活动图像，它不仅能用于存储视频信息，而且还能用于存储音频信息。光盘所具有的这种文字、数据、图像、色彩和声音的综合存储与演示功能，是磁存储与缩微存储技术所不及的。对于磁盘存储系统而言，它只用来存储文字和数字；对于缩微胶片而言，它只能存储静态的文字、数字与图像，而不能存储声音与显示活动图像。因此，在存储与显示多种形式信息的功能方面，光盘占有得天独厚的优势。

3. 与计算机相连，实现信息自动化处理

由于光盘与磁盘上存储的都是二进制的数字信息，光盘与磁盘系统都属于数字存储系统，所以，它们能很容易地通过标准接口装置与各类电子计算机相连，从而能够实现信息的自动记录、检索、显示与远程传输。一次写入光盘与可擦重写光盘除具有只读式光盘的优点外，也能够像磁盘那样比较方便地追加、更新或删除信息，避免了制作缩微胶片时的复杂加工处理过程。缩微胶片则与光盘和磁盘相反，其上存储的都是模拟信息，因此难与计算机结合。尽管如此，许多与缩微存储技术相关的计算机系统仍然相继问世了。比如计算机缩微检索系统、计算机输出缩微胶片系统（COM）、计算机输入缩微胶片系统（CIM）以及缩微传真系统等。这不能不说是缩微技术的一大进步。但是这些系统不论在工作效率、使用的灵活性与实用性以及应用的普及性等方面，都不及光盘系统。

4. 多途径检索

光盘具有多途径检索功能。每片光盘上的每帧图像都编有一个码，称为图像号码。光盘可按图像号码查找所需图像，也可按章节号或时间来检索内容。

5. 高质量的定格功能

与录音带、录像带和磁盘相比，光盘定格功能具有三大特点，一是定格画面清晰度高，画面稳定；二是定格时间长，一幅画面可定格播放几天几夜；三是逐幅播放，向前向后均可随意。这为详细研究某一问题提供了条件。

6. 无磨损之忧

光盘采用数字记录系统，将模拟信号转变为数字脉冲信号。高功率的激光随数字脉冲信号的高低水平，在盘面上烧蚀成小坑或小泡，形成信息的永久记录。由于光盘是通过激光的照射摄取信号，永不磨损。

7. 可任意编辑

正常的编辑是按顺序进行的，光盘可以打乱原有顺序，进行任意编辑。如将第四章放在第一位，而将第一章放在第二位等。光盘可按打乱了的编辑顺序重新播放。

8. 复印件逼真

磁记录、缩微片、照片每复制一次，影像清晰度和色调质量都会受到损失，而光盘则每次复制，都会产生与原件一样逼真的复制件。

光盘虽然具有以上特点，但也存在它的不足，如：

（1）光盘上的信息，受光盘寿命影响，至少每 20 年要复制一次。

（2）可靠性差。光盘与缩微胶片相比，后者在可靠性方面则具有更为明显的优越性。这是因为缩微图像是按原始文件拍摄而成的，没有经过数字化处理，绝对忠实于原始文件，而且不易篡改，可以长期保存。许多国家明文确认了缩微文件的法律效力，法律上的认可使用户敢于在资料缩微化后销毁原始文件，这是缩微产品得以繁荣的一个重要原因。与此相反，存储在光盘与磁盘上的文件是经过数字化处理的文件，存在被人篡改的可能性，因此，存储在光盘与磁盘上的文件目前还都不具备法律效力。

（3）标准化程度低。标准化是保证记录载体的高质量、通用性及可交换的基础。在标准化的水平和程度上，缩微优于光盘。缩微在长期应用过程中已较为成熟，并制订了一整套标准，实现了从产品、工艺到储存的标准化。光盘系统中，除 CIA-ROM 产品的标准化程度较高之外，其它产品的标准化工作才刚刚起步，在光盘标准体系中还有许多空白。因此，在今后较长的一段时间内，缩微标准化水平仍将领先于光盘。

（4）由于光盘技术更新很快，记录硬件至少每 20 年更新一代。

三、光盘在档案管理中的应用

光盘技术在图书情报界得到了广泛的应用，但主要应用的是 CD—ROM 产品。光盘技术在我国档案界发展很快，现在已投入应用。我国光盘文档系统已有三家生产：中国北方光学电子公司的 OEC-1 型光盘文档系统、清华大学与北京高电光盘公司共同开发的 OFS-1000 激光光盘管理系统、深圳先科公司的 LODDS-2000 光盘文档系统。但由于档案的利用特点，光盘在档案管理中的基本应用，主要有以下几个方面：

（一）全文存储与自动化检索

由于光盘的信息存储密度大，利用光盘系统可以实现档案全文存储。1990年8月，中央档案馆、中国人民大学档案学院组成的课题组，由高电公司无偿提供设备，进行光盘档案全文存储和应用研究，经过两年的时间，研制出了一个实用的光盘档案全文（真迹）存储与检索自动化管理系统。该系统使用的计算机是IBM-PC/386微机。利用该系统检索档案速度快，从几万份档案文件中检索一份文件只需几秒钟。

光盘的全文存储虽然可应用于现实工作，但是由于光盘文件不具有法律效力以及寿命短的缺点，光盘的存储，只能作为档案存储的辅助手段。

1. 光盘是将原始信息转换成为简单的数字形式后再进行存储的。它需要预先将某些信息经过取样和量化变成数字编码后再进行记录。在处理过程中，由于对原始信息进行整理、编排和修改，在信息转化为数字编码过程中，技术稍有不当即可丢失信息，也易被人篡改。因而，即使采用高分辨率的影像记录，也难以取得缩微品那样的真实效果，所以可靠性不强，并不具有法律效力。从这个意义上说，光盘文件的作用与情报资料类似，只能起到参考作用。真正需要起凭证作用的，尚需使用原件。因此，光盘文件不能代替原件。这就是说，文件存储于光盘中，不能销毁原件。

2. 光盘存储档案虽然在设备投资及制成材料总成本上略低于缩微存储，但是光盘的寿命较短，一般只有10~20年。这就是说，利用光盘存储档案最低要在20年内复制一次。这样，它的存储成本就远远高于缩微存储。据美国国家档案馆的研究表明，任何单份文件参考服务的概率统计是65年使用一次。因此，要将文件转换到光盘上，仅仅对于使用率高的档案文件才有意义。

综上所述，光盘全文存储档案，并不是对于所有的档案都适合，而是适合于利用率较高的档案。

（二）恢复档案原貌

档案原件由于制成材料和存放时间长久等原因，往往褪色变质、字迹扩散、湮化或损坏，以至难以利用。采用光盘技术进行转换，可使档案原貌得以重现。光盘的这一技术应用，是其它技术方法无法代替的。

（三）档案情报工作

光盘系统的最大用途是开展档案情报工作，在这一点上，它的功能或作用类似于图书情报工作。

1. 开展档案检索

由于光盘具有存储密度高、容量大的特点，利用光盘存储档案二次文献进行检索，是光盘系统用于档案管理方面最有前途的项目之一。我们知道，全国档案文件的数量是相当可观的。我们知道，档案和图书资料不同，它们几乎都是中华民族珍贵的历史财富，具有全国性，甚至世界性的历史应用、研究价值。如何利用这些档案？首先是让全国有关学者和利用者知道我国有哪些档案；第二，让他们能够查到自己需要的档案。这个问题的解决，可以通过两个途径：一是实现全国档案联网检索，二是各馆分别制作一光盘档案条目数据库，进行交换或出售。我们知道，实现全国档案检索联网要有巨大的投资，这是目前不可能的。再者从经济性上讲，利用这种方法也是不合算的。如果检索系统的利用率很高，能近似于图书资料，那也是可以的，但档案原件虽然价值很高，是无价之宝，但它的利用率并不太高。

在世界范围，1985 年 CD—ROM 数据库产品问世，以后发展很快，到 1991 年全世界 CD—ROM 数据库就有 1522 个，目前估计有 1700 多个。1991 年我国已有 126 个单位，共引进 CD—ROM 数据库 53 种 199 套。其中 85% 为可供检索的文献数据库。据报道，从经济角度讲，使用 CD—ROM 数据库检索比联机检索要便宜。根据档案的使用特点，建立 CD—ROM 检索数据库，不但能满足使用人员到本馆查找档案的需求，还可向外出售或交换，得到广泛利用或收取成本的目的。

2. 建立事实数据库

利用光盘系统在档案系统建立大事记或事实数据库，是最有发展前途的项目之一。如果说，生产 CD—ROM 产品全文存储只适用于大型综合档案馆的话，那么建立光盘事实数据库，则适合于任何较大型的档案馆、室。由于光盘具有易于编辑的优点，存储的任何档案事实信息，都可以按专题经编辑后输出，而形成多种成果。例如：可形成大事记，各种专门性统计数据等。像我们前面谈到的科技论文摘要汇编，科技成果奖励汇编等，都可以非常方便地利用光盘系统编辑加工。

建立光盘数据库主要的问题和大量的工作是积累和编制事实数据。在建库之前首先应确定建库的内容范围，同时还要确定条文中应包括的基本项目或素材。

光盘事实数据库分两种：一种是综合事实数据库，即把任何可以独立应用的档案信息，均编制成为条文，输入光盘；另一种是专门事实数据库，即根据需要确定一定的专题内容或一定的专题范围，编制档案信息条文，输入光盘。建立光盘数据库一旦确定了内容或专题范围，就要毫不遗漏地编制档案信息条文。如果数据库在确定的内容范围内事实数据不全，这种数据库的利用价值，就大大减少，甚至会失去价值。

事实数据库的内容来源，一是有关档案，也就是把已归档的有关档案的信息内容中凡有价值的均要按主题分解后，编制成条文输入光盘；二是从现实工作中收集有价值的内容信息，如某一任务、某一纪念活动、某一人物的概况等。

事实数据库条文的款目包括条文编号及名称、责任者、事实发生时间、主题词、内容、材料来源、撰稿人姓名等。条文名称及编号、责任者、事实发生时间、主题词为检索项，所以档案名称要简明确切。内容项是条文的主体，要具有单主题性，同时必须要有具体事实或数据。

3. 编辑出版档案真迹读物

利用光盘可以公布或编辑出版档案真迹史料，还可以编制文、图、音、像相结合的名人传记。

光盘在档案管理中还有一些其它用途，但总的说来，更多的是用于档案情报工作，也就是档案信息的管理利用。但这些管理活动，都要以档案原件的管理为基础。失去了档案原件，光盘档案的信息内容就失去依托，也就不具有凭证性。

第五节 科技档案缩微

情报资料的缩微，是情报资料保存和流通的重要手段。缩微技术的应用已经有100多年的历史，第二次世界大战后得到了蓬勃发展。国外缩微技术已经广泛地用于图书资料的出版。美国化学协会的10种杂志和联邦德国的数学杂志已用缩微形式出版。美国的PB报告早在第二次世界大战结束后便以缩微的形式（35mm胶片）向世界发行，以后AEC报告（现在为DOE报告）采用缩微卡片，NASA报告采用缩微平片形式向世界范围出版发行。现在美国的四大报告（PB报告、DOE报告、AD报告、NASA报告）每年出版数万件，均以缩微形式出版。由于缩微胶片具有信息存储密度大、体积小、寿命长、成本低的特点，它的生命力极强，广泛用于图书资料工作中。

我国自20世纪50年代起，缩微技术首先应用于一些大型图书馆，以后逐步进入档案馆，1980年中国人民大学档案系开设了缩微复制技术专业课，1992年国家档案局又制定了利用16mm胶片、A6平片缩微的两个行业标准，这说明了缩微技术在档案管理中的地位和作用。

一、档案缩微品的特点

1. 保真性和可靠性强

由于缩微品是以影像缩微的形式存储文件信息内容的，所以它的保真性和可靠性强。因此，许多国家认可缩微品和它的原件一样具有法律效力。目前，日本、美国、澳大利亚、加拿大、英格兰、苏格兰、萨尔瓦多、联邦德国、意大利等国，允许缩微品作为法律上的原始证据；比利时、丹麦、芬兰、法国、印度、波兰、罗马尼亚、西班牙、瑞典、南斯拉夫等国，允许缩微品作为法律上的辅助证据或间接证据。而有些国家不承认缩微品具有法律效力，如阿根廷、保加利亚、前苏联等国。关于缩微品是否具有法律效力这一问题，《中华人民共和国档案法实施办法》第二十一条规定"各级各类档案馆提供利用的档案，应当逐步实现以缩微品代替原件。档案缩微品和其它复制形式的档案，载有档案收藏单位法定代表人的签名或者印章标记的，具有与档案原件同等的效力。"这一规定非常实际、合理，同时也确定了缩微品在档案管理中的地位。

2. 存储信息密度大

缩微品的信息存储密度大，是缩微品最主要的特点。现在已实用化的缩微摄影的缩微率，普通的线条缩微率是十分之一到四十分之一，面积缩微率是百分之一到一千六百分之一，超级缩微摄影的线条缩微率可达百分之一到三百分之一，面积缩微率可达万分之一到九万分之一。超缩微品的记录密度现在比光盘的存储密度还要高。

3. 寿命长

许多研究表明，高质量的缩微胶片，若冲洗、使用、保管适宜，可与中性纸张一样，保存数百年，也有资料表明，可保存 500 年。而磁带和光盘等高密度信息载体的寿命为 10~20 年。从寿命上讲，文献档案的缩微品具有很大的优势。

4. 规格统一，便于保管

尽管档案，尤其是科技档案，包括各种文字性材料和图纸等规格大小不一，样式多样，但是缩微后便可以达到规格、样式的统一，更利于档案的保管。如果采用计算机管理，还可以实现档案的全文检索、索取自动化。

5. 制作缩微品的技术已经成熟且有共同的标准，所以在世界及国内应用广泛。

6. 缩微品对保管条件要求较多，在温湿度变化较大或有酸性气体存在的环境中，常会损坏。它的最适宜保存温度是 16~22℃，相对湿度是 30%~40% 之间。所以保存缩微品的库房要有空调和去湿设备。

从缩微品的上述特点看，它的优势是主要的，所以缩微品广泛用于文献、档案信息的存储和交流。

二、缩微品的种类

缩微品分为两大类，一种是缩微胶卷，一种是缩微平片。

（一）缩微胶卷

7.16mm 缩微胶卷

适合于拍摄 A3 尺寸（297×420mm）以下的档案原件。国家档案局 1992 年制定了行业标准《缩微摄影技术在 16mm 卷片上拍摄档案的规定》（DA/T4-92）。

2.35mm 缩微胶卷

适合于图纸、报纸、地图等较大幅面档案原件的拍摄。

3.70mm 缩微胶卷

适合于大幅面的图纸、地图等档案原件的拍摄，以及对影像的清晰度和精确度要求较高的原件。

16mm 和 35mm 用于缩微的胶卷规格通常是 30.5m。从发展趋势上看，正在淘汰 35mm 缩微胶卷，发展 16mm 的缩微胶卷。

缩微胶卷在档案界应用广泛，它的主要优点是成本低、缩微内容连续、不易丢失、便于保管等。其缺点主要是不便于利用。使用缩微化的档案载体最有名的单位是美国家谱学会。他们从 1938 年以来，用它来拍摄族谱、结婚证、土地转让证、墓志铭等，现以制作 T50 万卷以上的胶片。为了永久保存这些胶片，收藏在洛基山脉中一个巨大的花岗岩石窟中。

（二）缩微平片

缩微平片一般用片状胶片缩微摄制，最初是由荷兰和法国研制出来的，从 1962 年开始作为发行美国政府技术报告的载体大量使用，而为公众所知。缩微平片的基本尺寸有两种：一种是 125mm × 75mm，一种是 148mm × 105mm。现在使用最多的是第二种。我国国家档案局 1992 年制定了行业标准《缩微摄影技术在 A6 平片上拍摄档案的规定》（DA/T5-92），说明了缩微平片在档案缩微中的地位。

缩微平片的国际标准为 A6（148mm × 105mm），一般线条缩微率为二十四分之一，我们把它记作 24x。一张平片上可拍摄 98 页档案文件。缩微平片的特点是在上部约 15~20mm 位置上设有标头区。标头区分为左区、中区、右区三个部分，左区拍摄档案号及该保管单位中的平片序号，如该保管单位有五张缩微平片，第一张平片序号为 1/5，第二张为 2/5，以此类推；中区拍摄保管单位名称；右区拍摄责任者、文件形成时间及拍摄单位、拍摄时间等。标头区中字符影像高度应不低于 3mm，以便肉眼直读。

缩微平片在科技档案中，必须以保管单位为单位从左至右，自上而下进行拍摄。每个保管单位根据页数多少可拍摄一张或数张平片。

缩微平片的优点是保管和使用都很方便，特别是便于交流，有代替其它缩微品的趋势。

（三）缩微封套片

缩微封套胶片是由封套和缩微片条组成。封套的制成材料是透明塑料，每个封套可根据需要制成一个或多个能插入缩微片条的片道。缩微封套片与缩微平片不同的是，它具有透明的保护膜，对缩微片条起保护作用。其缺点是消耗材料、劳力多。

（四）缩微卡片

缩微卡片是相纸缩微品。60 年代常有这种形式的出版物，现在已很少见了。

三、缩微胶片的种类

在缩微胶片的制作中，可用于摄影和拷贝的感光胶片是多种多样的，它们各有自己的特性，应根据所制作缩微胶片的用途而选择应用。

（一）摄影用胶片

用于缩微摄影的感光胶片是直接影响缩微品质量的关键因素之一。缩微胶片的性能，表现在胶片乳剂层所具有的解像力、感光度、层次、感色性等摄影性能和片基质量、胶片的保存性等材料指标。解像力，是用来描述缩微胶片分辨能力的物理量，其数值通常用在 1mm 宽的胶片上能分辨出的线条数来表示。在制作缩微胶片时，对以上各项物理特性和技术指标均应加以严格控制。目前用于缩微摄影的感光材料大多是银盐感光材料。

在缩微摄影中，常用的有以下几种：

1. 一般缩微胶片

（1）高解像力缩微胶片。这种胶片虽然感光度比较低，但是它具有 660 线对／mm 左右的高解像能力，可形成较高质量的影像，而且在摄影加工上具有良好的机器适应性，因此，被广泛地应用于对图纸文件、支票、单据等各种原件的拍摄。胶片的形式可分为 16mm、35mm 胶卷和 148mm×105mm 平片等不同规格。按片基的厚度分，有标准片基，薄片基和厚片基三种。

（2）高感光缩微胶片。是一种用于轮转式缩微摄影机对支票、单据、证券等进行高速连续拍摄所使用的胶片，规格一般为 16mm，但片基厚度和防光晕措施等不尽相同。

（3）中感光度、中解像力缩微胶片。通常使用在对支票、单据、证券的拍摄上。

2. 特殊缩微胶片

（1）彩色缩微胶片。这是一种以色彩原件为拍摄对像，并要求缩微影像具有一定的色彩解像力和对原件的色调层次、色彩具有再现性等特点的缩微胶片。

（2）X 光照片缩微胶片。这是以 X 光照片为原件进行缩微摄影用的缩微胶片。鉴于被拍摄原件的特点，要求缩微胶片上的影像层次清楚、再现性好、而对胶片解像力的要求，则不那么严格。

（3）超高解像力缩微胶片。这是用于超缩微摄影领域里的缩微胶片。这种胶片具有非常高的解像力，但是其感光度却相当低。

（4）高感光度 COM 胶片。这是一种用于 COM 系统的能对阴极射线管（CRT）屏幕上的图像进行快速曝光的高感光度胶片。这种胶片具有为适应 COM 机的高速输出而采取的防静电的特性，同时，还具有便于反转冲洗的特性。其规格有宽 16mm、35mm、105mm 等各种尺寸以及不同片基厚度等多种类型。

（5）高解象力 COM 胶片。这同样是一种用于 COM 系统的缩微胶片。所不同的是，它的感光度比前者下降 1/2 左右，但是解像力却比前者提高了一倍。目前，随着高缩率摄影的使用和普及，这种胶片正在成为 COM 系统摄影用的主要胶片。按其尺寸规格或按其使用性能都可以分为多种不同的类型。

（二）拷贝用胶片

拷贝片是利用摄影胶片印制拷贝的感光胶片。目前，常用的拷贝用胶片主要是银盐拷贝胶片、重氮胶片和微泡胶片三种类型。

（1）银盐拷贝胶片。这是以卤化银为感光物质的（正片）拷贝胶片。由于其保存性和再现性好，多用在对拍有报纸、档案、古文献等缩微胶片的拷贝方面，也适用于图书馆的缩微品出版、缩微品长期保存等用途的拷贝。最近还出现了从负片到负片（或从正片到正片）型的银盐拷贝片。

（2）重氮胶片。重氮胶片是利用一种具有感光性能的重氮化合物同偶联剂及粘合剂一起涂敷在塑料片基上制成的感光胶片。在缩微摄影复制技术中，重氮胶片常用来作拷贝用。经过曝光和氨熏显影后，未受光照部分的重氮化合物与偶联剂发生反应并生成偶氮染料，从而形成与母片极性一样的影像。偶氮染料形成的影像在保存性和各代的层次性方面虽然不如银盐拷贝胶片，但是，由于它具有解像力高、干式显影处理方法简单、方便、可以直接进行负到负拷贝、价格低廉等优点，因此多用于缩微品交流、出版和提供直接阅读等方面。重氮胶片可以制成具有不同颜色，不同感光度，不同片基等多种类型胶片。

（3）微泡胶片。把重氮化合物均匀地分散在热塑性树脂中，并将其涂敷在塑料片基上就可以制成微泡胶片。在拷贝曝光时，受光部分的重氮化合物发生分解，释放出微量的气体被封闭在树脂层内，形成气体潜影，然后，通过加热处理使气体膨胀，就可产生微泡影像。微泡胶片的显影过程完全采用干法显影处理（加热），可以进行正到负或正到正的拷贝，而且价格便宜。同重氮胶片一样，大量应用在拷贝工作中，尤其是作为 COM 系统输出缩微胶片的主要品种，广泛地应用在 COM 领域内。

（三）硬拷贝

通过放大还原，可以把缩微影像复制成能用眼睛直接阅读的纸印件。这种纸印件也可以叫做缩微胶片的硬拷贝。

四、缩微形式的选择

选择什么样的缩微形式，主要取决于缩微品的使用目的。如果以保存档案为主，而很少利用，可采用胶卷缩微方式。因为这种缩微方式缩微速度快、成本低。但是它的严重缺点是使用和拷贝不便。我们知道，档案的利用尤其是科技档案是以保管单位为单元进行利用的。一盘 30.5m 的缩微胶卷上面的档案文件有数千页，一般有几十个保管单位，如果阅读其中的一个保管单位，查找起来就较困难，同时阅读完后还必须恢复原样。另外，成卷地向利用人员提供使用，不但不利于限制使用，同时也不便于使用后的安全检查。所以，胶卷缩微主要用于长期保存档案。

缩微平片具有长期保存和方便使用的双重优点，缺点是制作成本稍高，但是仍然是当前应该提倡的缩微方式。英国 S.J. 蒂格所著《图书馆缩微资料工作》，专门谈了"缩微平片的优势、原苏联 P.H 伊瓦诺夫所著《复制技术》中谈到缩微平片与成卷缩微胶片相比有一系列优点"。几十年的实践也证明了缩微平片具有多方的优势。最有影响的美国四大报告，每年发行数万件，均以平片形式出版。西北核技术研究所从 60 年代开始收藏美国的四大报告缩微平片，现已达 30 多万件，共计近百万张，在保存和利用中显示了许多优点，其中最主要的是阅读方便，复制、拷贝方便，保管方便。科技档案利用平片形式缩微，与胶卷形式相比，具有许多优点：

（1）每个保管单位缩微在一张或数张平片上，装入一个开窗式纸袋内，可构成与原件相对应的缩微件。利用人员采用手工或机器检索，查到需要的档案号后，根据情况既可以利用缩微件，又可以利用原件。

（2）利用平片缩微，读者所需档案经过批准后需要哪一件，即可单独地借用哪一件，不需要像缩微胶卷那样，要借就是一盘。平片的借阅方式不但有利于保密，还有利于还回库房时进行有无损伤的检查。

（3）缩微平片便于拷贝，有利于进行技术转让和技术交流。

（4）利用缩微平片形式进行档案文件的内部或公开出版，既方便又经济。我们知道，收藏在各级档案馆的档案，绝大多数是独一无二的。进行档案复制件的交流，最有利的出版形式就是缩微平片。缩微平片的母本可以存放在最适宜的条件下永久保存，第二代母本，可以进行拷贝，向外出售或交流。像中央档案馆，一、二史馆和省级档案馆，凡具有普遍意义又可公开的档案文件，均可以以"缩微出版公司"的经营方式，向外发售历史文献缩微平片。

（5）规格统一，便于排放。缩微平片，可根据档案号或缩微顺序号整齐地排入缩微平片柜中，这样占用空间小，存取方便。一间 30m² 的房间，可以方便地保存 200 多万张缩微平片。

缩微平片的优势越来越明显，在档案缩微技术中，要大力提倡平片缩微形式。

五、档案缩微与计算机

科学的发展使档案缩微与计算机的应用联系了起来。这样，缩微品的利用手段更加现代化，也使缩微技术更有发展前途；另一方面，计算机的应用领域也就更加广阔。

1.COM 系统

COM 系统是把计算机信息高速度输出到缩微平片上的装置。在缩微系统中，世界上发展最快的领域就是 COM。在 COM 领域，过去仅能缩小到 1/24 左右，但由于 COM 胶片解象能力的提高，现在已普及 1/42 或 1/48 的缩微率了。

2.CIM 系统

CIM 系统是把缩微平片信息的情报输入到计算机的装置，情报的流程与 COM 相反。可以期待 CIM 的实现对缩微摄影系统的未来发展将作出极大的贡献。

3.IR 系统

IR 系统就是计算机检索缩微胶片系统。利用计算机检索缩微胶片的技术，正在迅速发展。日本广岛大学设置了缩微平片自动检索机与计算机直接连结的设备，用于核子医学的情报检索。

第六节　基层单位现代化管理技术的应用

基层单位科技档案管理是科技档案管理工作的基础和重点。科技档案来源于科技人员，服务于科技工作，这个工作过程是在基层单位实现的。所以，基层科技档案室（科）工作在科技档案管理中占有十分重要的地位。但由于基层科技档案工作的特点，基层单位目前仍然应以手工工作方式为主，而应部分地有选择地采用现代化管理手段。

一、基层科技档案管理的特点

1.基层单位的基础工作靠的是手工作业

科技档案来源于科技工作和科技人员，基层档案人员承担着建档业务指导和案卷组织的技术整理工作，而这部分工作主要依靠的是腿、嘴、手。腿，就是勤往下跑，抓业务监督、指导；嘴，就是勤于宣传、指导；手，就是勤于动手，将接收的文件进行标准化、规范化技术整理。这些工作是整个科技档案管理的最基础性工作，但它依靠的是手工劳动。

2. 档案存量少

基层档案室（科）档案存量较少，据 1991 年统计，大型企业档案室馆藏量是 6000 件（卷）左右，大型科技事业单位档案室（科）馆藏量是 10000 件（卷）多一点。一些小型的企事业单位的档案室馆藏量就更少。

3. 档案使用量少，且随机性大

基层单位档案的利用量并不算太高。从利用特点上说，随机应用较多，也就是说，科技人员应用的档案，在时间上是"刻不容缓"，说用就用。这样，在利用时间上就不能相对集中。

二、基层单位应用现代化技术的原则

现代化技术的实现，必须以现代化设备为基础，它涉及到经济投入问题，因此应遵循以下原则。

1. 量力原则

首先，应用现代化技术，购置先进设备，要根据自己的条件，也就是要从实际出发。实践证明，基层单位能够购置一些先进的设备，固然对工作会带来好处，但是，由于科技档案管理的上述特点，采用传统的手工工作方式，亦能出色地完成任务。即使是将来，在基层科技档案管理单位，大量的手工劳动也是会存在的，例如文件的技术整理、照片整理等，都离不开手工劳动。

2. 效益原则

任何管理，不能不讲究效益，购置先进的、昂贵的设备更是如此。如果购置先进的微机，只当作打字机用，或只管理二、三百名职工档案，是违背效益原则的。这就是说，工作量很小，手工劳动轻而易举就可完成的工作，就不一定需要购置昂贵的设备。只有在工作量大、同时在内容上较为复杂、利用先进设备能够显著提高工作效率和效益时，才应采用先进、昂贵的设备。当然，有些事情还要看发展方向，有些设备当时效益较差，但从发展上说，是个方向，以后的效益又会好，亦是可以采用的。

3. 采用成熟技术原则

基层单位的经济力量和技术力量总是有限的，所以在采用现代化管理措施时，一般要采用成熟的技术，这样就可以少走弯路。例如采用微机管理时，宜采用前面谈到的常规应用技术，而不宜采用自动标引、智能检索等未成熟的技术。当然，在经济条件和技术力量上都较好的单位，作为试验研究，而进行一些先进技术的开发，也是应该的。但对大多数基层单位而言，仍以采用成熟技术为主。

三、基层单位现代化技术的应用

（一）微机常规应用

馆藏量在 5000 件（卷）、年借阅量在 1000 件次以上的大中型科技档案室，宜采用科技档案的微机常规管理。科技档案的微机常规管理，我们前面已经讲到，在这里要较详细地论述这个问题。

1. 科技档案检索

这是基层微机档案管理中最基本、最重要的项目。基层单位的微机检索，应以主题检索为主。在标引工作上可采用手工标引方式，亦可采用 9.3 节中的机助标引方式。机助标引，可以同步生成主题词表，且可以根据该主题词表，对已标引的文献、档案进行主题词自动转换。科技档案检索途径除主题、分类检索外，还可以方便地实现责任者检索、档案题名检索、形成单位检索、形成时间检索等等。同时，利用微机可以输出一定格式（最好按国家规定的统一格式）的档案著录卡片，根据需要可以编制混合分类卡片目录、责任者卡片目录或其它检索目录，以满足日常手工检索的需要。

2. 自动编制档案登记总账

根据输入的项目，即档案著录项目和要求格式，微机可以方便地实行档案总登记账本的打印。

3. 档案的利用管理

档案利用，包括利用者编号、姓名、单位，利用档案编号、题名，借用日期、还回日期等，均可以存储于微机之中。存储这些数据时可以进行简化处理，例如只输入利用者编号，档案编号和借期、还期，便可利用输入微机的著录条目自动生成上述管理数据。档案的借阅管理可以实现档案的借、还登记，从而控制借阅量和编制档案催还清单；可以查询哪个编号或题名的档案由何人借去。存入微机中的档案利用数据，例如某份档案的历史利用情况和每个研究人员利用过哪些档案，前者可以为档案的最终审定提供依据，后者可以进行利用规律的研究。

4. 建档管理

每个研究课题自任务下达起（以任务书为准），应利用微机输入课题编号、课题名称、责任者、起止时间，立卷人等事项。随着工作的进展应输入任务修改事项（修改内容、修改时间等）、归档文件、质量评定，以及建档管理人姓名等。

5. 建立事实数据库

利用微机可以方便地建立各种专题数据库，例如科技成果奖励数据库，论文、专著数据库，大事记数据库，等等。计算机数据库的建立，可使档案管理进入档案信息管理阶段，从而准确、迅速地为领导决策和管理机关随机提供各种依据和参考数据。

6. 档案管理统计

利用微机可以进行各种管理统计，例如馆藏总量统计，馆藏不同密级统计，年归档量统计，年分类（或按单位）归档量统计，年借阅量统计，年分单位借阅统计，档案过期（超过保管期限）统计，销毁统计，上交统计等。同时这些统计数据不但可以显示出数字，而且还可以形象地用图表表示，起到一目了然的作用。

科技档案的微机常规管理项目，主要是以上几个方面。除此以外，还可以进行一些其它管理工作，例如档案丢失登记、档案预约登记等，但这些简单的工作，利用手工劳动反而更方便、更经济一些。

（二）光盘应用

据报道，国内利用光盘进行档案管理已进入实用阶段。但目前在基层单位，最有价值的应用项目是建立微机—光盘事实数据库，这样可发挥光盘存储密度大的功能。另外，光盘系统在基层单位亦可用于存储模糊字迹，如存放已久的复写纸、圆珠笔档案等，发挥光盘存储能改善字迹模糊的优势。

（三）缩微技术应用

缩微技术，虽然广泛用于档案管理，但因设备昂贵，同时基层单位档案数量有限，一般基层单位不宜购置全套设备自行缩微。需要缩微的档案，最好送交缩微中心进行缩微，亦可与上级档案馆达成协议，上交的永久性档案均返回一套缩微品。这种作法是符合整体利益的。

（四）档案保护技术的应用

保证档案的安全和最大限度地延长档案的寿命是档案管理的主要任务。档案的珍贵性，有些主要来源于它的原始性（原件性），例如名人手迹、书画，它的原件要比复印件的价值（价格）高出上万倍。这也说明了保存原件和延长原件寿命的意义。科学技术的发展，不但在档案安全上可以采用许多新的技术方法，如烟雾报警装置、电视防盗监视系统等，更重要的是在档案保护方面产生了许多新的保护技术。最通常的是自动调温、调湿装置。因为任何档案都有它的一定温湿度要求，符合这一要求，就能最大限度地延长档案的寿命。从档案信息载体上讲，利用中性纸张形成的档案比普通纸张形成的档案，寿命要高出几倍或十几倍。档案信息载体的耐久性研究，涉及到物理学、化学、材料科学等许多学科，它是档案管理最有前途的技术应用领域。如上所述，延长档案原件的寿命比档案管理中的任何事项都重要。延长档案原件的途径一是改善档案保管环境，二是提高档案信息载体的耐久性。改善档案的保管环境目前来说是较容易做到的，而增强档案信息载体的耐久性，将要依据科学技术的高度发展。

第七节 科技档案现代化管理与基础工作

传统的档案工作可分为两大部分，一是基础工作，二是利用工作。利用是档案管理的最终目的，基础是实现利用的柱石。现代科技档案的管理工作仍然是以传统的基础工作为柱石。这就是说，没有好的基础工作，科技档案的现代化管理是无法或很难实现的。

一、档案基础工作的内容

科技档案管理的基础工作内容很多，但主要是建档管理、案卷组织和技术整理、保管单位的登记编号及馆藏组织，以及档案的著录和标引等。基础工作是相对于利用工作而言的，档案的利用阶段是档案管理的开花结果期，基础工作则是档案管理的播种、耕耘期。没有档案的基础工作，也就没有档案的利用工作。道理是显而易见的。建档管理工作的好坏，直接影响着档案的来源和质量，案卷组织和技术整理，又直接影响档案内容信息的结构和组织，也就是知识的有序性，它将最终影响着档案的可利用性和可读性。档案的登记编号，以及馆藏组织，从总体上说，是解决档案的有序性排列和管理问题。不难想象，要从成千上万件档案中找出其中的一件，如果它的排列是无序的，那就像大海捞针一样困难。由此可知档案基础工作的重要地位。

从理论研究或档案刊物发表的论文看，现在有一种倾向，就是过多地强调了档案的利用，而忽视了基础工作。实际上，我们的基础工作，从实践到理论上，尤其是在理论研究上却很薄弱，建档管理理论、案卷组织理论、馆藏组织理论、著录及标引理论的研究都很微弱，科技档案学的基础理论研究基本上停留在定性研究，甚至有些问题可以说停留在"感性认识"阶段。

二、基础工作对现代化管理的影响

据了解，有的单位购置了目前看来最先进的设备，计算机应用软件的设计也通过了部委级鉴定，报、批了较高等级的技术奖，但实际上该套设备并未正常运转。其原因，不是设备和技术问题，而是各个环节的基础工作较差。档案文件编制不标准、案卷组织混乱，必然严重影响着档案的著录、标引工作；档案的著录、标引工作混乱，就算是使用先进的计算机和智能化软件，也是无济于事的。另一方面说，如果计算机检索系统可以应用，但是馆藏组织混乱，就是检索到档案，仍然无法很快地找到，甚至无法找到。由此可知，档案基础工作对现代化管理的影响有多么大。

科技档案现代化管理，应建立在科学管理的工作基础之上。我们在本章的第一节讲了科技档案和科技档案工作的标准化，也是为了强调基础工作的重要性以及基础工作与现代化管理的不可分性。我国邮电系统多年来一直提倡和积极实现信件分拣的自动化，这一举措从设备和技术上都应该说达到了成熟的地步。但信封的标准化、书写的标准化实现不了，自动分检工作就难以实现。档案的现代化管理也是如此，如果基础工作很差，从根本上说，就失去了现代化管理的条件。所以，我们实现档案管理的现代化，首先应强调的是做好档案管理的基础管理工作，强调实现标准化管理。

三、实行现代化管理要狠抓基础工作

在一个单位，档案管理的基础工作做好了，现代化管理的起步和发展就较容易；而如果基础工作差，就必须花费加倍的力气，进行基础工作的"补课"。有些工作如档案的技术整理，档案的登记编号，馆藏组织等中间性基础工作，只要投入人力、物力，是可以进行补救的；但是，如归档文件不全，或丢失、损坏、质量差、有错误，这些工作就是花费再多时间，也是难以弥补的。这里，我们还必须看到，档案的基础工作，既是档案利用工作的基础，又是实现现代化管理的基础。所以，我们在实现现代化管理或利用现代化设备的同时，丝毫不能轻视手工作业的作用，因为档案管理中的基础工作，大多数是依赖传统的手工作业方式完成的。由此，可以得出这样的结论：不管档案现代化管理如何发展，手工式的基础工作总是存在的，而且在一定时期内是档案管理的重点工作。

第四章 科技档案收集与整理工作

第一节 科技档案收集工作的意义和要求

一、科技档案收集工作的意义

科技档案的收集工作，包括基层科技档案部门的收集工作和科技专业档案馆的收集工作。

基层科技档案部门对科技档案的收集工作，在正常情况下，是通过接收科技文件材料归档来实现的。即各科技业务部门和科技、生产人员，按照归档制度的有关规定，向科技档案部门移交科技文件材料。科技专业档案馆对科技档案的收集工作，一般是按照科技档案进馆制度的规定，接收有关单位移交来的科技档案。

在实际工作中，基层科技档案部门除按制度接收归档以外，还要通过各种方式对零散的科技文件材料进行收集。科技专业档案馆也要通过各种其他手段进行科技档案的收集。

科技档案收集工作的意义，可以概括为以下几个方面：

（一）科技档案收集工作标志着科技档案自身运动的一个新阶段

以运动的观点来看，科技档案的收集工作，显示或反映了科技档案运动过程的一个新的发展阶段。

首先，基层科技档案部门的收集工作，标志着科技档案在自身运动过程中的一次质的变化。收集归档以前，科技文件材料是处在形成过程或现行使用过程中的，它们是现行的科技文件材料；而通过收集归档，它们就由现行的科技文件材料转化为科技档案，发生了基本属性的变化，对于绝大多数科技档案来说，归档和收集集中，标志着它们作为科技文件材料的属性和使命已经完成或基本完成，具备了科技档案的属性和使命。

科技档案同科技文件材料是同一个事物的两个不同的发展阶段，它们之间既有密切的联系又有区别：这种区别就是科技文件材料经过归档以后，由于基本属性和使命的变化，从而无论在量的方面、质的方面，还是在存在形式、管理方式上都发生了变化。

认识并且承认这种变化，是我们做好收集归档后科技档案管理工作的实践基础和理论基础，也是我们建立和发展科技档案管理学的实践基础和理论基础。

其次，科技专业档案馆对科技档案的收集工作，同样显示和标志着科技档案运动的一个新阶段，实现科技档案的第二次分离过程和第二次集中过程。

科技档案的第一次分离和集中过程，是在企事业单位内部实现的，是在基层科技档案部门和科技业务部门之间进行的，也是在科技档案的管理者和形成者之间进行的。通过科技文件材料的归档和集中统一管理，科技档案从它的形成者（科技业务部门和科技生产人员）手里分离出来，由专业的科技档案部门和科技档案人员进行集中管理，这是第一次分离和集中的过程。

科技专业档案馆的收集工作，使科技档案在自身运动中出现了第二次分离和集中的过程，这个过程是在基层科技档案部门和科技专业档案馆之间进行的。通过科技档案的收集进馆，科技档案从它的形成单位分离出来，由科技专业档案馆进行集中统一管理，进一步体现了科技档案是国家财富的性质。

（二）科技档案收集工作是科技档案工作的基础，是丰富科技档案馆（室）藏的重要手段

人们从事任何一项工作，都要有自己特定的物质对象，如图书工作以图书为自己工作的物质对象，商业工作以商品为自己工作的物质对象，科技档案工作则以科技档案为自己工作的物质对象。但是，科技档案工作的物质对象却不是在科技档案部门产生和形成的，它是从各个有关单位，从各个科技业务部门和科技生产人员手中收集来的。如果没有收集工作，科技档案和它的前身——科技文件材料就处于分散状态，分散在各个科技业务机构，甚至分散在个人手中。也就是说，没有科技档案的收集工作，科技档案部门就没有自己工作的物质对象，因而也就无所谓科技档案的整理、保管、鉴定、统计利用工作。对于国家来说，也就无法组织全国规模的科技档案事业。因此，无论对一个单位，还是对整个国家来说，科技档案的收集工作都是科技档案工作的基础，是丰富科技档案馆藏或室藏的重要手段。

（三）科技档案收集工作是贯彻科技档案工作管理原则的重要措施

第一，国家规定，科技档案要实行集中统一管理，这是科技档案工作管理原则的核心，必须认真贯彻执行。贯彻集中统一管理原则，包括多方面的内容，其中最重要的一项，就是科技档案要由科技档案部门实行集中统一管理。在基层单位由科技档案室（科）集中统一管理，在全国由各级科技专业档案馆集中统一管理。要实现这种集中统一管理，就必须开展收集工作。没有科技档案的收集工作，就不能把在生产建设

和科研、设计等工作中形成的科技文件材料，转化为国家的一项财富集中保管起来。因此，科技档案的收集工作，是贯彻集中统一管理原则的重要措施之一。

第二，国家要求，必须维护科技档案的完整、准确、系统、安全，这是科技档案工作管理原则的一项重要内容。科技档案的收集工作，是保证科技档案完整、准确的重要措施。科技文件材料分散在各业务技术部门和个人手中，是无法保证完整、准确的，必须在科技、生产活动结束或告一段落后，由科技档案部门进行收集集中。科技文件材料收集归档后，科技、生产活动还在延续，产品投产后还会不断改进，工程、设备在使用、运行过程中要不断维修和改造。

此外，还需要做科技文件材料的补充收集工作，以确保其完整和准确。同时，健全的科技档案收集工作制度，有利于保护科技档案、维护科技档案的系统和安全。通过科技档案的收集工作，把处于分散状态的科技档案集中统一地管理起来，能够维护科技档案的系统和安全，有利于保护国家的科技机密。

二、科技档案收集工作的要求

（一）必须认真贯彻集中统一管理科技档案的原则

集中统一管理是我国科技档案工作管理原则的核心。在任何企、事业单位内部，科技档案都应该由科技档案部门实行集中统一管理，这是国家全部科技档案能够实现集中统一管理的基础。《技术档案室工作暂行通则》规定，各工厂、矿山、设计院、科学技术研究院（所）和地质、测绘、水文、气象等部门以及工业、交通、科学技术的主管机关都必须对科技档案实行集中统一管理。

集中统一管理是做好科技档案收集工作的根本指导原则。检验科技档案收集工作的首要标准是是否贯彻了集中统一管理原则、对科技档案是否实行了集中统一管理。

（二）收集工作要遵循科技档案的自然形成规律

科技档案及其前身——科技文件材料，是在各项科技、生产活动中，伴随着科技、生产活动的进行而自然形成的。科技档案的收集工作是一个承前启后的环节。对于基层科技档案部门的收集和接收归档来说，它前边联系着科技、生产活动，后边联系着科技档案工作活动；前边联系着科技文件材料，后边联系着科技档案。对于科技专业档案馆的收集工作来说，它前边联系着科技档案的形成单位，后边联系着专业档案馆的各项工作。

这就要求科技档案的收集工作必须遵循科技档案的自然形成规律，必须照顾好前后左右的工作关系。特别是在基层企、事业单位，科技文件材料的归档，实际上是科技、生产活动程序中的一个环节。因此，科技档案的收集工作和科技文件材料的归档制度，必须符合科技、生产活动的规律性，要根据科技、生产活动的工作程序和科技文件材料的形成过程，具体规定归档范围、归档时间，这样才能既做到集中统一管理，保证科技档案的完整、安全，又不影响现行工作的使用。

（三）保证科技档案的完整、准确

科技档案的完整、准确是保证科技档案质量的关键。完整、准确的科技档案，可以充分发挥凭证、查考作用和科技储备作用；而不完整的科技档案，特别是不准确的科技档案，其价值会大大降低，在许多情况下，不仅会影响其凭证、查考作用，甚至会起到相反的作用，给工作造成损失。

因此，科技档案的收集工作必须严格注意科技档案的完整性和准确性，不完整的一定要设法补齐，不准确的一定要设法解决。这是保证科技档案收集质量的关键。

第二节　基层科技档案部门收集工作的方法

一、按制度接收科技文件材料归档

按照归档制度接收科技文件材料归档是基层科技档案部门收集科技档案的基本方法。在科技管理制度和科技档案管理制度健全的情况下，科技业务部门和科技、生产人员，在一项科技活动结束或告一段落之后，应该按照科技程序和归档制度的有关规定，对科技文件材料进行科学筛选和系统整理，向科技档案部门归档。科技档案部门要认真清点这些归档，并办理交接手续。这就是正常情况下收集科技档案的收集形式和主要方法。

二、疏通和确定科技档案收集渠道，定向、定内容进行收集

科技档案及其前身——科技文件材料是在科技业务部门和科技、生产人员的科技、生产活动中产生的，因而科技档案总的收集方向是明确的。但是，科技、生产活动是按专业分别进行的，每个专业内的科技、生产活动又是按项目在一定的责任分工的基础上进行的。因此，为了建立有效的档案收集工作，科技档案部门必须确定明确、具体的收集渠道，并切实保证收集渠道的畅通，对每条收集渠道进行定向、定内容的收集工作。这样才不会笼统地、一般化地进行收集，才不会使科技档案的收集工作落空。

疏通和确定科技档案的收集渠道，既包括确定科技文件材料的归档责任者，也包

括确定收集工作的具体方向。一般包括以下几种情况：

（一）确定不同的科技文件材料归档责任单位或确定不同的科技档案的具体收集渠道

以某油田科技文件材料的收集归档工作为例，其归档责任单位或具体的收集渠道如表 4-1 所示。

表4-1 科技文件材料归档单位或收集渠道确定表

科技文件材料或科技档案	归档单位或收集渠道
水源井井位部署图	地质所
水源井工程设计	水电厂技术科
水源井完工报告	水井队
水源井地质设计	地质所
综合录井图	水井队
试水分析化验材料	化验室
水井电测图	电测站
……	……

从表 4-1 可以看出，在油田开发过程中，对于水源井建设中形成的科技文件材料，其归档或收集渠道是具体的。这是由于虽然都是围绕水源井建设形成的科技文件材料，但其形成的部门是不同的，因此科技文件材料的收集、归档工作，也不能只是笼统地确定为"水源井建设部门"，而应该根据各种不同材料的具体形成情况，定向地、定内容地确定归档和收集渠道，这样才能确保归档或收集任务的完成。

（二）对于协作项目的科技文件材料，要抓住主持单位，做好收集工作

协作项目，有外部协作项目（即本单位同外单位共同进行的协作项目）和内部协作项目（即本单位内部有关部门之间进行的协作项目），这里是指内部协作项目科技文件材料的归档和收集问题。

保证协作项目科技文件材料的归档和收集工作的质量，关键是要抓住归档和收集工作的主渠道，即抓住协作项目的主持单位。任何一个协作项目，都有主持单位和参加单位，参加单位可能很多，但主持单位一般只有一个。因此，要抓住渠道，进行定向、定内容的收集。为了保证科技档案的收集质量，还应抓住重要和关键环节做好收集工作。

（三）抓住重要环节或关键阶段进行科技档案收集

科技文件材料是在科技、生产活动中形成的，但是科技文件材料并不是在科技、生产活动中随意形成的，而是按照科技、生产工作程序有规律、有节奏地形成的。因此，要做好科技档案的收集工作，就应该掌握科技、生产活动的规律和节奏，抓住重要的环节和关键的阶段，不失时机地做好收集工作。

1.机械产品档案

机械产品从设计、试制到定型、生产，要经过一个相当长的过程，这期间要进行设计和工艺方面的反复试验和修改，所形成的科技文件材料数量很大、变化很多。经验证明：为保证科技档案收集工作的质量，抓住机械产品设计、研制过程中的关键环节是十分重要的。在机械产品设计、研制的整个过程中，无论研制对象如何复杂，无论其设计和研制的周期如何长，从科技档案的收集工作来看，关键要抓住两个环节。

（1）样机鉴定。在样机鉴定之前，样机处于试制过程，有关的设计文件、设计图纸和工艺文件不要求十分完整齐全，科技文件材料随着试制而增减、更改，处于不稳定状态。但是，样机进入鉴定阶段或样机鉴定完毕，所有应该形成的科技文件材料特别是设计图纸等材料，都应该完整齐全，符合标准化要求，并且基本稳定下来，以便进行下一阶段的工作。因此，这是进行科技文件材料归档和科技档案收集工作的关键阶段和重要环节，它对保证科技档案材料的完整、准确，提高科技档案的收集质量至关重要，一定要切实抓好。

（2）定型鉴定。机械产品到定型鉴定时，不仅设计文件经过了检验，工艺文件也编制齐全并考核完毕，达到了完整性、准确性的要求。因而这是抓好科技文件材料归档和收集工作的又一个关键和重要环节。

2.工程设计档案

凡工程设计一般都具有这样两个共同特点：其一，任何工程设计都是按设计程序分阶段进行的，如设计前期工作阶段、初步设计阶段、技术设计阶段、施工图设计阶段等；其二，任何工程设计都是为建筑施工提供依据的，设计活动同建筑施工活动紧密联系。工程设计档案的收集工作，要注意分析工程设计活动的一般规律，紧紧把握这两个特点，抓住关键和重要的环节，做好收集工作。

对于设计周期较长的工程设计，其设计档案的收集工作应抓好以下两个环节或阶段：

（1）初步设计完成阶段。中小型或一般设计周期较短的工程设计，可以在设计结束后进行一次收集归档。但是，对于大型工程或设计周期较长的工程设计，为维护设计档案的完整，保证收集工作质量，一般实行分阶段收集归档。在各个设计阶段的收集工作中，要着重抓好初步设计完成阶段的收集工作。这是因为工程经过前期准备工作，形成了可行性研究材料、设计任务书以及相应的审批文件，获得了设计工作的基本依据，在此基础上进行工程的初步设计。初步设计文件主要是初步设计书和有关的附图，包括设计前期文件和初步设计文件在内的这些材料，有以下几个特点：①主要是一般文件形式的文字材料；②综合性、概要性比较强，来源渠道多样；③初步设计文件是施工图设计的依据，其基本精神最终都要落实到施工图设计文件中来。根据上述情况和特点，基层科技档案部门应紧紧抓住时机，在初步设计结束、施工图设计即将开始的重要环节，及时做好施工图设计前形成的全部科技文件材料的收集归档工作，以保证这部分材料的完整。

（2）设计结束和总结阶段。工程设计结束特别是进入设计总结阶段，该项工程设计活动中的科技文件材料已全部形成，为科技文件材料的收集、归档创造了最好的条件。这时，基层科技档案部门应抓紧时机，将该工程设计活动中形成的应该归档的科技文件材料全部收集归档。

工程设计单位，作为基本建设活动的乙方，是通过工程设计为甲方（工程的建设单位）提供设计文件服务的。在整个工程设计活动中，围绕着工程对象，工程设计单位同工程建设单位保持紧密的工作联系。其中，尤其以初步设计前后和施工图出图以后相互间的联系最为频繁。因此，抓住这一时机做好科技文件材料的收集工作，不仅有利于收集设计单位本身形成的文件材料，还有利于收集甲方形成的同工程设计有关的文件材料。

3. 基本建设档案

做好基本建设档案的收集工作，关键是要抓住竣工验收阶段。基本建设工程竣工犹如机械产品定型，从文件形成的角度来看，应该形成的科技文件材料都形成了，而且已经有条件同建筑实物保持一致，反映建筑实物的实际面貌；从工作活动来看，建筑工程的施工活动已经结束，施工单位同建设单位将办理移交手续，其中不仅要移交建筑对象，而且要移交有关的科技文件材料。即使在建设单位本身，围绕此项建筑工程形成的科技文件材料也完成了现行的工作使命，可以归档了。因此，抓住工程竣工验收这一工作环节，集中力量做好收集工作，符合科技文件材料的形成规律，是基本建设档案收集工作的一条重要经验。

4. 设备档案

设备档案有几种情况，应根据各自的特点，抓住关键环节做好收集工作。

（1）同土建工程连接在一起的设备，如石油、化工企业的各种大型装置以及某些管道、线路等，这些设备的档案，可同相应的基本建设档案一起，在基本建设工程竣工验收阶段进行收集。

（2）自制设备。相当一些企、事业单位所用的专用设备，是自行设计制造的。对自制设备档案材料的收集工作，可以采用机械产品档案的收集方法，抓住设备定型鉴定这个环节，集中做好有关材料的归档、收集工作。

（3）外购设备。外购设备，无论是从国内市场购买的，还是从国外市场购买的，其档案材料的收集工作要抓好两个环节：

①设备开箱验收。设备到货开箱验收，是随机文件材料收集、归档的关键环节，

经验证明，一定要抓好这个环节，以防止随机文件材料的散失、损坏。可以先收集归档，经过登记后再出借使用，或复制后出借使用。

②安装、调试（试车）。外购设备安装、调试（试车）过程中形成的文件材料，应在安装、调试（试车）完毕后，抓住时机组织收集归档。这样，外购设备在前期阶段形成的科技文件材料包括随机带来的科技文件材料和安装、调试（试车）过程中形成的材料，就基本上收集起来了。

5.科技研究档案

根据科技研究档案形成的一般规律和特点，应抓住以下两个关键环节做好收集工作：

（1）年度总结。有些科研课题研究周期比较长，如农、林、牧、渔业的某些研究课题，往往需要年复一年地进行观察试验研究，它们的研究特点是受季节影响比较大．一个年度基本上是一个试验研究阶段，年度结束时进行当年试验研究的总结，而此时也是进行有关科技文件材料收集归档的好时机，因而要抓住年度总结的机会，做好科技文件材料的归档、收集工作。

（2）成果鉴定。科研成果鉴定是收集该课题科技档案材料的重要环节。成果鉴定标志着该课题的研究工作已经结束，有关的科技文件材料已经形成，课题组的任务即将转向新的课题。因而要抓住成果鉴定阶段的有利时机，认真做好有关文件材料的收集、归档工作。

三、做好收集工作的几个"结合"

为做好科技档案的收集工作，提高收集效果，保证收集质量，科技档案的收集工作应注意做到以下几点：

（一）接收归档和现场收集相结合

基层科技档案部门的收集工作，主要是通过接收科技文件材料归档实现的。为了保证科技档案的完整、系统，科技档案部门还应深入科室、车间，深入工地现场，做好科技档案的收集工作。

一般情况下，特别是在归档制度比较健全、执行比较严格的情况下，现场收集同接收归档比较起来，处于辅助地位；但是，在归档制度不够健全，或者虽有归档制度但执行不够严格的单位，现场收集则处于不可忽视的地位。基层企、事业单位的科技档案部门应根据本单位的具体情况，将"接收归档"和"现场收集"这两种收集方式合理地结合起来，以提高科技档案的收集质量。

（二）随时收集和集中收集相结合

科技档案的收集工作，应根据收集对象和收集任务的具体情况，采取不同方法进行。

随时收集是将收集工作同日常工作相结合，随时发现问题，随时进行收集，这种收集方式及时、灵活、简便，特别是对下述文件材料一定要切实做好随时收集工作：①归档遗漏的零散材料；②有关人员工作调动时，应该移交归档的材料；③工作项目中断或发生变化时应清理归档的材料；④出国人员带回的应该归档保存的材料。

集中收集是指除定期接收归档的材料应该集中收集外，还包括结合企业整顿、保密检查等活动，以突击的方式进行的科技档案收集工作。这种收集方式，人力集中，效率比较高，效果也比较好。

（三）科技档案的收集工作同计划管理相结合

科技档案的收集工作同计划管理相结合，主要表现在两个方面：首先，要同生产计划部门密切配合，了解和掌握科技、生产活动的具体安排。科技文件材料的形成，同科技、生产活动的安排密切相关。而科技、生产活动的具体安排，离不开计划管理。因此，同生产计划部门密切配合，随时了解和掌握科技、生产动态，对做好科技档案的收集工作十分重要。每年年初，科技档案部门应主动了解本单位全年科技、生产活动的计划安排，掌握本年度的计划项目及其工作进度，预测在什么时间可以形成和归档哪些项目的文件材料。这样就可以有计划地、及时、主动地做好科技档案的收集工作。其次，要把归档收集工作纳入计划管理，使有关科技文件材料的归档集中，作为科技项目完成计划任务的一个重要标志。

（四）对内收集和对外收集相结合

对于科技档案的收集，不仅要做好内部有关文件材料的收集工作，还要做好对外收集工作。这是因为某些材料涉及外部单位，当这些文件材料不够齐全完整时，应做好对外收集工作。

1. 基本建设档案材料的对外收集

对于建筑物的使用单位，当基建档案残缺不全时，常常需要对外补充收集。如向原计划单位收集有关设计方面的图纸和文字材料；向施工单位收集有关施工方面的文件材料；向勘探、测绘部门收集工程地质和地形测绘方面的材料；等等。

2. 设备档案材料的对外收集

设备使用单位对外补充收集设备文件材料的情况比较多。因为购买设备时，随机文件是有限的，在设备安装、使用、维修过程中常常感到不足，特别是当设备档案散失、残缺不全时，更需要向设备生产单位补充收集有关的文件材料。

3. 协作项目文件材料的对外收集

对于同外单位协作进行的科研、设计、生产等科技活动的项目，当有关的文件材料不够完整时，可以向参加协作的单位进行补充收集。

四、做好几种易缺档案材料的收集工作

在科技档案的收集工作中，各种不同文件材料的收集难度很不相同。有些材料比较容易收集，如科研成果报告、设计底图和蓝图等；有些材料则由于各种不同的原因，收集难度较大，容易短缺或疏漏。因此，应着重做好收集工作。

（一）工矿企业生产原始记录的收集

工矿企业生产原始记录是指工矿企业的车间、工段、班组甚至个人在生产操作过程中形成的原始材料。这些文件材料是工矿企业生产第一线实际情况的真实记录，如各种机电设备或化工设备的运行记录，产品生产状况、原材料消耗以及废品率原始记录，等等。这些材料及其有关数据，对研究分析设备运行状况，对科学地管理生产、总结经验和日后查考，都有科学价值和依据作用。因此，应该健全相关制度，做好收集工作。

（二）产品质量档案的收集

产品质量档案是在产品质量检验过程中形成的记载产品质量状况的档案材料，一般是产品档案的组成部分。随着企业管理工作的加强，产品质量检验工作由单一环节质量检验发展到多环节连续质量检验，由专职质量检验人员检验，发展到操作者自检和专职检验人员复检相结合的检验方式。有些工矿企业还推行了全面质量管理的有关方法。这样，产品质量档案的内容就大大丰富了。科技档案的收集工作应及时跟上产品质量检验工作和产品质量档案内容成分的发展变化，保证产品质量档案的完整、系统。

（三）有关会议材料和出国人员带回材料的收集

除本单位组织召开的科技性会议中形成的文件材料应列入归档范围进行收集归档外，本单位有关人员外出参加的专业性会议形成的有关材料，以及出国人员进行专业考察活动时形成和带回的有关材料，凡有价值的也应收集归档。这种类型的文件材料常常散存在有关人员手中，不易收集集中，除了应健全制度、纳入归档范围、认真实行归档之外，科技档案部门还应主动做好登门跟踪收集工作，以确保这部分文件材料得以收集建档。

（四）对有重要科技（学术）成就的个人有关材料的收集

在科研、生产或教学单位，常常有一些学有专长、在科技或学术方面成就显著的工程技术人员或教学、研究人员。对他们个人形成的一些论文、专著、译著或水平较高的教材等，也应做好收集工作。特别是那些年事已高的高级科技或教学人员，他们早年形成而长期由个人保存下来的有关材料，应该作为收集的重点，这种收集有时带有抢救性质。

对这些材料的收集工作，有较强的政策性，要做好宣传工作，暂不愿交的也可以用复制或代管的办法处理，目的是妥善地保存这些有珍贵价值的材料。这部分材料如果收集不好、得不到妥善保存，常常会造成不应有的损失。例如，某科研单位一位老所长，是我国植物生理学的创始人之一，从 1927 年开始，几十年来发表了不少论著，1978 年逝世后，原拟出版他的文集以资纪念，并通过文集使年轻的植物生理学工作者对本学科的发展历史有较全面的了解。但是，由于过去对他的论文、著作收集不够，材料很不完整，这本文集竟一时无法编辑出版。这一事例从侧面说明了收集重要人物相关材料的意义。

（五）反馈信息材料的收集

科研成果推广或发表、工程设计经过施工并且投入使用、工业产品销售、乃至气象和水文预报发布以后，其实用性和正确性如何，经过实践的检验都会产生相应的反映，这些反映形成的材料，就是反馈信息材料。这种材料对总结经验、发现问题、提高质量、改进工作具有重要的参考作用。因此，应做好有关反馈信息材料的收集工作。

反馈信息材料的收集方法和途径，因具体材料和具体情况的不同而异，主要有下述做法：

一是在签订成果推广、技术转让或产品销售合同时，载明受让或购买单位承担提供反馈信息材料的义务。

二是职能管理部门对推广出去的科技成果、竣工后的工程设计、销售出去的产品等，通过面调或函调的形式进行用户回访，并做好归档工作。

三是委托有关人员利用出差等机会进行访问或收集。

一旦这些材料"反馈"回来，科技档案部门应及时做好收集工作。

第三节　科技专业档案馆的收集工作

一、科技专业档案馆的进馆要求

科技专业档案馆是一个专业的科技事业单位，它是专业档案的贮藏中心和利用、咨询中心。从科技专业档案馆的性质和任务来看，进馆档案应当满足如下两个方面的要求。

（一）能反映本专业科学技术发展的历史面貌和历史过程

科技专业档案馆应该成为专业历史研究的基地，因而科技专业档案馆的进馆范围或收集内容应该是那些能反映本专业各历史发展阶段的具有代表性的科技档案。有些科学技术，从技术的角度、现实使用的角度看，可能已经过时或相当落后，但从专业历史的角度看，它们代表了一个历史阶段，像这样的科技档案无疑应该收集进馆。

（二）能满足现实使用和发生意外事件时急用的需要

科技专业档案馆收集进馆的档案，绝不只是一些"老古董"，不只是为历史查考、历史研究的需要服务，科技专业档案馆作为专业档案的贮藏和利用中心，主要还是要满足现实使用的需要，也要妥善保管科技专业档案馆可以收集和接收同所藏档案有关的重要资料，如年鉴等。

二、科技档案收集进馆的方法和手续

（一）科技专业档案馆接收科技档案应做好准备工作

收集、接收科技档案进馆是科技专业档案馆的一项重要的业务工作，是馆藏建设的基础。为了使收集、接收工作有计划、有秩序地进行，并保证科技档案的进馆质量，应该做好必要的准备工作。

1.调查研究，摸清底数，制定稳妥可行的收集进馆方案

在收集进馆之前，应做好调查研究工作，内容包括：有多少单位的科技档案需要收集进馆，每个单位需要收集进馆的档案的种类、数量、保管状况、分类整理方法以及科技档案完整、准确、系统的情况等。掌握了这些情况之后，再根据馆藏条件和接收能力，制定具体的收集进馆方案。

收集进馆方案是科技专业档案馆接收科技档案的计划指导性工作文件，应制定得科学具体，既要考虑进馆需要，也要考虑进馆可能，同时要兼顾档案馆本身和档案送交单位，还要考虑到收集接收工作同专业档案馆各项业务工作的衔接和节奏。在全面统筹考虑的基础上，分清轻重缓急，有计划、有步骤、分期分批地做好收集接收工作。切不可不顾收集条件和可能，不问移交单位和科技档案的实际状况（包括数量状况和质量状况），毫无计划地收集接收，那样会影响收集工作质量，并且影响整个专业档案馆的业务建设工作。

2. 保证进馆科技档案的完整、准确、系统

科技专业档案馆是国家各级的专业档案的贮存中心，科技专业档案馆的库藏档案必须保证质量，这是对科技专业档案馆收集工作以及对科技专业档案馆整个馆藏的基本要求。保证科技专业档案馆藏档案质量的责任在档案的移交单位，而不是专业档案馆本身。这是因为：科技专业档案馆所藏科技档案并非自身形成的，而是各移交单位在工作活动中形成的，因而这些科技档案的质量状况是由各移交单位的工作状况决定的。

为了保证进馆科技档案的完整、准确、系统，必须做好收集进馆前的准备工作：协助和指导科技档案的移交单位认真做好进馆档案的核对配套工作、必要的实测补制工作和系统整理工作。

（二）科技档案进馆实行相关单位主送制

科技档案与文书档案不同。凡文书档案永久保存者，任何单位都应一律移交档案馆。科技档案则不同，并非任何单位永久保存的科技档案都必须进馆。这是因为一种产品的科技档案材料，常常不止一个单位拥有，设计研制单位和生产单位都有，而且往往若干家生产单位都有；一项基建工程的档案也远不止一个单位拥有，同一种型号设备的档案材料，凡拥有这种设备的单位都有。当然，各单位保存的科技档案材料在内容上各有侧重，存在一定的差异，这也是客观事实。

基于上述特点，科技档案的收集进馆，不采取普遍接收进馆的制度，而实行相关单位主送的制度，即根据不同种类送至不同项目的科技档案，分别确定报送单位。主送单位报送档案中不足的或缺少的部分由其他相关的单位补送。

相关单位主送制的优点是有利于在馆藏档案完整的基础上，避免馆藏档案的大量重复，便于科技专业档案馆的业务建设和集约经营，有利于保证馆藏质量。

（三）科技档案实行无偿进馆制度

科技档案是作为国家的科技文化财富收集进馆的，它不属于科技转让，因而不存在由专业档案馆向移交单位交费或提供补偿的问题。

（四）进馆档案要经过严格的检查验收，办理交接手续

科技专业档案馆接收科技档案，应实行严格缜密的检查验收制度。对进馆的科技档案要根据移交清册逐项、逐卷、逐件地进行检查核对，确保完整无缺。检查验收应做出验收记录，对进馆档案状况进行评价，并记载检查验收中发现的具体问题和处理意见。

科技专业档案馆和移交单位最后要在移交清册和检查验收记录上签字。科技档案移交清册一式两份，交接双方各留一份备查。

（五）建立和健全科技档案补送制度

科技档案补送制度是科技专业档案馆收集工作的重要制度和形式之一。建立补送制度是为了反映进馆项目发展、变化的情况，保证馆藏档案的完整和质量。科技档案的原移交单位要按制度规定补送相关的科技档案，例如，进馆档案的基建项目进行重大改建、扩建时，铁路或公路的线路、地形有重大变化或进行复测时，产品改型、换代时等，在这些情况下，原移交单位要向科技专业档案馆补送相关的科技档案。

第四节 科技档案整理工作的内容、意义和原则

一、科技档案整理工作的内容

从一个项目（如一个科研课题、一个工程设计、一个产品研制等）材料的整个形成和运动的全过程来说，它的整理工作是通过两个过程来完成的。

第一个过程是在归档以前、科技文件材料形成以后，由科技业务部门即科技文件材料的形成者或形成单位，在科技档案部门的协助、指导下所进行的整理工作。其主要内容是保管单位对科技文件材料进行基本的编目工作。这一过程的整理工作有以下几个特点：①整理工作的主要承担者是科技业务部门；②整理工作的对象是科技文件材料；③具体的工作内容是组织保管单位和进行保管单位编目；④整理工作的时间是在向科技档案部门移交归档之前。

第二个过程是在科技文件材料归档以后进行的。其整理工作的内容包括对保管单位进行科学的分类、排列和编制科技档案号。这个工作过程的特点是以科技档案的分类为基本工作内容，由科技档案部门独立进行。

在正常的情况下，任何企业或事业单位科技档案及其前身科技文件材料的整理工

作，都是通过这样两个工作过程实现的，它符合科技文件材料及科技档案的自然形成规律，符合国家的有关要求和规定。但是，在工作实践中，由于种种原因，在某些企业或事业单位，这两步工作都由科技档案部门承担了，这是客观存在的实际情况，但是，在理论认识上应该明确：科技文件材料的整理工作同科技档案的整理工作是既有密切联系又互相区别的两项工作，其具体的工作内容和实际的承担者都是不相同的。

二、科技档案整理工作的意义

整理工作是科技档案业务建设的中心环节。通过收集工作而集中到档案部门的科技档案，只有经过科学整理，才能实现条理化并将有关的内容、成分揭示出来。不经过科学的整理，科技档案无法进行定位和排架。同时，通过科技档案的整理工作，可以检验收集归档材料的质量，如果发现材料短缺，可以进行补充收集，有利于完善科技档案的收集工作。

整理是鉴定工作的基础。科技档案只有经过科学整理，实现系统化和条理化，才能进行鉴别和比较，正确地判断其保存价值。如果不经过科学整理，科技档案处于杂乱无章的状态，类别不清、联系混乱，也无法进行科学保管和有效统计。

整理工作是科技档案得以利用的基础和前提条件。管理科技档案是为了发挥科技档案的作用，把科技档案提供出来使用。而科技档案是否经过整理以及整理得是否科学，将直接影响对它的利用。科技档案经科学整理，就能够保持其内部相互之间的有机联系，揭示出它的内容和成分。这样，科技档案工作者就易于了解和熟悉他们所管理的科技档案，从而能够准确、迅速地提供档案需要利用科技档案的有关人员，也便于了解和查找他们所需要的科技档案。因此，整理工作对充分发挥科技档案的作用、实现科技档案工作的目的，具有重要的意义。

三、科技档案整理工作的原则

毛泽东同志曾就档案整理问题指出，要"分门别类，便于保存和寻找"。这个对一般档案整理工作的要求，同样适用于科技档案的整理工作。

那么应该怎样对科技档案进行"分门别类"的整理，"便于保存和寻找"呢？其原则就是遵循科技档案的自然形成规律和保持档案材料之间的有机联系。

现从理论和实践两个方面来分析这条整理工作原则。

首先，科技档案整理原则是建立在马克思主义方法论的基础上的。

恩格斯在《自然辩证法》一书中指出："科学的分类就是这些运动形态本身之依据其内部所固有的次序的分类和排列，"。列宁也指出："……分类应当是自然的而不是纯粹人为的即任意的。"恩格斯和列宁在这些论述中明确指出，分类应该按照事物本身"固有的次序"，是"自然的"而不是"人为的"。这个论述具有理论上的普遍性和对实践的普遍的指导意义。这种所谓按照事物本身"固有的次序"进行分类的原理，在现在科技档案的整理工作上，就是要遵循科技档案的自然形成规律。"自然"地按照科技档案材料的"固有的次序"来进行整理工作，就是要维护和保持档案材料之间的、内在的、客观的有机联系，而决不能"人为"地、"任意"地破坏这种联系。

因此，整理工作"遵循科技档案的自然形成规律和保持档案材料之间有机联系"的原则，正是建立在恩格斯和列宁所指出的马克思主义方法论的基础上，坚持了辩证唯物主义和历史唯物主义的基本原理。

其次，科技档案整理原则是建立在客观实际的基础上的。

科技档案是科技、生产活动的产物。科技、生产活动有其本身的客观运动规律和一定的科学程序。因此，记录和反映科技、生产活动的科技档案，也就自然要反映出这个规律和程序，并构成一个独立的有机整体。

科技档案的整理工作，就要保持这个自然形成的有机整体的完整，并"要依据和反映这个整体形成时的科学程序，维护这个整体内部"所固有的次序"，"自然"地进行分类和排列。任何人为地、主观地把一个自然形成的成套档案材料分散、打乱，或人为地、主观地把一堆互无关联的科技档案任意拼凑起来的做法，都是既违背科学，又脱离实际的。

总之，只有遵循科技档案的自然形成规律，保持档案材料有机联系的原则，对科技档案进行"分门别类"的整理，才能做到"便于保存和寻找"。

第五节　科技档案的分类要求和分类方案

一、科技档案分类

分类是根据对象的共同点和差异点，将对象划分为不同种类的逻辑方法。分类的基础是比较，也就是说，分类是通过比较来识别对象之间的共同点和差异点，然后根据共同点把对象归合为较大的类，根据差异点把对象划分为较小的类，从而把对象划分为具有一定平等关系和从属关系的不同等级的方法。因此，分类是认识事物、区分事物和揭示事物之间相互联系的一种逻辑方法。

科技档案分类就是根据科技档案的性质、内容、特点和相互之间的联系，把科技档案划分成一定的类别，从而使库藏的全部科技档案形成一个具有一定从属关系和平行关系的不同等级的系统。

对科技档案进行科学的分类，是管理科技档案的必要手段，也是科技档案整理工作的核心内容。

二、科技档案分类的要求

科技档案的分类要求主要有以下几点：

（一）科技档案分类要符合档案形成专业和形成单位科技活动的性质和特点

科技档案是在科技、生产活动中形成的。不同专业和单位，其科技、生产活动的内容、性质和科技程序都不尽相同，产生的科技档案的种类及其内容构成也不完全相同，甚至有很大的差别。比如，机械工业系统、冶金工业系统、化学工业系统、纺织工业系统，他们之间的专业性质不同，工作内容和科技生产程序不完全一样，所形成的科技档案差别也比较大；至于在工业、建筑、水利、气象、地质等专业系统之间，其科技、生产活动的差别更大，所形成的科技档案的种类和内容构成方面的差别也就更为突出。

因此，不同专业系统科技档案的分类，要充分考虑本专业系统科技活动的特点。

即使在一个专业系统内部，各个不同类型的单位之间，其科技、生产活动的差别也同样是很大的。比如，在冶金工业系统内部，有工厂、矿山、设计院和研究院等不同类型的单位。这些不同的单位，由于科技、生产活动的差异，所产生的科技档案的种类和内容构成必然也很不相同。

因此，科技档案的分类必须符合科技档案形成专业和形成单位科技活动的性质和特点。这就要求科技档案管理人员必须熟悉该专业、该单位的工作内容、专业性质和科技活动的特点，进而熟悉科技档案的种类和内容构成，这是做好科技档案分类工作的必要前提。

（二）在一个单位内部或一个专业系统中，同一种科技档案的分类标准应该一致

分类必须有一定的标准，也就是要根据科技档案的某种属性、特征或关系来进行分类。由于科技档案具有多方面的属性（如时间属性、内容属性等），具有多方面的特征（如成套性特征、制成材料特征、制作方法特征等），具有多方面的联系（如结构关系方面的联系、工作程序方面的联系、专业性质方面的联系等），因而分类的标准也是多种多样的，但是，在一个科技档案室、一个科技专业档案馆或一个专业系统，对同一种科技档案只能采用一个分类标准，而不能对一种科技档案同时采用几个分类标准。

分类最忌标准不一。对同一种科技档案同时采用几个分类标准，就会造成分类中

的类别交叉现象。分类的结果，同位类之间只能平行，不能交叉重叠。如果出现交叉重叠，那就是分类错误。既不便于科技档案的科学管理，也不便于科技档案的有效利用。

但是，对同一种科技档案，不可能用同一个标准一分到底，允许各个不同的类别层次的分类标准有所不同。

（三）分类应力求按专业系统实现标准化

为了逐步实现科技档案管理的现代化，便于科技档案向科技专业档案馆移交，便于科技档案分类，应逐步按专业系统实现标准化。

《科学技术档案工作条例》规定："国务院所属各工业、交通、科研、基建等专业主管机关，应当拟定本专业系统的科技档案分类大纲。"这是按专业系统实现科技档案分类标准化的重要步骤。

三、编制科技档案分类方案

科技档案分类方案，是对科技档案进行科学分类的依据性文件。为了做好科技档案的分类工作，每个基层科技档案部门和科技专业档案馆都应根据库藏科技档案的实际情况，编制科学的、切实可行的科技档案分类方案。

科技档案分类方案不仅对指导科技档案分类工作有重要的作用，也可以展示库藏科技档案的内容构成和组织体系，便于对库藏科技档案的使用和监督、管理。

因此，编制科技档案分类方案是科技档案分类工作的一项重要内容，也是科技档案业务建设的一项重要措施。

专业主管机关编制的科学技术档案分类大纲也属于科技档案分类方案。它是指导本专业系统所有企、事业单位进行科技档案分类的依据性文件。因此，企、事业单位和科技专业档案馆编制科技档案分类方案时，应以专业系统的分类大纲为指导。

（一）科技档案分类方案的编制规则

1. 可包容性

科技档案分类方案，实际上就是基层科技档案部门或科技专业档案馆全部库藏科技档案（对于专业系统的分类大纲，则是本专业形成的全部科技档案）的分类类目表，它由各大类和各级属类的类目组成。各大类和各级属类构成分类方案的类目体系。在进行科技档案实体分类时，以分类方案为指导，根据科技档案实体在分类方案类目体系中的具体位置，"对号入座"，实现科学分类。

因此，科技档案分类方案的类目体系，必须有足够的容量，能够涵盖科技档案室或科技专业档案馆库藏科技档案的全部内容，要使库藏的每一种、每一部分科技档案都能在分类方案的类目体系中找到自己应有的位置。这就是科技档案分类方案类目体系的可包容性。如果在科技档案具体分类过程中，有些科技档案从分类方案上找不到自己的合理位置，就说明这个分类方案不具有可包容性，其对科技档案分类的指导作用就会大大降低。

为使所编制的分类方案具有可包容性，就要充分考虑现有库藏的实际情况，务必使现存的科技档案在分类方案的类目体系中都能够得到可靠的反映。同时，要进行必要的科学预测，估计到一定时期内库藏科技档案的发展情况，使分类方案的类目设计留有合理的扩充发展的余地。

2. 严整性

分类方案的类目体系，是由各大类和各级属类构成的反映各类目之间关系的分类系统。它表现在纵向和横向两个方面。

从纵向来讲，它表示大类和它所展开的各级属类之间的关系，表达的是由一个大类逐级展开细分的各级属类之间的从属关系。因此，分类方案中类目体系的纵向关系，是上位类和下位类的关系。凡是上位类，一定要能包含它所属的下位类。下位类一定是它的上位类的组成部分，上位类和下位类之间的关系，是总体和部分的关系。因此，分类方案中每一个纵向排列的各级类目，构成了一个类目系列，一般简称为"类系"。

从横向来讲，它表示各同位类之间的关系，表达同位类之间的并列关系的同位类，既有大类之间的同位类，也有属类（包括各级属类）之间的同位类。各同位类之间的关系是互相排斥的，即同位类之间只能并列、平行，而不能交叉重叠。因此，同位类的类目构成"类列"。

科技档案的分类方案，实际上就是由类系（反映纵向关系）和类列（反映横向关系）组成的一个严整的科技档案的类目体系。因此，编制科技档案的分类方案，必须确保分类方案类目体系的严整性，这是实现科技档案科学分类的重要条件。

3. 相对稳定性

基层科技档案部门或科技专业档案馆对库藏科技档案的分类是实现科学管理的基础。科技档案的分类，牵动着整个科技档案管理工作。如果库藏科技档案的分类发生变化，就会引起相应工作的一系列变化，有些甚至需要从头做起。因此，无论是科技档案部门还是科技专业档案馆，对科技档案的分类必须保持长期的相对稳定，不宜经常地或频繁地更改分类方法和分类体系。

为保持科技档案分类的长期相对稳定，在制定科技档案分类方案时，一定要进行缜密研究、全面考虑，使分类方案类目体系的设置科学合理、稳妥可靠、能够保持长期的相对稳定。

（二）科技档案分类方案的编制方法

1. 了解和掌握库藏科技档案的内容构成及形成特点

编制科技档案的分类方案，必须对库藏科技档案的实际情况有全面的了解。

（1）了解和掌握库藏科技档案的基本种类和每种科技档案的内容构成。

（2）熟悉每种科技档案的形成过程和特点。

（3）对库藏科技档案成分的历史演变有所了解，并对今后的发展变化做出初步的预测。

对库藏科技档案的状况做全面的熟悉和掌握，这是编制科技档案分类方案的基础工作。

2. 确定明确的分类标准和分类方法

科技档案的分类标准必须在制定分类方案时确定下来，这是决定分类是否科学以及今后的科技档案分类工作是否科学的关键，因此，在全面掌握库藏科技档案基本状况的基础上，应根据科技档案的分类原理，对每种科技档案确定具体的分类标准和分类方法。因此，在正常的情况下，不是在对科技档案实体进行具体分类时才确定分类标准和分类方法，而是在制定分类方案时，就把分类标准和分类方法确定下来。

3. 设置科学、合理的类目体系，以文字叙述或图表的形式表达出来

要充分掌握库藏科技档案的基本情况，并且确定了科技档案的分类标准和分类方法以后，就可以在前两项工作的基础上，进行分类方案类目体系的设置工作。

（1）划分大类，确定类列。根据库藏科技档案的基本种类划分出大类就是整个分类方案中的类列。有多少种科技档案，就可以设置多少个大类。

（2）划分属类，形成类系。在每个大类中，根据科技档案的内容构成和形成特点，按照已确定的分类标准和分类方法，进行类系展开，设置相应的上位类和下位类，形成不同的类别层次，构成一个完整的类系。

（3）确定类别排序。大类之间的排序，应考虑各类别之间的关系，突出库藏科技档案的主体。库藏科技档案的主体，是指反映企、事业单位基本职能活动的档案材料。比如：工矿企业科技档案的主体是产品档案或生产技术档案；设计单位科技档案的主体是设计档案；科技研究单位科技档案的主体是科研档案；等等。将反映主体内容的科技档案放在大类之首，然后根据各类别之间的相互关系，安排其他大类的排列次序。

（4）明确代字、代号。给每一个类目以固定的类目代字或代号。

（5）制成文件或图表。将由类列和类系组成的类目体系，用文字叙述或图表的形式表达出来，形成一个完整的科技档案分类方案。

（6）撰写分类方案编制说明。指出分类方案的编制依据、分类标准、类目代字和代号的使用方法等。

第六节　科技档案的分类方法

科技档案的实体分类是在分类方案的指导下分两步进行的。

第一步，对库藏的全部科技档案，按种类划分大类。比如，将全部科技档案划分为产品档案类、基建档案类、科研档案类、设备档案类等。

这是分类方案上的第一层分类。对于基层企、事业单位来说，其科技档案大类的多少，取决于这个单位科技档案种类的多少，也取决于这个单位科技档案集中统一管理的程度。如果这个单位全部科技档案都实现了集中统一管理，那么它的科技档案大类的数目正好同这个单位科技档案的种类相等。有些单位的科技档案没有全部实现集中统一管理，如它的设备档案、基建档案还在设备部门、基建部门，那么这个单位科技档案的大类数目就较少，不能反映该单位科技档案的全部种类。

此外，多年来科技档案分类工作的实践表明，在科技档案的第一层分类中，设置"综合类"是适宜的。它可以容纳科技档案中那些不属于任何一个种类的、具有综合性质的材料，如一些综合性的科技计划材料、科技会议材料以及标准、规范等。但需注意，综合类的内容要合理控制，不能过于庞杂。

第二步，对每种科技档案进行分类。科技档案种类很多，形成科技档案的单位的性质和情况又千差万别，因而科技档案的分类方法较多。最基本的有六种分类方法。

一是工程项目分类法。就是在本单位（或科技专业档案馆）全部基建档案范围内，以工程项目为分类单元，划分科技档案的类别。工程项目分类法适用于建设单位的各种基本建设工程档案的分类，也适用于工程设计单位对工程设计档案的分类和城市建设档案馆对城市建设档案的分类。

二是型号分类法。就是在本单位（或科技专业档案馆）全部产品档案或设备档案的范围内，以各个型号的产品或设备为分类单元，划分科技档案的类别。型号分类法适用于产品档案和设备档案的分类。

三是课题分类法。就是在本单位（或科技专业档案馆）全部科研档案范围内，以各个独立的研究课题为分类单元，划分科技档案的类别。课题分类法适用于科技研究档案的分类。

四是专业分类法。就是根据科技档案内容所反映的专业性质进行类别划分。

五是地域分类法。就是根据科技档案内容所反映的地域特征进行类别划分。

六是时间分类法。就是根据科技档案内容所反映的时间特征进行类别划分。

上述六种基本分类方法，在实际应用时可以根据具体情况，结合其他特征具体运用。下面按科技档案的种类分别加以叙述。

一、基建档案分类

基建档案最基本的分类方法是工程项目分类法，即以工程项目为单位进行分类具体到不同的单位和不同的基建档案，一般有以下几种分类方法：

（一）性质—工程项目分类法

这种分类方法以工程项目为基础，结合工程项目的使用性质或专业性质进行分类。

1. 企、事业单位的基建档案

企、事业单位的基建档案，适于采用性质—工程项目分类法进行分类。以工厂的基建档案为例：工厂的基建档案，按建筑物的使用性质和档案内容可以划分为厂区综合性档案类、生产性建筑档案类、辅助生产性建筑档案类、办公和生活性建筑档案类等。

在每个工程项目中，如果科技档案材料不多，可以立即排列保管单位；如果科技档案材料较多，则可以按专业等特征划分小类，然后在小类之下再排列保管单位。

2. 城市建设档案

城市建设档案（包括城市建设档案馆的档案）也适用于按性质—工程项目分类法进行分类。

3. 工程设计档案

工程设计档案，包括工业工程设计档案和民用工程设计档案，都适用于按性质—工程项目分类法进行分类民用建筑工程设计档案分类。

在每一个工程项目中，还可以按设计阶段、专业进行类别划分，然后排列科技档案的保管单位。

对于工业建筑设计，如有色冶金联合企业设计档案，在工程之下，可以按设计阶段、系统、子项和专业进行类别划分。

（二）流域（水系）—工程项目分类法

流域（水系）分类法一般适用于大中型水利设计部门和水利管理规划部门，如水利勘测设计院、黄河水利委员会、长江流域规划办公室、淮河水利委员会、水利厅、水利局等单位。这些单位的工程设计或工程项目都分布在整个流域或水系上面，其工程设计档案或工程建设档案，不仅以工程项目为一个独立的整体，还将整个流域或水系联结在一起。这种特点决定了它适用流域（水系）—工程项目分类法进行分类。

以辽宁省为例。辽宁省境内分布有辽河、浑河、太子河、鸭绿江、绕阳河、碧流河等几个较大河流，分别构成若干流域水系。这里的水利部门即可按流域—工程项目分类法，对水利工程设计档案或水利工程建设档案进行分类。

其具体的分类方法是以全省的各个流域（水系）的干流为大类，在每个大类中以本流域的各个支流为属类，然后以每个支流上面的工程项目为样本的分类单元，保持一个工程项目档案的完整性。

这种分类方法下的大类的排列，可以按流域的大小顺序排列，也可以按方位顺序排列。其支流属类的排列，可以按各支流在流域中的位置，从上游向下游顺序排列。各工程项目按时间的先后顺序排列，先设计、先施工的排列在前，后设计、后施工的排列在后。某些工程不是建在支流上而是建在干流上，是干流的直属项目，则以干流号和工程项目号直接表示。

在每一个工程项目内，按设计阶段和专业做具体的类别划分，然后排列保管单位。

性质—工程项目分类法和流域（水系）—工程项目分类法，都维护了一个工程项目科技档案的完整，都是以工程项目为分类的基础，包括工程项目之间科技档案的类别划分和工程项目内部科技档案的类别划分。这种分类的特点体现了科技档案的成套性，无论是科技档案的分类，还是科技档案的排列，都保持了一个工程项目档案材料的集中和成套。

二、产品档案分类

产品档案种类繁多，包括机械产品档案、轻纺产品档案等。因此，产品档案的分类方法也比较复杂。最基本的分类方法是按产品型号进行分类，即型号分类法。此外，还有其他一些具体的分类方法。

（一）型号分类法

型号分类法是以一个型号产品的科技档案作为分类的基本单元，对产品档案进行具体的类别划分。型号分类法的特点是保持一个型号产品科技档案的完整成套，不打乱、不突破产品科技档案的成套和型号界限，便于产品档案的成套管理、成套利用和移交。

产品档案之所以适宜按型号进行分类，是因为型号本身就是分类的结果和分类的体现。所谓产品型号，是表示该产品的性能、规格、主要参数和结构特征的一种代号，它一般是根据产品的品种、形式和使用性质来划分和确定的。

产品档案按型号进行分类，尤其对于生产系列产品的生产单位，更能显示出其优越性。在这些工厂，产品型号同产品系列密切联系。

因此，在系列产品的生产厂，按型号进行产品档案的分类和排列，便于体现出系列产品之间的密切联系，便于产品档案的管理和使用，便于发展系列产品。

型号分类法在具体应用时，可因产品对象的不同而有不同的应用形式。

1. 船舶产品

船舶产品是一种特殊类型的机械产品。在进行船舶产品档案分类时，要保持一条船舶档案的完整性，一般采用性质—船舶分类法。首先按船舶性质划分类别，然后在每个类别内以每条船舶作为分类单元，并且按照船舶的建造完工年份进行排列。在每条船舶的档案材料内部，按设计阶段和结构（专业）进行系统整理。

2. 轴承产品

这是一种特殊类型的机械产品，在进行轴承产品档案分类时，一般采用类型—型号分类法进行分类。

轴承产品的结构，比起一般机械或机器产品不是那么复杂。

以滚动轴承而言，主要是由四大件，即内圈、外圈、滚动体和保持架组成。每套图纸约十几张，有的因采用通用图和借用图，图纸还要少些。但是，它的类型比较复杂，因而一般采用类型—型号分类法。其具体方法如下：

首先，将轴承产品档案按轴承产品的技术特征划分为十个基本类型。

（1）向心球轴承。

（2）向心球面球轴承。

（3）向心短圆柱滚子轴承。

（4）向心球面滚子轴承。

（5）向心长圆柱滚子轴承。

（6）螺旋滚子轴承。

（7）向心推力球轴承。

（8）圆铢滚子轴承。

（9）推力球轴承。

（10）推力滚子轴承。

其次，在每个类型中，按产品型号（由直径系列号和内径尺寸号构成）进行分类和排列。

3. 纺纱产品

纺纱产品档案可以采用年度—纱号分类法进行分类。纱号是表示棉纱产品的一种代号。棉纱的突出标志是粗细度，纱号就是表示棉纱粗细度的代号。

表示棉纱粗细度的方法有两种。

（1）定长制。用纱支数来表示，码是英制。一磅棉花能纺几个840码的纱，就叫几支纱。因此，棉纱越细，支数越高。

（2）定重制。用纱号数来表示，号是公制。1000米长的纱，重多少克，就叫几号纱。因此，纱越细，号数越小。

纺纱产品档案的分类。

这种分类法的特点：一是以一个纱号产品的档案为分类的基本单元，保持了一个纱号产品档案材料的完整成套；二是按年度将纺纱产品档案进行归类，在一个年度内，按纺纱产品设计和投产的先后顺序进行排列，便于登记、排架，能够明显地反映出历年产品及年度内产品的发展、变化情况。

（二）十进制分类法

同前述型号分类法不同，十进制分类法突破了产品档案的型号、成套界限以及产品内部的隶属关系，把产品、部件、零件的科技档案，按其特征、结构或用途，以十进制的方法划分类别。

十进制分类法的特点：一是打破产品界限进行分类，不考虑产品组成部分之间的隶属关系；二是突破厂矿企业的单位界限，按事先规定好的十进制分类表，实行全国同行业统一分类，从而实现了产品档案分类标准化。

十进制分类法多运用于产品零部件通用性比较强的电器产品。

电器产品档案十进制分类法的具体做法：将全部产品及产品的组成部分划分为十级（0级~9级），每级划分为十类（0类~9类），每类划分为十型（0型~9型），每型划分为十种（0种~9种）。级、类、型、种四位数字组成分类号，当级、类、型、种四个分类层次不够用时，可增为级、类、型、种、项五个类别层次。

三、设备档案分类

设备和机械产品其实是一个东西，在生产厂，它是这个工厂的产品，到用户手里它就成了设备。因此，设备档案分类的基础同产品档案是一样的，即型号。按型号分类，既是产品档案分类的基本方法，也是设备档案分类的基本方法。具体到不同的单位和不同的设备，其分类方法一般有两种。

（一）性质—型号分类法

这种分类方法，就是按设备的使用性质结合设备型号进行设备档案的分类。

（二）工序—型号分类法

这种分类方法多适用于对生产工艺或工序连续性较强的设备档案（如轻工、纺织或炼油、化工等生产设备档案）的分类。

这种分类方法的特点：一是以型号为基础，保持了一个型号设备档案材料的完整；二是设备档案的分类和排列，直接反映生产工艺或工序的连续性和阶段性。从类别的划分和排列来看，每一个大类（原毛设备类、毛条设备类、绒线设备类和染整设备类）既是一个独立的类别，相互之间又以生产流程紧密联系着，反映着绒线生产的整个过程；各大类中的每一个属类，其划分和排列也是以生产工艺过程联系着；在每一个属类中排列着本工序使用的各型号设备的档案。由此可见，整个设备档案的分类和系统排列，是以型号为分类基础、以整个生产工艺过程为主线进行的。

以型号为基础、以工序或工艺过程为主线，对设备档案进行分类、排列，也大体上可以反映出设备实体的实际排列次序和在工作现场的平面布置，便于管理和利用。

四、科研档案分类

科研档案适用于按课题分类法进行分类。由于科技研究活动一般都是在专业范围内分课题进行的，而且许多科技研究单位的科室机构设置也是按专业划分的，因而科研档案经常采用的具体分类方法是专业—课题分类法。

以农业科研档案来说，一般可以将档案材料划分为以下若干专业类：

（1）农作物育种档案类。

（2）耕作栽培档案类。

（3）农业机械和农业机械化档案类。

（4）土壤肥料档案类。

（5）植物保护档案类。

（6）园艺档案类。

（7）畜牧、兽医档案类。

（8）农业气象档案类。

（9）农业经济档案类。

（10）农业区划档案类。

在每个专业大类下面，根据情况还可以按专业小类、作物种类或其他特征，做具体的类别划分。

例如，农作物育种专业类的科研档案，可以按作物划分为以下若干属类：

（1）水稻育种档案。

（2）小麦育种档案。

玉米育种档案。高粱育种档案。谷子育种档案。大豆育种档案。

又如，植物保护专业类的科研档案，可以再划分为以下若干属类：

（1）植物检疫档案。

（2）农作物病虫害预测预报档案。

（3）病害及防治档案。

（4）虫害及防治档案。

（5）生物防治档案。

（6）药物防治档案。

（7）药物器械档案。

最后，在每个属类下，按照时间的先后次序排列课题。

课题内部保管单位，可以按成果报告—鉴定材料—课题依据文件—原始试验记录的顺序进行排列。

五、气象档案分类

在气象部门形成的科技档案中，以气象观测记录档案为全部气象科技档案的主体和核心。这是因为气象观测记录档案是气象观测活动的直接记录，而气象观测活动是整个气象作的基础，它对一定范围内的气象状况及其变化，进行系统、连续的观察和测定，为天气预报、气象情报、气候分析和气象科研等提供重要依据。

这里仅就气象观测记录档案的分类做简要叙述。气象观测活动的突出特点是时间性强、地域性强，是严格地在一定的时间（一般每天定时四次）和地域（台、站）范围内进行的，它的科技档案也是严格地记载和反映相应时间内观测地区的各项气象要素和气象现象。因此，气象观测记录档案在分类时一般应突出时间特征和地域特征，以时间特征结合地域特征进行分类和排列。

同时，气象观测活动又是分专业进行的，如地面气象观测、高空气象观测、农业气象观测等。因此，气象观测记录档案的分类也要体现出专业特征。

中国气象局考虑到标准化、规范化的发展要求，于1986年制定了《气象科技档案分类法》，为气象档案实现全国统一分类提供了依据。

这个分类表是从宏观整体的角度对整个气象档案进行分类的。具体到一个省气象局或市（专区）、县气象局（台、站），并不完全具有分类表中所列类目，而只有其中的一部分。因此，可以根据分类表的分类体系，结合本单位的实际情况具体运用。

就省气象局而言，其地面气象观测记录档案，一般主要有气象月报和气象年报，此外还有天气图等材料。而县气象局（站）则除了有气象月报、气象年报外，还有有关的气象簿和日记纸等材料。

第五章 科技档案的前期管理

第一节 科技文件材料的形成与积累

（一）科技文件材料的形成工作

科技文件材料是记录和反映科学技术活动的文字、图表、声像等技术文件的总称。科技文件材料的形成工作是指伴随科技、生产活动的进行，科技人员按照国家或企业有关规定，根据客观需要的针对性编制、形成科技文件的过程，主要包括科技文件的编制、编号、审签、更改、发放等工作。

从科技文件材料与科技生产的关系看，科技文件材料是伴随科技、生产活动的进行而自然形成的，是科技、生产活动的客观产物；形成科技文件材料目的是为了指导现行科技生产活动，它是记录和传播科技思想的一种工具。科技文件材料与科技、生产活动具有相互作用的关系。

从科技文件材料与科技档案的关系看，如前所述科技文件材料是相应科技档案的前身形态，科技档案是科技文件材料转化形态，两者具有一脉相承的关系。基于上述关系，档案部门作为企业内部的一个管理部门，无论是从服务于科技生产活动的需要出发，还是为了搞好档案工作的需要出发，档案部门都应当关注科技文件材料的形成工作。

按我国科技文件材料工作管理现状，基层单位管理科技文件材料工作的机构有三种类型：一是专门的科技文件材料机构，如设立独立的科技文件材料室，统一管理本单位的科技文件材料工作；二是由档案部门兼管，如由综合档案室、企业档案馆统一管理本单位的科技文件材料工作；三是设立科技文件材料与档案管理的联合机构，机构的具体名称与内部组织形式会因单位而异。但不论何种机构形式，档案部门对科技文件材料形成工作的检查、协助工作的内容是相同的。

这里将重点讲一下对科技文件材料的编号、更改、审签。

科技文件材料编号与更改工作是由科技人员完成的，审签是由有关部门、人员负责，档案部门的职责是进行检查、协助。但因这些环节的工作与科技档案管理有联系，所以档案人员应对其有一个大体的认识。

1. 科技文件材料编号

科技文件材料的编号，就是根据科技文件材料的形成规律，按照一定的要求和方法，用字母和数字组成一组代号，用来表示科技文件材料的内容与特征的一种"技术语言"二它是管理和使用科技文件材料的工具。

通过编号，能简明、准确地提示科技文件材料的内容，把互相有联系的科技文件材料正确地、有机地联系起来，把不同类型、不同性质的科技文件材料明显地区分开。编号是设计人员在编制科技文件材料的同时一并进行的。

（1）科技文件材料编号的要求。为使科技文件材料的编号科学合理，符合有关标准规定，对其编号的基本要求是：

①每份科技文件材料，必须有独立的编号，同一个代号不能代表两份以上的科技文件材料。即两份不同的文件材料不能使用同一个代号。为避免编号重复，必须统一编制科技文件材料的编号方案。

②科技文件材料的编号与所反映的对象的代号相对应。即某型号产品实体或工程项目实体的代号与管理用的科技文件材料的编号要一致、对应。

③对科技文件材料进行编号，首先应编制科技文件材料编号方案。编制方案时，应统一按照今后管理和使用科技文件材料的要求。

科技文件材料的编号由代字和代号两部分组成，代字统一使用汉语拼音字母，代号使用阿拉伯数字。

（2）科技文件材料编号方法。科技文件材料的编号一般分为两种基本类型，即项目结构编号法和分类编号法。

①项目结构编号法。项目结构编号法，在一定的项目内（一个产品型号或一个工程项目按照科技文件材料所反映的隶属关系、结构关系及有机联系进行编号。它主要包括产品隶属编号法和工程结构编号法。

a. 产品隶属编号法。产品隶属编号法是按照产品结构的关系，在产品范围内进行的编号。如一个产品由若干个部件和零件组成，而科技文件材料的编号，就是按照这个产品及其各组成部分的隶属关系进行的编号。

b. 工程结构编号法，也叫工程设计编号法。它是指在具体的工程项目范围内，按工程项目的设计过程和内在联系进行的编号。它类似于产品隶属编号法。

②分类编号法。分类编号法就是将一个专业、一个企业的全部

科技文件材料（如产品、工艺装备、基建工程全部科技文件材料），按其性质、特征、用途、专业采用十进位制分类方法进行编号。这种分类编号方法，要按预先编制好的分类方案进行。

十进位分类编号方案，一般是由专业主管部门编制的。这种分类编号方案，打破了一个产品、工艺装备、工程全部科技文件材料，统一分类、统一编号。

产品十进位制分类编号，就是将全部产品及产品的组成部分划分为十级（0-9级），每级划分为十类（0-9类），每类为十型（0-9型），每型划分为（0-9种）。级、类、型、种四位数组成分类代号（特征代号）。

十进位制分类编号一般由三部分组成，其组成关系和表现形式为：企业代号——分类代号（特征代号）——顺序号。

（3）科技文件材料编号与科技档案编号的区别和联系。科技文件材料编号与科技档案编号（档号）是有区别的。科技文件材料编号是以单份文件或单张图纸为单位进行的，每个编号只代表一份文件或一张图纸；而科技档案的编号是以保管单位（案卷）为单位进行的。

但两者有密切联系，一方面，科技文件材料编号是编制科技档案号的基础，科技档案编号可利用科技文件材料编号的一部分。例如，档案部门对本单位的某型号产品档案和某基建项目档案的案卷进行编号，就应该根据科技档案编号的组成部分，即分类号、项目代号（产品、基建工程的代字或代号）、案卷号等，首先给产品和基建档案以类别代号，如用"5"和"8"分别代表，然后就可利用该产品和基建文件编号中的产品型号、基建工程项目代号部分，如某产品型号"B56"、基建工程项目代号"9601"，最后再加上组成保管单位号（案卷号），就完成了该产品和该基建工程档案的编号。另一方面，工程技术人员较熟悉科技文件材料的编号，科技文件材料转化为科技档案后，在利用工作中，一般通过科技文件材料的编号来查阅所需的科技档案。因此，科技文件材料编号对科技档案的管理具有重要作用，档案人员应当熟悉和了解本单位科技文件材料的编号方法、标志和过程。

2. 科技文件材料更改方法

科技文件材料的更改，就是遵循一定的原则与要求，采用特定的方式和方法，改变科技文件材料某些内容的一项工作。它直接影响到科技文件的准确性及其作用的发挥，是关系企业事业单位生产、施工、管理的重大问题。《科学技术档案工作条例》规定："各单位应当建立和健全图纸更改、补充的制度。更改补充图纸必须履行审批手续"。所以，一定要制定明确合理的科技文件更改制度，并严格贯彻执行。科技文件材料的更改制度，一般包括：科技文件材料的更改权限、更改程序、更改原则、更改方法、填写科技文件材料的更改单等。下面只重点介绍科技文件材料的更改方法。

（1）工业产品科技文件材料的更改方法。

①底图的更改。

a. 划改。其方法是将底图上需要更改部位的图形、尺寸、文字等用细实线划掉，然后在改动部位的右上方，填注新的内容。并填注更改标记，注明更改次数和该次更改的处数。更改完后在底图右下角的更改标记栏内填注更改的名称、代号、更改内容、更改日期、更改者姓名等。

b.刮改。就是将底图需要更改部位的内容，用刮削的方法将原来内容去掉，然后填注新的内容，并填上更改标记。最后在更改标记栏内注明更改的名称、代号、更改内容、更改日期、更改者姓名等。

C.更换。如果底图更改的次数和处数太多，影响底图的清晰程度，不能晒印复制，就需要重新绘制，更换底图。更换的底图是根据最后一次更改的底图，重新描绘的新底图，原底图作废。新底图上注明最后一次更改的标记，新图代号与原底图代号相同，并执行与原底图同样的审签手续。

②复印图的更改。

着底图划改，对复印图也相应划改或晒印新图，旧图作废。

b.底图刮改，对复印图一律更换新图，旧图作废。

（2）基建工程科技文件材料的更改法。编制基建工程竣工图是基建工程科技文件材料更改的重要内容之一。国家颁布的《关于编制基本建设工程竣工图的几项暂行规定》中对编制竣工图的方法做了以下原则规定：

凡按图施工没有变动的，则由施工单位（包括总包和分包施工单位，下同）在原施工图上加盖"竣工图"标志后，该图即作为竣工图。

凡在施工中，虽有一般性设计变更，但能将原施工图加以修改补充作为竣工图的，可不重新绘制，由施工单位负责在原施工图（必须是新蓝图）上注明修改的部分，并附以设计变更通知单和施工说明，加盖"竣工图"标志后，该图即作为竣工图。

凡结构形式改变、工艺改变、平面布置改变、项目改变以及有其他重大改变，不宜在原施工图上修改、补充者，应重新绘制改变后的施工图。

根据上述原则规定，基建工程科技文件材料的更改和具体编制竣工图的一些方法是：

①去掉原施工图上的内容。如对原施工图上的有关尺寸线、门窗型号、灯具型号等内容进行更改时，则可采用杠改法，首先用一斜线将原内容画掉，然后注明是根据哪条洽商更改的，即"见 X 年 X 月 X 日洽商 X 条"。

如果使用一条斜线尚不能将原内容划掉，比如在原施工图上去掉若干灯具或一隔墙等，则可用叉改法，即打一个或若干个叉，然后注明是根据哪条洽商更改的，即"见 X 年 X 月 X 日洽商 X 条"。

②在原施工图上增加一些内容。如增加隔墙及门，则可在原施工图上有关部位，用正规制图方法绘出，然后注明洽商号，即"见 X 年 X 月 X 日洽商 X 条"。

③在原施工图上改变一些内容。如将施工图上的尺寸线、数字、文字、符号等杠改，改变成现实的尺寸线、文字、符号，并注明修改依据。

如果图纸某部位变化较大，或在原位上改绘有困难，一般作法是先在原图纸上标出应修改部位的范围，然后在要修改的图纸上绘出这一修改部位的大样图，并在原图改绘范围和改绘的大样图处均注明修改依据。

3.科技文件材料审签程序

科技文件材料是科技、生产、建设活动真实的历史记录，具有依据、凭证作用。因此，需要严格按照各个专业的技术政策和规定，按照各个职能部门和技术人员的技术职责及权限，严格履行审批、签字手续。它是保证科技文件材料质量及产品、工程等质量，明确技术责任，实现文明生产、文明施工的重要条件之一。科技文件材料的审签程序比较复杂，不同的科技文件材料有不同的审签程序。

一般科技文件材料是按下列程序审签的：

设计一科技文件材料产生后，在提交审查之前，设计人员应对科技文件材料认真复查，经确认无误后，履行签字手续，以示负责。

描图一在描图员描制图样后，应对所描绘的底图认真检查，经确认与原图、原稿无误后，履行签字，以示负责。

校对一在设计、描图完成后，由设计人员、描图人员相互校对、检查，发现问题，及时修改。

审核一由主任设计员或主任工程师负责对全部图样和科技文件材料进行技术审核。

工艺审查一工艺部门按照工艺要求及生产、施工条件对科技文件材料进行审查，以弥补设计上对工艺考虑不足，而且对设计结构技术要求提出更改建议。

标准化审查一标准化部门根据有关的标准进行审查，审查是否实施了现行标准和有关技术政策，以保证科技文件材料的质量，并提高其标准化程度。

会签一组织设计、生产、施工等各有关专业部门共同审查科技文件材料，以减少其差错，审签部门或人员对会签和科技文件材料有关部分的正确性、完整性负责。

审批一由设计师对重要的科技文件材料进行审查，对设计上的重大问题负责审定，并由总工程师批准执行。

（二）科技文件材料的积累工作

科技文件材料积累工作是指按科技生产活动的程序，通过一定的方法将正在使用的科技文件材料适当集中并妥善保管的一项工作。认真做好科技文件材料积累工作，对保证科技生产活动的正常进行、维护企业利益是十分必要的，同时为维护科技档案的完整性也是不可缺少的。要想做好这一工作，应该明确科技文件积累的范围与方法。

科技文件材料是伴随科技生产活动的进行而产生的，从总体上讲它是科技生产活动的原始记录，但并非所有的科技文件材料都在积累之列。例如有的文件形成不久失去继续使用的价值，有的则是可以被替代的，也有的是有明显错误不必要保存的。从另一方面看，科技生产活动的范围是十分广泛的，不同类型、不同对象的科技生产活动的范围也不同，因此我们在论及科技文件材料积累范围时，只能根据所从事科技对象的一般程序采取具体问题具体分析的方法来确定。这里提出两条原则供参考：

（1）对科技生产活动的价值。科技文件材料的首要功能是为现行科技生产活动服务，为指导现行科技生产活动提供依据。看一份科技文件材料是否在积累范围之列，首先应着眼于继续进行科技生产活动的需要，对照科技生产的一般程序分析文件和作用，凡是有现行作用或查考作用的文件都应列入积累范围，如依据性文件、原始记录性文件、中间成果性科技文件材料、成果性科技文件材料等。

（2）积累范围应大于归档范围。对科技文件材料进行积累的目的，一是为了顺利完成现行科技生产活动的需要；二是为了存史备查。因此在确定积累范围时还应参考本单位归档制度中对归档范围所以应大于归档范围，一是归档时对文件有挑选的余地；二是归档范围只是一个大致框定，每一个具体的科技生产活动都有自己的特殊性，它不可能把每一项科技生产活动具有保存价值的文件都一一列出，还应从保存历史的角度明确文件的积累范围，把有存史作用的文件积累起来。

2. 积累方法

科技文件材料积累工作是一项细致、长期的工作，除了有关人员要具有责任心和事业心外，还应掌握一定的工作方法。

（1）研究科技文件材料积累范围。科技文件材料积累范围是特指的，即总是针对一项具体科技生产活动而言的。为此，就一项具体科技生产活动的积累范围的框定，应从分析科技生产活动的一般程序入手，从整体上把握住科技生产活动的阶段与涉及的部门，根据科技生产活动的范围大体明确积累范围。

（2）纳入科技工作程序。在前述科技文件工作机构的类型中讲到有专门科技文件机构、档案部门代积累或科技文件材料和档案管理联合机构兼管等类型。但不管由何部门完成这一工作，绝大多数科技文件材料总是由科技人员形成的，因此提高科技人员积累科技文件材料的积极性是至关重要的。而要做到这一点，实行"三纳入"管理是一条有效的途径。即把科技文件材料的形成、积累工作纳入科技业务部门的科技工作程序，纳入科技部门的工作计划，纳入科技人员的职责范围。这样，把科技文件材料积累的范围、内容、时间列入有关部门和人员的本职工作之中，从而保证科技文件材料积累工作与科技生产活动同步进行。

（3）强化日常积累工作。科技文件材料的形成具有必然性与随机性，随着科技生产活动的进行必然会形成相应的文件，但这些文件何时形成又有随机性。在科技文件材料积累中并非所有文件都难积累，例如一些成果性文件并非难积累，较难积累的文件主要是一些原始记录性文件、零散形成的文件和非正式形成的文件等，日常应加强对这些文件的积累。实践中使用"积累袋"的做法是一种行之有效的方法，在每个积累袋上写明应积累的文件名称，便于日常形成的零散文件对号入袋。其好处：一是防止文件丢失；二是可起到准备立卷的作用。

（4）建立健全文件登记制度。建立健全文件登记制度是控制科技文件材料的一种好办法。其控制对象包括：一是已积累的科技文件材料。已经积累的文件被有关部门和有关人员借阅的情况是经常发生的，应建立借阅登记制度。二是正在运行的科技文件材料。文件积累应服从科技生产活动的需要，积累时间过早不利于科技生产活动的发展，只有处理完成或利用暂告一段落的科技文件材料应及时积累，但对运行中的文件可实行登记控制。三是收文登记文件。对收到的科技文件材料及时登记控制。

（三）科技文件材料管理措施

由于科技文件材料的形成和积累贯穿于科技、生产活动的全过程，同科技、生产活动是同步进行的，因此，基层档案部门要为科技文件材料的形成和积累，健全工作制度，采取有效措施，实行全过程的监督和指导。其管理措施主要有：

（1）实行"三纳入"和"四同步"管理。实行"三纳入"，就是将科技文件材料的形成和积累纳入科技、生产、基建工作计划；纳入科技、生产等工作程序；纳入有关部门和有关人员的职责范围。实行"四同步"，就是下达计划任务同时提出文件材料的归档要求；检查计划进度同时检查文件材料形成情况；评审鉴定成果同时验收鉴定文件材料的完整、准确、系统情况；上报登记和评审奖励科技成果以及科技人员提职考核时，档案部门同时出具专题归档情况证明材料。

（2）将科技文件材料的形成、积累列入经济责任制考核范围。将科技文件材料的形成、积累列入企业事业单位各部门及有关人员的经济责任制，由档案部门进行考核，并将对各部门和有关人员的考核结果通报本单位的经济责任制主管部门，提出具体的奖罚意见，由主管部门统一执行奖励或处罚。

（3）档案部门要参加各项生产、技术的鉴定、验收、创优、评奖活
动，以确保科技文件材料的完整、准确、系统。档案部门参加各项生产、技术的鉴定、验收、创优、评奖活动等，就是参加本单位的产品试制定型、科研成果鉴定、基建工程竣工验收、设备开箱验收、产品或工程创优、科研成果的评奖等活动。如果在上述活动中发现形成和积累的科技文件材料，达不到规定的完整、准确、系统的要求，

就不能算最终完成任务，应御缓鉴定、验收，档案部门不予签字，则不得申报成果。

（4）档案部门应从归档的角度对科技文件材料标准执行情况进行监督、检查。在科技文件材料的形成、积累过程中，档案部门配合、协助标准化部门对科技文件材料标准执行情况进行监督和检查，以确保归档科技文件材料的质量。其监督和检查的基本内容有：

①形成的科技文件材料是否齐全、完整、成套、准确。

②科技文件材料的幅面、格式、名称、编号、更改等，是否符合有关标准，责任签字是否符合规定要求。

③科技文件材料的编制，是否符合有关标准的规定。

④图样的标题栏格式、内容填写是否符合有关标准，签字手续是否完备。

⑤文字材料的原稿，是否用蓝黑墨水书写在规范的用纸上，字迹是否工整、清晰。

⑥图纸（蓝图）的折叠方法是否符合规范、标准。

第二节　科技文件材料的鉴定、整理

科技文件材料鉴定与整理，是指归档科技文件材料的鉴定、组卷与案卷编目。一般而言，这项工作是由科技人员完成的。档案部门进行协助、指导的目的在于：分清有玉、石，保证归档文件的质量；科学组卷，保持文件之间系统联系；规范编目，方便日后保管和利用。

（一）科技文件材料的鉴定工作

在科技文件材料整理工作中，首先应对科技文件材料进行鉴定工作，其内容主要包括：

1. 完整性鉴定

为保证归档文件的完整，不论是产品、工程、科研、设备的文件材料，还是其他专业项目的文件材料，在整理、归档之前，首先应按项目收集齐全、完整成套，不能缺项，归档率应达到标准要求（归档率＝实际归档的科技文件材料项目总数／应归档的科技文件材料项目总数×100%）。在实际工作中，一些单位的档案部门在每年年初，根据本单位各项科技、生产活动的计划，同时下达各项科技文件材料的归档计划，以确保各项科技文件材料在科技、生产活动完成后，及时归档。其次，每一个项目的全部科技文件材料，应该完整地反映该项科技活动的内容和实际面貌，不能缺份，完整率达到标准要求（完整率＝实际归档的文件份数／应归档的文件份数×100%）。

2，准确性鉴定

为保证科技文件材料的准确性，归档的科技文件材料应达到：一是科技文件材料应该同它反映的科技、生产活动的对象一致，二是同一个项目的科技文件材料之间在内容上应该一致，如底图和蓝图应保持一致，测量与竣工图保持一致，反映同一个部位或结构的相关图纸应保持一致等，准确率应达到标准要求（准确率＝实际归档的科技文件材料准确份数／应归档的科技文件材料准确份数 ×100%）。

（二）科技文件材料组卷

案卷是科技档案管理和利用的基本单元。自收集工作起，以及后续的整理、鉴定、保管、统计、著录直至利用工作等，无不以案卷为基本单位。因此，对科技文件材料进行合理组卷是档案工作的一个重要环节，我们应该认真研究组卷的要求与方法。

1. 组卷要求

按 GB/T11822-2000《科学技术档案案卷构成一般要求》术语定义：

案卷：由相互联系的若干文件组合而成的档案保管单位。

组卷原则：组卷要遵循科技文件材料的形成规律，保持案卷内科技文件材料的有机联系，便于档案的保管和利用。

组卷原则的具体含义有以下几个方面：

（1）遵循科技文件材料的形成规律。由于科技生产的多样性，不同种类科技文件材料的具体形成规律不尽相同，但一般说来具有成套性、阶段性、专业性的特征，有的还有明显的地域性、时间性特征。围绕一项独立科技生产活动，会形成一系列文件材料并构成一个有机整体，即具有成套性特征；不同专业或同一活动中不同的专业会形成不同专业文件，例如工程文件设计活动中会围绕结构设计、通风设计等专业形成不同专业文件；由科技生产活动的阶段性决定了文件形成的阶段性，不同阶段会各自形成相应的文件材料。由科技对象的地域性与时间性，例如自然现象观测活动，会使文件的形成具有明显地域性与时间性。组卷人员在组卷工作中应遵循文件的这些形成规律。

（2）保持卷内文件的有机联系。有机联系是案卷的本质特征。卷内文件的有机联系主要体现在组卷方法的选择与卷内文件的排列上，当选择不同组卷方法和排列方法时，其有机联系的表现是不同的。保持卷内文件的有机联系与遵循科技文件材料的形成规律是一致的，是科技文件材料形成规律的一种体现。例如当采用阶段性特征组卷时，把同一阶段形成的文件组成一个案卷，则该卷内文件就表现为阶段联系。组卷是一项有意识的活动，组卷之前应该研究对象的形成规律，从某一适合角度有针对性地揭示文件之间最紧密、最本质的联系。

（3）便于档案的保管与利用。在保持卷内文件有机联系的前提下，还应注意方便档案的保管与利用，因为组卷不是最终目的。为此应注意：一是案卷的组合度。文件有机联系的范围可大可小，有相当大的弹性，但案卷过厚不便于利用，应注意案卷文件的数量，即组合度大小。一般而言，卷盒最大厚度为 60mm，卷夹最大厚度为 20mm，可以以此作为控制案卷的组合度的参考。二是不同保管期限和密级的文件可分别组卷。为保管和利用的方便，在保持文件有机联系的情况下可以按密级与保管期限的不同分别组卷。例如对机密文件或核心机密的文件分别组卷有利于保密和利用。由于密级与保管期限是以卷为单位确定的，当一卷内科技文件材料间的密级与保管期限不相同时，应按"就高"原则确定。三是不同载体的文件应分开组卷。例如纸质文件与声像文件应分开组卷。四是案卷的形式可以是卷、盒、袋等形式，以适应不同类型文件的保管要求。

2. 组卷方法

科技文件材料的组卷方法是多种多样的，可以根据不同类型的科技文件材料与有机联系的表现加以选择。

（1）按项目组卷。是指把一个项目形成的文件组成一个案卷。它适合对文件数星不多的项目文件的组卷，在这种情况下一个案卷即为一套科技档案。

（2）按子项组卷。是把一个子项形成的文件组成一个案卷。它适合工程项目文件、科研项目等文件组卷，当一个工程项目或科研项目有若干子项组成而各子项文件数量又不太多时可以采用该组卷方法。例如一个企业的基建项目由若干个车间组成，则可以按车间组卷。

（3）按阶段或工序组卷。是指按科技生产活动的程序，把反映同一阶段或工序的文件组成一个案卷。适合科研文件、基建文件、产品工艺文件等文件的组卷。

（4）按结构组卷。是指按机械产品与设备的部件或系统组卷，即把反映同一系统或部件的文件按隶属关系组成一个案卷。它适合对机械产品文件、设备文件等文件的组卷。

（5）按专业组卷。是指按科技文件材料所反映的专业进行组卷。适合基建文件、产品工艺文件等文件的组卷。例如对竣工图可分别按结构、通风、排水等专业分别组卷。

（6）按地区组卷。是指按科技文件材料所反映的地区进行组卷。它适合具有明显地域特征的水文、气象观察文件、测绘文件、地质勘探文件等文件的组卷。

（7）按时间组卷。是指按科技文件材料所反映或形成时间进行组卷。它适合具有明显时间特征的水文、气象、地震、天文等自然现象观测文件的组卷。例如按月或按年度。

（8）按问题组卷。是指按科技文件材料所反映的问题进行组卷。这种组卷方法使用很广，几乎各类科技文件材料中都可以按问题组卷。例如基建文件中施工质量事故问题、科研文件中的专题讨论等，均可按同一问题组卷。

（9）按文件名称或性质组卷。按文件名称组卷，例如将不同名称文件分别按设计任务书、可行性研究报告等文件名称分别组卷。按文件性质组卷，是指同一性质文件分别组卷，如科研文件中成果性文件单独进行组卷。

（10）按作者组卷。是指按文件的形成者组卷，将同一作者或机构形成的文件组成一个案卷。

对科技文件材料进行组卷的方法有相当大的灵活性，不同组卷者面对同一对象，由于对文件形成规律与有机联系认识的不同或表现方法不同，会选择不同的组卷方法。

（三）卷内文件材料的排列

1. 图样材料的排列

图样材料的排列有两种情况：一是对于有图样目录的图纸，可以按图样目录的顺序进行排列；二是对于没有图样目录的图纸，可以按总体与局部的关系顺序排列。如机械产品图纸可以按总图—组件图—部件图—分部件图—零件图的顺序排列；基建工程图纸可以按总平面图—系统图—平面图（或立面图、剖面图）—大样图等顺序排列。

2. 文字材料的排列

文字材料的排列，最基本的有以下几种方法：

（1）按重要程度排列。即重要的文件材料排在前面，次要的文件材料排在后面。例如，在一个保管单位内，既有成果性材料，又有原始记录和中间性材料，应根据其重要程度，按成果性材料、原始记录和中间性材料顺序排列。

（2）按时间顺序排列。即按科技文件材料的形成时间顺序依次排列。

（3）按逻辑关系排列。如来文和复文，则复文在前，来文在后；正本和原稿，则正本在前，原稿在后。

（4）如果有译文的外文资料，一般要求译文材料在前，其相对应的原文材料在后。

3. 图文混合材料的排列

案卷内既有图样，又有文字材料，一般要求文字材料在前，图样材料在后。

（四）科技文件材料案卷编目

案卷编目是对科技文件材料组卷以后进行的一项工作，基层档案部门应予以协助指导。

1. 编目的含义与要求

案卷编目，是以案卷为对象，采取一定的方法固定系统整理成果，揭示案卷内容和成分的一项工作。

案卷编目应符合以下要求：一是能固定对科技文件材料系统整理的成果，正确揭示案卷文件的内容与成分，为保管和利用工作提供便利。二是编目应规范、标准，要求文字简明，字迹清楚，书写工整。

2. 编目工作的内容与方法

（1）编写页号。编页号，是指为卷内每一页文件编写顺序号。

编写方法是：案卷内科技文件材料以有书写内容的页面为对象编写页号。页号编写位置，单面书写的文件页号编在右下角；双面书写的文件，正面在右下角，背面在左下角；图样页号编在标题栏外。案卷封面、案卷内目录（原有图样目录除外）、卷内备考表不编写页号。若原文件已有连续编号则不再编写页号。编号用阿拉伯数字同，从1开始顺序编制。

（2）编制卷内目录。卷内目录，是登记案卷内文件题名及其他特定文件排列顺序的表格。格式见下例表，一般排在案卷首页之前。

编写项目的含义与方法：

①顺序号：按卷内文件排列顺序编写的流水号。从1起依次标注。

②文件题名：又称文件标题，填写科技文件材料标题的全称。

③文件编号：填写文件的文号或图样的图号。

④责任者：指科技文件材料的直接编制部门或主要责任者。

⑤日期：指文件的编制日期。

⑥页号：填写每份科技文件材料页面上标注的页号。

（3）填写备考表。备考表，主要表明卷内科技文件材料的件数、页数以及在组卷和案卷使用过程中需要说明的问题，一般位于案卷内文件的尾页之后。

备考表的填写，归档前需要说明的问题由有关人员填写，归档后需说明的问题由档案人员填写。

（4）编制案卷封面。案卷封面不仅能起到保护卷内文件的作用，还具有揭示案卷内容的作用，同时也亦是日后档案著录的依据。编制案卷封面工作的内容有：

①案卷题名。又称案卷标题，是反映案卷内文件内容的综合名称。它是案卷封面的核心内容。案卷题名包括项目名称、内容特征和文件名称特征三部分。

项目名称，指卷内文件所属工程、产品、课题、设备等项目的名称，亦可以用代字代号表示。

内容特征，指卷内文件的阶段特征、结构特征或专业特征。

文件名称，指说明书、竣工图、研究报告等文件的名称特征。例如：

A楼—项目名称结构 -- 内容特征竣工图 -- 文件名称特征

案卷题名拟定要简明、准确。案卷题名中的项目名称，存放在不同场所的档案，书写要求有所不同。例如以黑龙江大学化学教学楼为例，保存在本单位可以拟写为：化学教学楼竣工图。若需往城建档案馆报送应拟写为：黑龙江大学化学教学楼竣工图。

②立卷单位。填写负责科技文件材料组卷的部门或项目负责部门。例如建设单位基建档案的竣工图案卷，编制单位应填施工单位，当需要往城建档案馆报送时，可填建设单位。

③编制日期。填写卷内文件的起止日期。

④保管期限。填写对该卷划定的保管期限。

⑤密级。填写卷内文件材料的最高密级。

⑥档号。填写案卷的代号，包括全宗号、分类号（项目代号或目录号）、案卷号。全宗号由各单位根据本单位法人的变更情况自行设定，需要向上级移交的档案，其全宗号另定；分类号指按统一的分类规则划分本单位全部档案后给定的类别号；项目代号是指科技档案所反映的产品、工程、课题、设备的代字或代号；目录号一般是指分类目录号；案卷号是指科技档案按一定顺序排列后的流水号。

（五）复制图折叠与案卷装订的要求

1. 复制图的折叠

要将案卷内不同尺寸的科技文件材料按要求折叠为统一的幅面。统一幅面为：图纸A4（297mm×210mm）幅面。因此，在组织保管单位时，各种幅面的科技文件材料，主要是图纸要折叠为A4的幅面。国家标准GB10609.3—89《技术制图复制图的折叠方法》对把图纸幅面折叠成A4规格的几种折叠方法如下：

（1）需装订成册的复制图。有装订边的复制图。首先沿标题栏的短边方向折叠，然后再沿标题栏的长边方向折叠，并在复制图的左上角折出三角形的藏边，最后折叠成A4的规格，使标题栏露在外面。

无装订边的复制图。首先沿标题栏的短边方向折叠，然后再沿标题栏的长边方向折叠成190mm×297mm的规格，使标题栏露在外面，并粘贴上装订胶带。

（2）不装订成册的复制图的折叠方法有以下两种。

第一种折叠方法。首先沿标题栏的长边方向折叠，然后再沿标题栏的短边方向折叠成A4的规格，使标题栏露在外面。

第二种折叠方法。首先沿标题栏的短边方向折叠，然后再沿标题栏的长边方向折叠成A4的规格，使标题栏露在外面。

2. 案卷装订的要求

案卷是否要装订，国家有关部门没有统一要求，可以装订，也可以不装订，两者各有利弊。装订可采用卷夹的形式，不装订可采用卷盒的形式，各单位可自行选择。

若案卷不装订，卷内文件应编件号，且每份文件上要加盖"档号章"。

若对案卷进行装订，应注意下列问题：一是图纸折叠时应留出装订线，避免以后装订时再重新折叠。二是长期保存的，装订时应取掉金属物，并且不要用易生锈的金属材料装订。装订时左侧三眼装订，装订长度占卷长度的1／2。三是因折叠案卷左右厚度不均，装订前左侧装订处应填纸板，以保证案卷的平整。四是图样折叠时可采用不同折叠方法，避免出现案卷上厚下薄或下厚上薄现象。

第三节　科技文件材料的归档

（一）科技文件材料归档前的检查

科技文件材料的归档是指将企事业单位内部各职能部门和所属单位在各项工作和活动中产生和形成的、具有保存价值的文件材料，按照归档制度移交给企事业单位档案部门集中保存的过程。

科技档案文件材料归档工作是一个结合点，即是科技文件材料管理工作的最后一个环节，又是档案工作的起始环节。归档文件材料的质量直接关系到档案的质量，为了保证归档文件材料和档案的质量，一定要做好文件材料归档前的检查工作。对归档的文件材料进行检查，主要包括以下三个方面：

1. 检查归档文件材料的质量是否符合要求

国家对公务文书和科技文件材料的名称、内容、格式编制方法、载体材料和书写材料等都有具体的质量要求。尽管企业事业单位文件材料质量和管理分别属于文秘和技术管理等工作内容，不是企业事业单位档案工作的直接内容，但是归档文件材料的质量是档案质量的先天因素，因此在文件材料归档前，档案部门也一定要检查归档的文件材料是否都符合国家有关规定的要求，对于存在质量问题的文件材料，特别是字迹材料不耐久、不清楚和载体材料残缺破损的文件材料一定要采取补救措施，从根本上解决问题，保证档案质量。

2. 检查归档文件材料是否完整齐全

档案部门要根据每一项工作和活动的程序，对照文件材料的归档范围或项目负责人的审定意见，逐一对将要归档的文件材料的数量和内容进行检查，保证归档文件材料数量上的齐全和内容上的完整。对不完整齐全的文件材料，要及时组织补充，直到文件材料完整齐全后才能进行系统整理。

3. 检查归档文件材料是否经过系统整理

一般来说，准备归档的文件材料是经过形成部门系统整理过的。企业事业单位档案部门应根据国家有关企业事业档案工作的业务标准如规范，对将要归档的文件材料进行检查，全面了解文件材料的整理情况，包括分类是否科学，组卷是否合理，编目是否完整，整个案卷是否符合国家有关规定的质量标准。

（二）科技文件材料归档制度

归档制度中的有关归档要求，既要体现在相关管理制度中，又要体现在档案管理制度中，并做到彼此联系。档案管理制度中有关归档工作的规定应慎重。制定中首先要研究本单位科技生产活动的范围；其次应研究国家与本系统对科技档案工作的有关规定，例如《档案法》《科学技术档案工作条例》《基本建设项目档案资料管理暂行规定》等文件，在此基础上制定出归档制度草案，经反复修订定稿后，经单位领导批准方可印发执行。

1，归档范围确定归档范围的标准：

确定归档范围，就是确定一个单位内哪些科技文件材料应该归档。确定归档范围的标准是：科技文件材料是否具有保存价值。凡是直接记录和反映本单位科技、生产活动的，具有现实和长远保存价值的科技文件材料，都应列入归档范围。

确定归档范围的基本方法：

（1）研究和分析本单位科技、生产活动的范围，从而掌握本单位在科技、生产活动中形成的科技文件材料的种类和成分，确定归档范围中应包括哪些方面的科技文件材料。

（2）掌握本单位基本职能活动，将本单位在基本职能活动中形成的科技文件材料作为归档范围的主体，并研究和分析围绕其基本职能活动进行的其他科技、生产活动中形成的科技文件材料，从而确定这些科技文件材料的归档范围。

（3）正确划定本单位科技文件材料与科技资料、科技文件材料与文书材料的界限。

（4）根据国家及专业主管部门确定的科技文件归档范围，结合本单位实际，确定具体的科技文件材料的归档范围。

几种主要科技文件材料的归档范围：

（1）科研项目文件材料的归档范围。一般科研项目文件材料的归档范围主要包括：

①科研准备阶段：科技课题审批文件、任务书、委托书，开题报告，技术考察及调研报告，方案论证，课题研究计划和协议书、合同等文件材料。

②研究实验阶段：各种载体的重要原始记录，各种检验分析报告、实验报告，计算材料，专利申请的有关材料，设计文件、图纸，关键工艺文件，重要的往来技术文件等。

③总结鉴定验收阶段：课题鉴定申请书、工作总结，科研报告，论文，专著，参加人员名单，技术鉴定材料，科研投资情况，决算材料等。

④成果和奖励申报阶段：成果和奖励申报材料及审批材料，获奖证书，推广应用的经济效益和社会效益证明材料等。

⑤推广应用阶段：推广应用方案、总结，扩大生产的设计文件、工艺文件，生产定型鉴定文件，转让合同，用户反馈意见等。

（2）基建项目文件材料的归档范围。一般基建项目文件材料归档的范围包括：

①可行性研究等文件：项目建议书及批复，可行性研究报告，项目评估，环境预测、调查报告，设计任务书、计划任务书等。

②设计基础材料：工程地质、水文地质、勘察设计、勘察报告、地质图、勘察记录、化验和试验报告，地形、地貌、控制点、建筑物、构筑物及重要设备安装测量定位、观测记录，水文、气象、地震等其他设计基础材料。

③设计文件：初步设计、技术设计、施工图设计，技术秘密材料及专利文件，设计计算书，关键技术试验，总体规划设计，设计评价、鉴定及审批文件。

④工程管理文件：征用土地批准文件及红线图，拆迁、补偿协议书，承发包合同、协议书、招标、投标、租赁文件，施工执照，环保三同时、消防、卫生等文件，水、暖、电、煤气供应协议书。

⑤施工文件：土建施工文件包括，开工报告、工程技术要求、技术交底、图纸会审纪要，施工组织设计、施工方案、施工计划施工技术措施、施工安全措施、施工工艺，原材料及构件出厂证明、质量鉴定，建筑材料实验报告，设计变更、工程更改洽商单、材料代用核定审批，施工写信测量、地质勘察，土、岩试验报告、基础处理、基础工程施工图，施工记录、日记、大事记，隐蔽工程验收记录，工程记录及测试、沉陷、位移、变形观测记录、事故处理报告，分项、分部、单位工程质量检查、评定，交工验收记录证明，施工总结、技术总结，竣工报告、竣工验收报告。

设备及管线安装施工文件包括，开工报告、工程技术要求、技术交底、图纸会审纪要，施工组织设计、施工方案、施工计划、技术措施，设计变更、工程更改洽商单、材料、零部件、设备代用审批，焊接试验记录、报告、施工检验、探伤记录，隐蔽工程检查验收记录，强度、密闭性试验报告，设备调试记录，施工安装记录、安装质量检查、评定、事故处理报告，系统调试、试验记录，管线清洗、通水、消毒记录，管线标高、位置、坡度测量记录，中间交工验收记录证明、工程质量评定，竣工报告、竣工验收报告等。

电气、仪表安装施工文件包括，开工报告、工程技术要求、技术交底、图纸会审纪要，施工组织设计、施工方案、施工计划、技术措施，设计变更、工程更改洽商单、材料、零部件、设备代用审批，调试整定记录，性能测试和校核，施工安装记录、质量检查评定、事故处理报告，操作、联动试验，电器装置交接记录，中间交工验收记录工程质量评定，竣工报告、竣工验收报告。

⑥竣工文件：项目竣工验收报告，全部竣工图，项目质量评审材料，工程现场声像材料，竣工验收会议决议文件。

⑦生产技术准备、试生产；技术准备计划，试生产、技术责任制，开停车方案，设备试车、验收、运转、维护记录，试生产产品质量鉴定报告，安全操作流程、事故分析报告，运行记录，技术培训材料，产品技术参数、性能、图纸，工业卫生、劳动保护材料。

⑧工艺、设备：工艺说明、规程、路线、试验、技术总结，产品检验、包装、工装图、检测记录，设备、材料出厂合格证，设备材料装箱单、开箱记录、工具单、备品备件单，设备、图纸、说明书，设备测绘、验收记录，设备安装调试、测定数据、性能鉴定。

⑨涉外文件：询价、报价、投标文件，合同、合同附件，谈判协议书、议定书、谈判记录、谈判过程中外商提交的材料、出国考察及收集来的有关材料，国外各阶段文件、各设计阶段审查议定书，技术问题来往致电，国外设备材料检验及设计联络，国外设备储存、运输，开箱检验记录、商检及索赔，国外设备、材料的防腐、保护措施，外国技术人员现场提供的文件材料。

⑩财务、器材管理：财务计划、年度计划，工程概算、预算、决算，主要材料消耗、器材管理，交付使用的固定资产等文件。

（3）产品生产和设备仪器文件材料的归档范围。产品生产和设备仪器文件材料基本范围包括：

①产品生产方面：

有产品开发研制报告、可行性分析报告、计划任务书等。

产品设计过程中的各种零件图、部件图、标准图，产品的说明书、合格证、各种明细表等。

产品的试验报告、重量分析、技术经济分析、标准化审查报告，产品研制总结、产品鉴定书等。

工艺、工装图样、工艺规程和标准、工艺卡片和技术文件等。

原材料检验、产品生产过程和生产调试工作形成的各种文件等。

②设备仪器方面：

购置设备的申请和审批、购置设备的协议及合同等。自制设备各种装配图、部件图、零件图和技术文件，外购设备的随机文件等。

设备仪器安装、调试和验收过程中形成的各种技术性、凭证性文件材料。设备仪器的操作规程，设备运行、维修、保养重大事故的记录等。设备改进、改装的技术文件，设备的技术革新文件。

设备报废申请、鉴定及审批的文件材料等。

根据上述种类文件的归档范围，各单位应根据各单位的实际情况及产品生产和设备仪器的不同类型，具体明确本单位的科技文件归档范围。

2.归档时间科技文件材料何时归档为宜，应以科技生产活动的特点与规律合理确定。规定归档时间过早，会影响科技生产活动的正常进行，同进也为归档工作带来不必要的麻烦；归档时间过晚，会造成科技文件材料的流失。每一项目的科技文件材料具体归档时间一般有以下几种类型供选择。

（1）项目结束后归档。项目结束后归档指一项科技生产活动结束后将所形成的科技文件一次性归档。该归档时间类型适合科技生产活动周期不太长的项目或规模不是很大项目的文件归档，例如符合这一要求的某些基建项目、科研项目、产品开发项目等。项目结束后归档，不是指项目结束后立即归档，应给科技文件材料的整理归档留出必要的时间，例如上例中规定"鉴定一个月正式向档案部门归档"。

（2）按文件单元归档。按文件单元归档主要指将科技生产活动某一阶段或某一子项形成的文件，作为一个文件单元集中归档。科技文件材料具体归档形式有两种：

①按项目阶段归档 C 系指在科技生产活动的整个程序中，确定某一适合段完成时应将有关科技文件材料作为一个文件单元归档。该归档时间类型适合科技生产活动周期较长的项目，其具体适用对象是：一是项目生产活动周期较长且有明显的阶段性；二是上一阶段文件归档后不影响下一阶段活动的正常进行；三是整个项目结束后已归档文件不需要重新整理。由此可知，按阶段归档不是每一阶段结束后都进行归档，而是选择其中一个或几个合适的阶段进行归档工作。这种归档时间类型可防止因工期过长导致文件遗失。例如，某煤气厂一、二期工程长达 8 年，采取项目结束后一次归档的方法显然是不适宜的。

②子项结束后归档。系指大型基建、科研项目当由若干个子项组成时，按子项结束时间将有关文件作为一个单元分别归档。这种归档、类型实际上只是对子项所形成的文件而言，不包括有关整体项目的依据性文件及鉴定验收文件。

（3）按年度归档。按年度归档指在每年初始阶段，将上一年度形成的有关文件归档。该归档时间类型符合自然现象观察文件、科技生产活动阶段与年度相吻合的文件、与科技生产活动密切相关的管理类文件等文件的归档。

（4）随时归档。这是一种适应性较广的一种归档时间类型。例如：外购设备开箱文件；工程项目施工图设计文件，施工图一般按专业随时归档；有密级的科技文件材料；科技生产活动的依据性文件，如项目审批文件等；人员调动时需归档的文件等。

对某一类科技文件材料的归档，往往是根据科技对象的特点确定 1 或 2 种归档时间，并非 5 种归档时间类型并用。档案工作者可以自行分析并选择适合基建文件、科技文件、产品文件及设备文件的归档时间类型。

3. 归档份数

归档份数是指同一项科技文件应归档几份。凡是需要归档的科技文件材料，一般是归档一份，但重要的、使用频繁的应归档二份以上。在具体确定科技文件归档份数时，要考虑以下几方面：

（1）要考虑归档材料的重要程度。尤其是永久文件，要视情况，应归档若干份副本供日常使用。

（2）要考虑开架阅览的需要。对利用频繁的、不保密的科技文件材料，应多复制一份副本供开架阅览使用。

（3）根据国家有关规定，凡需要上报上级有关部门或科技专业档案馆的文件材料，应对归档的份数做出相应规定。

4. 归档要求

（1）归档工作的主体。归档制度中应明确科技业务部门是归档工作的主体，因为科技人员熟悉科技文件材料的形成过程与保存价值，由科技业务部门承担科技文件材料的归档工作有利于保证归档科技文件材料的质量。对此，应在归档制度中予以明确规定。

（2）归档文件的质量。为保证科技档案的长久保存，应对归档文件制成材料提出质量要求，要求归档文件字迹清楚、用纸规范、图样清晰、完整准确。若涉及电子文件的归档，应符合国家有关电子文件的归档要求。

（3）建立科技文件材料归档审批制度。为保证科技档案文件材料质量，应建立归档审批表制度，由项目负责人签署，对归档科技文件材料的质量予以认定。事实证明，这是保证归档文件的一项有效制度。

5. 归档手续

科技文件材料履行归档手续有两层含义：一是由科技人员编制项目归档说明书，对项目来源、技术水平、实施过程及归档文件质量等作简介，其作用是便于归档验收，同时能为以后编制项目级检索工具提供依据，这对于利用者是十分重要的参考。二是填写移交清单。这是对科技文件材料进行接收和归档的凭证，便于交接双方分清责任。编制移交目录清单应一式二份，交接双方各执一份。

第四节　科技资料工作

（一）科技资料形式和特点

1. 什么是科技资料

科技资料是为了科技工作参考目的而搜集的科技文献材料。科技资料能充分反应当今社会科技快速发展的趋势和动向。信息技术的推广应用，使科技信息成为国民经济中最有活力的信息之一。为了使利用者充分利用科技信息，科技资料也应当属于科技档案部门管理的范畴。

2，科技资料的形式

（1）科技资料按载体和记录方式可分为以下四种形式：一是印刷型科技资料。这种资料以纸张为载体，以印刷为手段。二是缩微型科技资料。它是以感光材料为载体，以照相为手段。三是数码型科技资料。它是由电子计算机生成的磁性材料为载体，以二进制数码形式储存在磁盘、光盘等为记录手段。四是声像型科技资料。它是以录像带、照片、幻灯片等技术为手段，在视觉和听觉上给人以直观感觉。

（2）科技资料按使用和加工等级可分为以下三种形式：一是一次性文献材料。它是以科技生产活动及其成果为依据而制作的原始文献材料。二是二次性文献材料。它是对一次性文件材料进行加工整理后形成的文献材料。三是三次性文件材料。它是对前两次文献材料进行综合分析编纂的成果后，就形成了三次文献材料。三次文献材料的特点是具有系统性、综合性和预测性等，给科技交流和科研决策起到参考作用。

（3）科技资料按流通的范围可分为：公开资料，是指在国内外刊物上发表的科技资料；内部资料，是只能在内部交流或发行，不能在全国公开发行，更不能流向国外的科技资料；机密资料，是指在一定时间限制内不能公开，需要保密的科技资料，按机密程度可分为秘密、机密、绝密三个等级。

（4）科技资料按产生的领域的内容不同可分为：科技档案复制件；科技报告；政府出版物；专利文献；会议文献；学位论文；产品样本；技术标准；技术规程；科技成果汇编。

3. 科技资料的特点

在现代社会科学技术的飞速发展、千变万化中，科技资料作为科技知识的主要存在形式具有以下的特点：内容新；更新快；范围广；数量大，内容交叉。

（二）科技资料的管理和利用

科技资料的管理工作，包括科技资料的搜集、分类、排架、鉴定、提供服务等工作。

1. 科技资料的搜集工作

（1）科技资料搜集工作的要求：科技资料的搜集工作是根据其特点所决定的。一是搜集要广泛。二是搜集要全面。三是搜集要及时。四是搜集要具有针对性。

（2）科技资料搜集的方法：订购，交换，索取，网上查询等。

（3）科技资料的登记：登记前对需保存的科技资料的审核；对科技资料登记的方法，包括批量登记和分册（或分）登记。

2. 科技资料的分类

科技资料分类是根据其不同内容，按学科性质来进行系统分类。科技资料分类有：一般分类法；国际十进制分类法；图书分类法。

3. 科技资料的排架

科技资料排架的目的就是便于保管和利用。根据科技资料不同形式需要采取以下不同的排架方法：流水排架法；分类排架法（按年度、类型、专业分专题）。

4. 科技资料的鉴定

科技资料鉴定工作是科技资料管理工作的一项重要任务。随着科学技术的快速发展，科技资料的使用寿命也在随之缩短，加之保管占地面积的不足，鉴定工作就成为我们保管科技资料的一项经常性工作。在鉴定过程中，要根据国家的标准和要求制定出本单位的鉴定标准和范围。

5. 科技资料的提供服务

一是编制检索工具和参考资料。检索工具包括：分类目录、专题目录；参考资料包括：指南手册、专题资料汇编、资料简报等等。二是科技资料提供服务的方式有：借阅，报道服务，网络查询。利用者查阅到所需的科技资料后，管理人员应积极主动地做好提供服务工作。

第六章　科学技术档案工作与业务管理

第一节　科学技术档案工作概述

一、科技档案工作的基本任务和基本原则

（一）科技档案工作的基本任务

科技档案工作是以科技档案为研究对象和管理对象的工作。它的域本任务是：按照科技档案工作的基本原则，根据科技档案的形成规律和特点，科学地管理科技档案，为国家的社会主义现代化建设服务，为国家的长远需要服务。

因为科技档案工作是以科技档案为研究对象和管理对象的工作，所以在一些实现信息一体化管理体制的单位，虽然将科技费料工作、科技情报工作及描、晒图复制工作一体管理，但它们不是科技档案工作，不属于科技档案工作范围。

科技档案工作，是为了管好用好科技档案而建立和发展起来的一项专门业务。它主要通过科技档案的收集、整理、鉴定、保管、统计和利用等各项业务工作来完成它的基本任务。收集，整理，鉴定，保管和统计等，是为科学管理、安全保护、提供利用档案创造条件，是科技档案业务建设的基础工作，利用，是充分发挥科技档案的作用，为生产、建设和科研等工作服务，利用工作开展得好坏，是科技档案工作得以存在和发展的关键。

为了完成和实现科技档案工作的基本任务，就要有一系列的组织管理工作来保证工作顺利进行。这就要建立、健全一定的科技档案工作机构；要有集中保管科技档案的库房与必要设备，要有一套统二的管理制度，要培训建立一支科技档案干部队伍，还要开展档案理论和技术研究工作等等。也就是说应当把一系列的组织管理工作和一系列的业务工作结合起来共同完成科技档案工作的基本任务。

（二）科技档案工作的基本原则．

档案工作的原则在《档案法》总则第五条指明："档案工作实行统一领导、分级管理的原则，维护档案完整与安全，以便于社会各方面的利用。"这条原则同样适用于科技档案。1980年底国务院批准颁布的《科学技术档案工作条例》总则第四条提出，"各单位应当按照集中统一管理科技档案的基本原则，建立、健全科技档案工作，达到科技档案完整、准确，系统、安全和有效利用的要求。"根据以上规定的准则，科技档案工作的基本原则是，集中统一地管理科技档案，维护科技档案完整、准确、系统、安全，实现科技档案的有效利用。

这条基本原则包含着互相联系的三个方面的内容。

1．集中统一地管理科技档案。

它规定了科技档案必须实行集中统一管理，不得分散。统一管理表现在两个方面：第一是国家的全部科技档案，应该按专业系统实行统一的分级管理，第二是在一个单位内部，科技档案应该由科技档案部门实行集中统一管理。

①科技档案要实行集中统一管理，是我国科技档案工作的组织原则，是科技、生产发展的客观需要，是大机器工业生产和专业分工的产物，是企、事业科学管理的内容。

低下的生产力和小生产方式所决定的科技档案的管理形式是个人或部门分散管理。随着生产力的发展，科学技术的复杂化，不仅使科学技术和工业生产发展成为严密的综合体系，也使在生产过程和科技研究过程中形成的科技档案数量日渐增多，这些科技档案不可能再由生产者个人或研究者个人保存和管理了，而要求由专门设置的机构和专门配备的人员去管理。另外，专业分工的结果必然要求专业协作，个人或各部门形成的科技档案，其它部门也要查考使用，要求互相借鉴彼此的工作成果。所以，科技档案的集中统一管理，是一种规律性的现象。集中统一管理科技档案，是科技、生产管理活动的客观需要，否则将会导致管理混乱，失去决策依据，失去生产的科学秩序。集中统一地管理科技档案，也是科技档案实现现代化管理的客观需要。现代化的科技档案管理体系，将是以电子计算机检索为中心的科技档案信息处理的自动化体系。若没有集中统一管理．就不可能有科技档案的现代化管理。

集中统一管理科技档案也是社会主义公有制的反映，是社会主义公有制在科技档案工作中的体现。我们是社会主义国家，实行生产资料的公有制，在这种公有制的基础上，进行科技、生产活动所产生的科技档案必然是公有财富，必然要对其施行统一的领导，制定统一的制度和方法。

②就具体单位说，科技档案实行集中统一管理原则的要求和内容是：要有一个健全的、符合科技档案工作要求和本单位实际情况的科技档案管理机构。这是一个单位

实现对科技档案集中统一管理的组织条件。科技档案要由单位科技档案部门实行集中统一管理，这是一个单位实现科技档案集中统一管理的核心内容。要配备一定数量的与工作轴适应的如技档案工作人员，要有健全的、纳入单位科技管理制度中的科技档案管理制度，这是一个单位实现科技档案集中统一管理的制度保证。要将科技文件材料的形成、积累、整理和归档，明确列入有关生产计划，并落实到科技人员的岗位责任制。

③科技档案实行集中统一管理不仅促进了我国科技档案工作的建立和发展，而且对企、事业单位的科技、生产活动，也起促进作用。主要有以下几方面：科技档案实行集中统一管理，有利于形成国家的和企、事业单位的科技资源储备中心和科技信息交流中心，通过"信息反馈"的形式，科技档案部门可协助和促进有关部门加强科技管理工作，统一管理还可以节省人力，物力，减少开支，符合经济原则；集中管理有利于采用先进的科学管理方法，提高科技档案工作效率，便于更多的人利用档案，使科技档案更好、更快地转化为生产力，便于保护科技档案和保守科技机密，也便于安全转物和向专业馆移交。

2. 维护科技档案的完整、准确、系统和安全

这是对科技档案管理的基本要求，是由科技档案的性质和作用决定的。

维护科技档案的完整，就是保证科技档案的齐全、成套，不能残缺不全。

维护科技档案的准确，就是保证科技档案同它所反映的实物对象对一致，保证科技档案能如实地记录和反映科技活动的客观实际，确保科技档案的质量和真实性。

维护科技档案的系统，就是要保持科技档案材料之间的有机联系，不能割裂分散，杂乱无章；要实现库藏科技档案的科学分类和系统排列。

维护科技档案的安全，就是要注意保护科技档案机密，并注意改善保管条件，保护科技档案的载体材料和线条、字迹不受损坏，最大限度地延长科技档案的自然寿命。

3. 实现科技档案的有效利用

科技档案管理的最终目的，就是实现有效利用。投资建立科技档案工作，其根本目的在于充分发挥科技档案的作用，提供科技档案，为国家和企、事业单位的各项工作，为社会主义现代化建设事业服务。因而对科技档案的管理要着眼于利用，要方便于利用，要采取各种有效的方式，积极、主动地提供科技档案，为各项工作服务。

综上所述，科技档案工作的基本原则的三个方面，是档案工作基本原则在科技档案工作中的具体应用。它规定了我国科技档案管理的基本要求和根本目的，规定了我国科技档案必须实行集中统一管理的基本制度。所讲的三个方面的内容，是以集中统一管理为核心互相密切联系的整体。对三个方面要以集中统一管理为中心，只有实行了集中统一管理，才能有效地维护科技档案的完整、准确、系统和安全。只有实行了科技档案的集中统一管理，才能有效地提供利用。所以这三点是统一的整体，要全面

地加以理解，把握住基本原则的精神，用以指导科技档案各项工作的开展。

二、科技档案工作的内容

为了实现科技档案工作的基本任务，国家建立了两方面的工作，科技档案工作管理和科技档案业务管理。下面分述它们各自所包含的内容。

（一）科技档案业务管理

是以科技档案为直接管理对象的工作，也可以看成是微观管理工作。它分基层科技档案部门与科技专业档案馆两个层次。具体包容的内容有：文件材料形成、积累的指导工作等。

（二）科技档案工作管理

是把科技档案和科技档案工作作为一项专门事业的整体来进行宏观管理的。它包容的内容有：科技档案事业的行政组织管理体制，科技档案事业的规划，科技档案工作的业务指导，科技档案工作的方针政策、规章制度和科技档案的教育和科研等。

三、科技档案工作的性质

科技档案工作的性质是指它是怎样的一种工作，处在怎样的地位，与其它工作有何关系等等。为了正确地认识科学技术档案工作的地位、作用，正确地认识和处理科技档案工作同其它有关工作的关系，从而了解和把握科技档案正确的工作方向、工作方法，自觉地履行科技档案工作的基本职责，更好地完成科技档案工作的基本任务，因而应当研究科技档案工作的性质。

科技档案工作的性质是由科技档案的基本属性以及它在社会主义现代化建设中的作用与地位来决定的，也是在发展变化的。根据目前的认识，科技档案工作是一项专业性的、科技管理基础性的、条件性的和机要性的工作。

（一）科技档案工作是一项专业性的工作

科技档案工作的专业性，表现为以下三个方面：

1. 科技档案工作有自己独立的、专业性的工作对象，这就是科技档案。

作为科技档案工作的物质对象的科技档案，是各种专业技术活动的真实记录，是一定专业技术活动的产物，它明显地反映出一定专业技术的内容、特点，并且首先为其本专业的技术工作需要提供服务，是延续和发展各种专业技术工作不可缺少的依据。科技档案的特点，决定了科技档案工作具有一定的专业技术性。

2. 科技档案工作有自己特定的工作内容、工作方法和完善的专业体系。

科技.档案管理工作，作为一项专业性的工作，已经形成了一套完整、系统、彼此紧密衔接的工作内容和工作方法和一套特定的工作程序，这就是从检查和协助科技文件材料的形成、积累，整理、归档，到科技档案的收集，整理、鉴定、保管、统计，利用工作这一完整、严密的工作内容和工作程序，让科技档案工作同其它有关工作明显地区别开来。特别是科技档案工作已不是一个个零散的个体，而是已经形成了由基层科技档案机构、专业馆，业务指导工作和教育研究工作组成的国家规模的完整的专业体系。

3. 科技档案工作有自己的一整套来自于工作实践，并用于指导工作实践的科学理论和专业知识体系。

科技档案工作的专业理论来自具体的工作实践，它把各专业科技档案工作的丰富实践集中起来，探索其一般的规律，经科学的归纳上升为理论，形成科技档案工作的基本原理和方法，建立起科技档案工作的专业理论知识体系，再回到实践中去，用以指导科技档案工作实践。所以说科技档案工作的学科理论，是有实践基础的理论；科技档案工作实践，是在专业理论指导下的专业性科学实践。另外，科技档案专业知识是由三部分构成的，即科技档案与科技文件材料的管理知识；专业科学技术知识；科技管理知识。这三种知识的互相交叉渗透，构成了科技档案工作一整套专业知识体系。

从科技档案工作专业性的这三个方面说明，科技档案工作者既要学习科技档案的业务知识，又要学习与科技档案相关的专业的业务知识。为了科学地管理好本专业的科技档案，这些科技专业知识是必须熟悉的。

（二）科技档案工作是一项科技管理的基础性工作

企、事业单位的各项管理工作，可以划分为两种类型。一类是职能性管理工作，如计划管理、生产管理，质量管理、设备管理、技术管理、基建管理等等。职能管理的作用在于计划、组织、指挥、控制、协调等功能的发挥，有利于提高生产率。另一类是为各项职能管理提供资料依据、共同准则、基本手段和前提条件的基础性管理工作。包括信息管理或信息工作、定额管理、计量管理，标准化管理、规章制度的制定、执行以及基础教育工作等。

科技档案工作是为企、事业单位的各种职能性管理工作提供资料依据和前提条库的。科技档案是重要的信息资源，而科技档案工作则是信息工作的重要内容，科技档案工作同时也为其它基础性管理工作提供依据和条件。这说明科技档案工作是企、事业单位科技管理的基础性工作。企、事业单位的工作成果有两种，一种是物质成果，另一种是软成果，那就是科技档案。科技档案是其全部工作成果的总汇，科技档案工作的水平反映着企业科技管理工作的水平，科技档案工作搞不好会使科技管理难于做好。这也说明科技档案工作是科技管理的基础性工作。

（三）科技档案工作是一项条件性的工作

科技档案工作本身不直接生产物质财富，它是为科技、生产活动创造条件、提供条件的工作，也是为实现企、事业的科学管理提供条件和创造条件的科技管理基础性工作。所以说科技档案工作是一项条件性的工作，也可以说科技档案工作是为科技生产活动和科技管理活动服务的，因而条件性又叫服务性。

科技档案工作是一项技术后勤，技术保障性的管理工作。它的具体服务内容是：通过提供科技档案为搞好生产技术和生产管理工作提供技术服务；为工人、技术人员了解、熟悉和掌握本行业专业技术，提供科技档案和提供技术咨询服务；为单位生产技术负责人进行生产技术决策、组织指挥生产和组织工作当好参谋、助手等等。这些内容体现了科技档案工作属于科技服务、科技保障性的工作。现代化的大生产和科技活动离不开科技档案工作这个条件，现代科学管理也离不开科技档案工作这个条件。所以科技生产、科技管理服务的好坏，是衡量科技档案工作质量和水平的重要标志。科技档案工作存在的意义就在"服务"二字上。

（四）科技档案工作是一项机要性的工作

科技档案的内容、特点和作用，决定了科技档案工作的机要性。科技档案是整个国家档案的组成部分，也是国家机密的组成部分。科技档案有一定的机要性，特别是军事、国防、尖端技术研究等要害部门，都必须把科技档案工作的保密问题看作一个政治问题来严肃对待。《条例》第三十四条规定："各单位要经常对科技档案干部进行保守国家机密的教育，检查遵守保密制度的情况。"因此科技档案工作者必须充分认识到科技档案工作的机要性，树立高度的政治责任感，做好科技档案的保密工作，维护党和国家机密。

第二节　科技档案鉴定工作

一、科技档案鉴定工作的内容

（一）科技档案鉴定工作

科技档案鉴定工作是业务管理工作的内容之一。这项工作就是鉴别科技档案的现实和历史价值，根据价值的大小确定保管期限，把没有或失去保存价值的科技档案剔出销毁。

（二）科技档案鉴定工作的内容

科技档案鉴定工作是通过两个工作过程进行的。归档鉴定与管理鉴定。

归档鉴定是在科技文件材料归档时，由有关的科技业务部门对所归档的材料进行一次鉴定。它要决定归不归档的问题，另外还要确定归档文件的保管期限，即第一鉴定科技文件材料有没有保存价值，第二鉴定科技文件材料价值量的大小。

管理鉴定是在科技文件材料归档以后，科技档案部门在管理工作过程中，定期对科技档案进行的鉴定工作。这一步鉴定工作要解决的问题是：已过了保管期限的科技档案，有没有继续保存下去的必要，若还有利用价值，应当保存多久，如果已完全失去价值，应当怎样处理。即审查已过保管期限的科技档案的价值，把失去价值的科技档案剔除销毁。

二．科技档案鉴定工作的意义和要求

（一）科技档案鉴定工作的意义

1.通过鉴定工作，可以突出重点，便于重点保护。鉴定工作使那些失去利用价值的科技档案剔出销毁了，并且将有保存价值的科技档案区分了主次（永久、长期、短期），这样就突出了那些重要的科技档案，便于把有限的人力、物力集中用于有重要保存价值的那一部分档案，既使遇到自然灾害时，也不易使这部分宝贵的资源财富遭受损失。

2.提高库藏科技档案质量，便于发挥科技档案的作用。通过鉴定筛选科技档案，使全部库存科技档案质量水平提高。在利用方面，将那些特别有价值的科技档案从大量一般档案中分离出来，更有利于发挥作用。

3.通过鉴定工作，可以检查和促进科技档案业务管理各环节的工作。鉴定工作可以发现科技档案内容在完整、准确、系统方面的问题，也可以发现在管理方面存在的问题。因而可以检查科技档案业务管理各环节的工作。若发现了问题，采取了相应的措施，就会改善管理工作，提高管理工作的水平，也会提高科技档案质量。

4.通过鉴定工作，可以锻炼和提高科技档案人员的业务能力。鉴定工作要求了解熟悉档案内容、档案的形成过程、与档案相关的科技专业知识；要求了解熟悉科技档案管理知识，要求掌握本单位全面情况；要求掌握科技发展方针政策和科技档案有关规定。因而，它是档案人员了解家底、提高专业知识和业务能力的大好机会。

5.鉴定工作可减少无用信息的存贮量，可以减轻负担、节省开支，并为今后计算机存贮和缩微化创造条件。把失去价值的档案剔出销毁，会缓解部分库房、装具紧张的压力。同时在进行计算机存贮或缩微化工作时，也不必将大量无价值的档案存贮进去，可减少工作量，节省开支。

（二）科技档案鉴定工作的要求

科技档案鉴定工作，直接关系到科技档案的存毁命运，是一项专业性、技术性很强的工作，必须严肃对待。做好这项工作，应当符合下列要求：

1.认真贯彻执行国家关于科技档案鉴定工作的规定。

各专业主管机关要根据国务院批准颁发的《科学技术档案工作条例》的原则，制定本专业系统的科技档案价值鉴定的原则、标准和保管期限表；各基层单位科技档案管理机构，应根据本专业系统制定的科技档案鉴定的原则、标准和保管期限表，制定本单位的原则、标准和保管期限表，作为科技档案鉴定的依据；建立科技档案鉴定工作的专门组织；鉴定小组或鉴定委员会；严格执行科技档案报废销毁的审批手续。

2.科技档案鉴定工作必须明确列入单位技术管理制度中。

单位生产技术管理工作负责人必须充分重视这一工作内容。因为科技档案鉴定工作专业性和技术性都很强，单纯依靠档案人员是做不好这一项工作的。因此必须发挥科技领导干部，各有关专业的技术骨干和科技档案人员的集体作用，有领导、有计划、有步骤地进行，方可保证鉴定质量。

3.判定科技档案价值，划定保管期限，要有正确的观点。

首先要运用辩证唯物主义的全面的、发展的观点；而不是形而上学的片面的、静止的观点。即不仅考虑到科技档案对本单位有用，还应考虑到对其它单位、对整个国家科技文化事业有用；从时间上既要考虑现在的需要，又要考虑到未来的价值，不仅考虑到使用价值、还应兼顾研究价值、教育价值，不仅看到科技水平发展上的先进性，还应考虑我国当前科技发展的实际状况等等。

科技档案鉴定工作还要运用历史唯物主义的观点。应当看到科技档案也是历史的记录，它的产生与一定历史条件分不开，反映了一定历史时期的科学技术水平。特别是某些有代表性的科学技术发明创造或典型的生产、建设项目，其科技档案可能有一定政治的，历史的或科技研究的价值。我国古代的发明创造和建筑艺术的记录及文物，对研究我国科技发展史，对凝聚海内外中国人的民族感情，增强民族自豪感，推动四化建设一直起着重要作用。这些历史记录及文物毫无疑义是有价值的。

三、科技档案价值的评定

（一）科技档案的价值决定它的保管期限

科技档案鉴定工作的内容，主要就是鉴定科技档案的价值，并由价值的大小决定存毁或保管期限。科技档案保管期限，一般分为永久保存、长期保存和短期保存三个档次。我们把科技档案价值的大小叫作价值量，它的大小是相互比较产生的。价值量越大，则保管期限越长。

（二）确定科技档案价值量的几个因素

1. 技术因素：鉴定科技档案时，首先要看所记载和反映对象的技术水平的高低。技术水平越高，则价值量越大。这是决定价值量的首要因素。

2. 功能因素：相同的科技档案对不同的单位机构，功能作用不同。如一项工程建筑设计档案，对设计单位来说可能已失去先进性，但对建筑物拥有单位在使用、维修，改建、扩建、恢复方面还有重大依据作用，显然它们对该科技档案的价值量认识不一致。这是因为该科技档案所具有的功能作用不同所致"

3. 作者因素：这里的作者指科技档案的编制者、形成者，可能是个人，也可能是集体或单位，有些甚至是无名氏。国内外有名专家、学者形成的科技档案价值量就大些，委托国外设计的项目，引进的专利、生产线，合资项目，及中央直属企业、科研单位所编制的科技档案价值量也可能大些。

4. 时间因素：古代遗留下来的一张图稿，哪怕十分简单；一个水文、气象的数据，哪怕是孤立而没有联系；一个祖传秘方，哪怕没有理论根据，在今天看来都具有莫大的价值。可以说"时间"赋予了它价值量。

5. 典型因素：人类科技发展是由低到高循序渐进的。只考虑技术因素就会将过去的科技档案全盘否定。应当把记录人类科技发展史的具有代表性的、典型性的、纪念性的成果的档案保存下来。如第一辆汽车的设计档案应当保存下来；天安门与故宫的档案应当与其建筑物永存等等。即使在单位和专业系统内，也应把具有典型意义的科技档案保存下来。

以上几种因素的综合考虑，决定了科技档案的价值量，技术因素是最主要的。学会正确地、全面地、辩证地掌握和分析各价值因素，将有助于提高科技档案鉴定工作的质量和水平。

四、科技档案鉴定工作的组织和方法

（一）科技档案鉴定工作的组织

《科学技术档案工作条例》第十七条规定"鉴定工作要在总工程师或科研负责人的领导下，由科技领导干部，熟悉有关专业的科技人员和科技档案人员共同进行。

1. 鉴定工作组织：鉴定工作的组织是由科技领导干部．科技工作人员和科技档案人员组成的鉴定小组或鉴定委员会组成的。其成员必须熟悉本单位生产、技术、科研、设计和科技档案内容。这个组织是根据鉴定工作任务的需要而设立的临时机构，其成员也可变更。各单位鉴定小组要由总工程师领导，实际上鉴定小组是一个专家小组，只有这样才能保证鉴定质量。

2. 鉴定小组的任务：①组织参加鉴定工作的人员学习国家和本专业系统制定的有关鉴定科技档案的规定。②根据上级有关规定，结合本单位实际制定本单位鉴定计划，做好鉴定准备工作。③确定鉴定目的、范围、标准等，制定本单位科技档案保管期限表。④重新审定已到保管期限的科技档案。⑤把本单位失去保存价值，但对其它单位仍有利用价值档案的销毁工作。

（二）科技档案鉴定方法

1. 确定科技档案保管期限的原则

《技术档案室工作暂行通则》第十九条规定，确定科技档案保管期限的原则是：凡是在工作查考、经验总结、科学研究等方面具有长远利用价值的科学技术档案，都应该永久保存；凡是在一定时期内具有保存价值的科学技术档案，都可以定期（长期或短期）保存；凡是介于两种保管期限之间的科学技术档案，其保管期限一律从长。

2. 科技档案鉴定方法

①采取直接鉴定法。《科学技术档案工作条例》第十七条中规定："鉴定的方法是直接鉴定档案的内容。"直接鉴定法要求鉴定人员直接翻阅科技档案，对每一个保管单位内的文件材料，逐份逐张的进行审查和评定其价值。而间接鉴定法是只按科技档案的目录或保管单位名称来确定保管期限，不去查阅科技档案内容，这种方法是不可取的，因为间接鉴定法依据的保管期限表、科技档案目录和保管单位名称，不可能

将所有的科技文件材料包括无遗，也往往因为有些保管单位名称拟制得不准确而发生价值判定上的错误。

②应以保管单位作为确定保管期限的基本单元。在一般情况下，应以一个项目（一个课题；一个产品；一项工程等）的材料为基础，按保管单位考虑和划分确定保管期限。因为一个保管单位的科技档案是一组具有有机联系的材料，其保存价值大致相同，所以应该按保管单位确定保管期限。实际工作中，有的单位按单份文件或单张图纸进行鉴定，确定保管期限。这只是一种辅助的方法。

③鉴定可分"个人初鉴"和"集体审查"两步进行。第一步由鉴定小组成员按分工，分别审阅档案材料内容，将鉴定意见填写在科技档案鉴定表上（表格式样如下表）。一份完整的鉴定意见应包括以下内容：科技档案材料形成的背景情况；材料内容所反映的技术水平和历史、现实价值，其它有关情况；对存毁或保管期限的建议。为便于管理和检查，每张鉴定表都要进行编号。第二步是在个人初步鉴定的基础上，由鉴定小组负责人召集全体成员对鉴定表进行逐个审查，分析比较，并听取鉴定人对有关问题的说明，最后形成集体意见，由鉴定小组负责人在鉴定表上填写"鉴定小组意见"。集体审查时，一般只分析讨论鉴定表。如遇不明确问题或意见不同时，才调卷再一次进行直接鉴定。

3. 鉴定工作的步骤

①由科技档案部门提出鉴定工作的任务：包括需要鉴定档案的范围、数量和工作量。

②成立鉴定小组或委员会，负责全部鉴定工作。

③制定鉴定工作计划，做好鉴定的后勤准备工作。

④学习上级有关鉴定的规定，制定或修正本单位的保管期限表，统一认识，统一标准。

⑤进行直接鉴定，填写鉴定表。

⑥写出鉴定工作报告，编制移交或销毁清册，报本单位领导批准后，进行移交或销毁。

⑦科技档案部门重整账册和保管单位，重新调整柜架。

五、科技档案保管期限表

（一）科技档案保管期限表与其作用

1. 科技档案保管期限表

科技档案保管期限表，是鉴定科技档案价值，确定其保管期限的依据和标准。它是根据国家确定的有关鉴定工作的规定、制度和划分保管期限的基本原则，把一个专业系统或一个单位的科技档案概括成若干条款后所列成的表格，在表中对各个条款中的科技档案列出的名称、种类、内容、来源等分别明确规定出保管期限，这种表就是保管期限表。

2. 科技档案保管期限表的作用

鉴定工作中，在划分科技档案保管期限时，需查阅期限表，并以该表所规定的保管期限为标准。所以它像字典一样，是用来划分科技档案保管期限的一种工具。编制科技档案保管期限表的目的，是为了保证鉴定工作的质量，提高鉴定工作的效率，使参加鉴定的人员有统一的具体的准绳，避免因个人认识理解不同，掌握尺度不一而造成鉴定错误．

（二）科技档案保管期限表的类型与结构

1. 类型

科技档案保管期限表大致有两种类型：

专业系统科技档案保管期限表，是一个专业系统科技档案鉴定工作的指导性文件。由中央各专业主管机关根据《科学技术档案工作条例》和《技术档案室工作暂行通则》的规定，结合本专业系统科技档案的具体情况制定。《通则》规定："中央各主管机关负责编制本专业的技术档案保管期限表，经本机关领导人批准以后执行，送国家档案局备查，并抄送各省、自治区、直辖市档案管理局（处）"。

基层单位科技档案保管期限表是各企、事业单位，根据本专业系统科技档案保管期限表，结合本单位具体情况编制的。一般比较详尽，是专供本单位鉴定工作使用的。经本单位领导批准后执行，并报送上级主管机关和当地档案管理部门备查。

2. 结构

科技档案保管期限表一般由说明部分和条款部分组成。

文字说明部分一般放在前面，对使用保管期限表起指导作用。主要内容有编制依据、确定保管期限的原则，适用范注意事项等。

①条款部分，是科技档案保管期限表的主体，一般由顺序类和属类、保管期限、备注等项内容组成，是条款的代号。它是在确定了条款分类、排列次序以后编制的。在鉴定工作中可以用顺序号代表条款名称，简捷方便。

②条款名称。是一组内容与类型相同或相似的科技档案的总名称。条款名称要求简明确切，能够概括同一组科技档案的内容 C 表内的全部条款要能包括本系统（或本单位）全部科技档案。如果同一条款的科技档案价值不同时，为简要起见，可在下面分别注明"重要的"和"一般的"。

③类和属类。如果条款较多，可把所有的条款分成不同的类和属类，并赋予一定的名称，然后按类排列条款。如果条款不多，可以不分类。

④保管期限。在每一条款之后，列出保管期限，分永久、长期（15年以上）和短期（10年以下）三种。计算保管期限，一般是从科技文件材料处理完毕的次年1月1日算起。

⑤备注。指对条款内容及保管期限的注解．

（三）科技档案保管期限表的编制方法

1. 准备工作

学习国家关于科技档案鉴定工作的原则和规定，学习本专业系统颁发的科技档案保管期限表及有关鉴定工作的指导性文件，研究本单位的科技工作范围、任务及今后发展方向及掌握本单位科技文件材料及科技档案形成的规律、种类、作用和库存状况，确定各类科技档案在今后科技、生产活动中的不同作用。

2. 草拟期限表完成准备工作后草拟条款，初步确定保管期限。草案完成后，引发各业务技术部门讨论，广泛征求意见，特别要注意征求各专业中技术水平较高的专家、工程师等科技人员的意见，经汇总修改形成草案。

3. 领导批准

完成的保管期限表经本单位领导批准后成为正式用表，并上报上级主管机关备案。在使用过程中，还应对保管期限表随时研究记录，修改补充，使之逐步完善。

六、科技档案的移交和销毁

科技档案经过鉴定后，某些在本单位确已失去保存价值的科技档案可剔出处理，处理办法有两种：移交和销毁。

（一）移交

科技档案是国家的财富，在本单位确已无用，但对其它单位可能有用的科技档案，应同有关方面联系，进行移交。如工程设计部门的科技档案，与使用该工程项目的基建单位或同类型、同专业的设计单位等有着一定的联系。工厂的产品档案，与使用该产品的单位及生产同类产品的工厂也有一定的关系。因此，在设计，生产部门鉴定时，认为已失去技术先进性而无保存价值的档案，可能对使用单位的基建维修、改建扩建等有很大价值，或对设备维修、改革等有很大价值。另外，甲单位认为已落后的档案，对乙单位也许有用。

在移交时应填写移交清册一式二份，交接双方各存一份。在双方确定移交后，在移交清册封面上需有鉴定小组负责人签字，本单位领导人批准。在移交清册上，交接双方应加盖公章，双方经手人要在移交清册上签字，并注明交接年、月、日。

（二）销毁

经确定移交后所剩余的其它无保存价值的科技档案，可以销毁。鉴定小组要提出一个关于科技档案存毁和移交的鉴定报告，并编制销毁清册附在报告后面。报告和清册要一式三份，报本单位领导审批，经批准后，一份由科技档案室存查，另二份报上级主管机关和当地档案管理部门备案。

1. 科技档案销毁清册内容

①序号。按销毁材料的登记顺序填写。②科技档案号。是指销毁材料所在保管单位的科技档案号。③材料名称。有三种情况，如果是成套材料全部销毁，则填写该套材料的项目名称，不必逐个填写保管单位名称；如果一套材料中销毁若干个保管单位，则按保管单位名称逐个填写，如果是销毁保管单位中的某几份文件或某几张图纸，则填写文件和图纸的具体名称。④数量。按套或按保管单位销毁时，填写保管单位数；按件或按张销毁时，填写件数或张数。⑤鉴定表号。填写鉴定时填制的鉴定表号码。⑥备注。简要填写销毁原因或其它应说明的事项。

科技档案销毁清册应填制封面。封面上填注以下内容；清册名称和单位；鉴定小组负责人姓名；销毁科技档案审批人姓名，鉴定时间，销毁时间，销毁人姓名；监销人姓名。

2. 科技档案鉴定报告

科技档案鉴定报告，同鉴定工作计划一样，是鉴定工作中形成的正式工作文件其内容包括，①鉴定工作的目的和要求，②鉴定科技档案的范围（种类、项目、数量等），③鉴定组织有关情况及成员名单，④鉴定工作过程和基本做法；⑤鉴定中调整和销毁科技档案的数量⑥鉴定工作中取得的基本经验和存在的问题，⑦其它有关的问题。

3. 销毁科技档案

科技档案的销毁，由档案部门负责执行。销毁时应同保密或保卫部门取得联系，并指派专人销毁和监销。在销毁清册未批准前，准备销毁的科技档案，要严加管理。为慎重起见，在销毁清册批准后也可以缓期执行，以观后效。在销毁时必须有监销人在场。

4. 善后处理工作

鉴定以后的善后处理工作，一般要做好如下几项工作：

①将销毁的科技档案从目录（包括保管单位目录、卷内目录和各种有关的检索工具）上划掉、注明，撤掉有关的卡片，②凡是科技档案保管期限在鉴定中有调整的，应对有关的管理工具（如档案目录、保管单位封面等等）进行相应的修改，③保管单

位内文件材料有变动的，应对保管单位进行调整或重新组织，④调整科技档案的排架序列，⑤将科技档案鉴定表按编号顺序进行系统整理和排列，装订整齐，同鉴定计划、鉴定报告、销毁清单、保管期限表等材料组成科技档案鉴定工作卷，妥善保存。

第三节　科技档案保管工作

科技档案保管工作．就是在集中统一管理原则指导下。科学地维护科技档案的完整与安全，采取有效的保护技术和保管方法，限制和消除一切损坏科技档案的不利因素，最大限度地延长科技档案的工作寿命。

一、科技档案保管工作的意义和要求

（一）意义

1.科技档案保管工作，是落实集中统一管理原则的重要措施。只有做好科技档案的保管工作，科技档案的完整和安全得到可靠的保证，满足利用的需要。

2.只有做好科技档案的保管工作，才能充实科技信息资源。

3.只有做好科技档案的保管工作，才能有效地巩固收集和整理的成果，才能维护和保持科技档案的系统秩序。

科技档案日常工作，可以概括为"收、管、用"三个环节：收"是基础，是前提，"管"是手段，是桥梁"用"是目的。"管"在这里是非常重要的。没有科学的保管工作，科技档案就失去存在的条件，收集来的档案材料可能散失，利用工作也得不到保证，目的无法达到。所以，必须研究科技档案损坏的原因，总结保管工作的经验，探索保管工作的客观规律，采取一切必要和可能的措施，建立馆、室科学管理秩序，从自然的和社会的两方面入手，切实做好保管工作。

（二）要求

1.保管人员要有强烈的事业心和高度的责任感。

人的因素比物的因素重要，有再好的保管条件，没有保管人员的事业心和责任感，也难于做好保管工作。

2.要为保管工作提供必要的物质条件。

保管工作的效果和水平，同保管条件有密切的、直接的关系。为了提高科技档案的保管效果和保管水平，应该为保管工作提供必要的物质条件，并且应随科学技术和生产的发展，不断改善档案的保管条件。

3. 贯彻防重于治、防治兼施的思想。

在维护档案安全，延长档案寿命的保管工作中，防的问题是一个根本问题，要防患于未然，要以防为主、防治结合，有了问题及时治理。

4. 要为保管工作建立必要的制度保证。

要做好科技档案的保管工作，只是有了物质条件和管理人员的责任心还是不够的。必须建立一系列规章制度，使管理工作有科学的程序和依据，也使做好管理工作得到保证。这里的制度主要有保密制度、检查制度、监督制度，管理人员岗位责任制度、奖惩制度、出入库管理制度等。

5. 科技档案保管工作，应当贯彻方便利用的原则，要对重要的档案进行重点保护。

保管的根本目的在于利用，不是为保管而保管。因此，在强调保护档案的同时，还要从全局出发考虑方便利用的问题。另外，科技档案数量庞大而且范围很广，应当在整理、鉴定等工作的基础上，对重要档案进行重点保护，避免因力所不及而使重要档案受到损失。

二、科技档案的保管条件和防护措施

要做好科技档案的保管工作，只有保管制度和保管方法是不够的，还必须有必要的物质条件和防护措施给予保证。（如库房，装具，设备等。）

（一）科技档案的损毁原因

科技档案损毁的原因有两个：一个是自然因素，一个是人为因素。自然因素可以分为内因外因两个方面，科技档案制成材料的质量和保管条件保管方法。人为因素可分为管理不善和有意损坏两种情况。

从自然因素来看，载体材质优良，墨水或图纸化学成分稳定，保管寿命就能长些，保管条件好（如温湿度适宜，防护设施可靠，无光、无有害气体，无虫害等保管寿命就能长些。从人为因素看，因为物质衰变是自然规律，企图从根本上消除损毁科技档案的自然因素是做不到的。只有通过加强保管工作，改善保管条件，调动人为因素的积极性，控制和抵消不利因素，从而相对减缓科技档案损毁速度，延长其自然寿命。

（二）科技档案的保管条件

1. 档案库房

档案库房是保管档案的重要处所，有条件单独建立档案库房的单位，都要按照《档案馆建筑设计规范》所提出的要求办理。附设在一般办公楼里的档案库房，也要根据《规范》的要求，择优选择改造。对档案库房至少有下列要求：

①要建立在周围环境较好，干扰少，比较干燥而且便于利用者就近查找使用的地方。

②要建立在远离污染源（如锅炉房、化验室，有害车间、燃料库等易燃、易爆和易腐蚀地区），并尽可能远离公共场所、住宅区、交通枢纽等位置。

③库房应和工作间、办公室、阅览室等用房分开。最好要有环形走廊与外界相隔。如果是楼房，不应设在底层和顶层，以防潮湿和高温。

④对于基层单位附设在办公楼内的库房，也应经过优选后进行必要的加工改造。

⑤库区与库房内要有防火、防盗、防潮湿、防高温、防光、防尘、防鼠、防虫等设施。

2. 档案装具

档案装具是装置档案的工具。有以下要求：

①装具的设计要适应科技档案的特点，如装具的形式、大小要能够满足底图、硬板原图、胶卷、磁带、磁盘等的特殊要求。

②装具的材质要求选择坚固、不易燃，不易磨损或锈蚀、同时也不易变形的材料。如：金属材料胜于木质，木质又优于普通塑料。

③装具要轻便灵活，移动与取用方便，也便于重新组合。例如现在常用的组合式档案柜就有这种优点。

④装具要有利于充分利用库房空间。这样才能在科学合理的前提下，充分发挥库房的利用率。

3. 档案保管设备

①监测和检查设备。

②防火、空调、通风、防光、防尘、防鼠、防虫、防盗等设备。

③清扫、搬运、维护等设备。

（三）科技档案的防护措施

1. 防火

火灾对科技档案破坏性极大，防火是保护科技档案安全的一项极其重要的内容，保管工作中应特别注意防火。在这方面要做两件事：一是配备消防灭火器材；二是建立防火制度。

①消防灭火器材。包括各种灭火器、砂箱、消火栓等。有条件的要设置自动报警和灭火装置。高层建筑要设置避雷设备。

②防火制度。包括库内严禁吸烟和使用明火（如用火炉取暖、使用电炉等）；火灾隐情查报制度（对电源、线路、电器等定期检查，对易燃、易爆物定期检查并及时

妥为存放，不得乱堆等），消防器材管理使用制度，火灾抢救组织分工以及火源监视分工等等。

2. 保持适宜的温湿度

高温高湿对载体材质的损坏是很严重的，温度应保持在 14℃ -20℃，相对湿度应控制在 50%—65%。所以要求库内应安置温湿度的监测系统，随时显示出库内温湿度，以便随时调节。库内还应安装温湿度调节系统，应当备有降温除湿设备。最好装置温湿度自动调节系统。

3. 防光

光线对科技档案也有破坏作用，特别是紫外线的光化学作用会使纸张变色变脆。一般要求是防止太阳光线照射档案和对库房灯光加以控制。如设环廊、门窗装毛玻璃或花纹玻璃、挂白色窗帘、加上灯罩等。

4. 防尘

粉尘的成分是非常复杂的。它对科技档案会代来机械损伤、化学损伤和微生物损伤，所以破坏性很大。防尘办法有：

搞好绿化，防止尘土飞扬；密闭门窗，通风口设空气过滤装置，采用机械通风系统，不使自然空气直接进入库房。

5. 防虫、防鼠

虫与鼠对档案危害甚大，必须防治。防治办法一是不给它生存繁殖的条件，二是消灭。

防虫措施有：温湿度保持在害虫繁殖的临界线以下（温度低于 20℃，湿度低于60% 为库房保持清洁，装具不留缝隙，入库档案须经灭虫处理方可入库；安置杀虫剂等。

防鼠措施有：门窗严密，装具坚固平滑。柜架不靠墙，中间留间隙．安置先进的捕鼠器械库内严禁存放食品等。

三、科技档案的保管方法

科技档案的保管方法有两方面内容，一是指具体档案的保管方法，二是指库房的保管方法。

（一）对于具体档案的保管方法

由于科技档案的制成材料很复杂，形态也多种多样，要求从有利于档案的保护和方便利用出发，选择适宜于载体形态和材质的保管方法。

1. 底图

底图纸又叫硫酸纸，是用来绘制图样并晒制蓝图的。由于它的耐久性能较差，再加上晒图机高温的影响，它的机械强度和耐久性又有所下降，容易脆裂破碎，再加上幅面大小不同，很难保管。对底图保管的要求是：能多次复制出清晰，准确的蓝图。一般保管方法如下：

①平放。底图按套分类，按顺序平放在多层抽屉里，外面用标签标明底图的名称和档案号。底图平放有利于保护也方便取用。一般底图还须扎边或贴边，以免撕裂。这种方法占用库房面积较多，且需要特制多屉底图柜，底图分套可按隶属关系也可按专业或图幅。按隶属关系分套分类排列，就是以一个工程项目，或一个产品设计，或一套工艺设计为单位，按它们的结构层次（如机械产品的组件，部件、零件）分别将底图组合起来，按照层次之间的隶属关系由上到下顺序存放。在每一个组合之间，可用异色纸隔开，上面注明机型，工程代号、工序和图纸编号，用小夹子夹起来，以便调用。

②卷放。对那些基本上不用或不常用的底图9可以按套或按保管单位卷起来，捆扎后装入筒里（硬纸筒、塑料筒、金属筒再置于柜中。这种方法节省库房和底图柜，但取用不便。

③塑料底图的保管。塑料底图机械性能比硫酸纸好，但也容易老化，不宜折叠和卷放，应当平放。

2. 蓝图

蓝图一般都用优质纸张，可以折叠保管，放在卷、册、袋、盒内。折叠的幅面以机械制图的 4 号图幅面（ $210 \times 297mm$ ）为标准。左面留出装订线，图纸的标题栏要露在右下角。折叠的图纸应向图纸正面以手风琴风箱式方法折叠，不宜反折，要求四边整齐美观。在保管上可装订保管，或盒式散装保管。装订时要用特制的纸（布）夹作外皮。因图纸折叠的关系，使右面厚左面薄，装订时要在左面加厚纸衬，使左右平整。一般蓝图归档两套，经常借用的一套散装，备查的一套装订。蓝图的组合，可以按隶属关系也可按专业组合保管，无论装订或盒装均须按图纸目录固有顺序排列编号。

3. 磁带

磁带是科技档案的重要载体，特别是现代化的信息记录和管理手段的广泛使用，使磁带的数量愈来愈多，成为不容忽视的一种档案载体。磁带的保管方法有以下几方面：

①特制专门的小格式柜子，每格平放 5 盒磁带为宜。柜子、格子、盒上均须编号，每盒装一盘磁带，外面贴上注明磁带内容和编号的标签，以便查找。

②磁带必须每盘装一盒，要求盒子密闭防尘。盒子要求平放，使磁带受力均匀不易粘连。每格存放数量不宜过多，避免受压，不通气。

③磁带对紫外线很敏感，应避免阳光照射。还应避免高温，高湿对磁层的破坏。

④避免接近电气装置，要防止外来磁场的干扰，造成磁带消磁。

⑤在保管工作中，要注意避免摔碰摩擦。

4. 胶片

构成胶片片基和乳剂层的化学成分性质很不稳定，不仅怕高温、高湿，而且怕低温、低湿，怕酸性气体。在保管时要求：

①卷片应盘卷在塑料芯轴式片盘内装盒，密封平放保管。在盒面上贴上供检索用的标签，然后按五盒一组装入特制的柜子里，盒与盒之间的排列必须照顾到联系。

②平片的保管要装入用纯净而有弹性的线张做成的封套内，然后将封套立放在特制的盒子内，再将盒子立放排列在平片柜内。也有不装盒，而装在簿中的。盒子（或簿夹）封面和背上要贴上检索标签，以备检索。

③保存胶片的场所要有调节温湿度的装置。温湿度要保持在 10-18℃，50%—60% 之间，不能高也不能低，否则，将对胶片产生破坏作用。

（二）对于库房档案、柜架排列等的管理

1. 科技档案经过系统整理以后，要入库上架，排架序列应按照类别、项目、项目内保管单位的顺序依次排列。排架方法应该同其管理分类方法相一致，这是排架的基本原则。具体排列上架时，应按照类别和保管单位的次序，自左向右，自上而下地进行排列，以便管理和查用。另外，档案柜架的每个档格都不宜排列过挤，避免卷皮擦伤。为便于清理、倒策和日后增补的需要，应预留一定空位。

2. 柜架排列管理方面应注意：避免直接靠墙，柜架之间留通道，应保持 0.9—1.2 米的宽度。通道形式应取迂回式。这样便于管理、通行、取放、检查等。

3. 库位管理方面，要求根据科技档案分类和排架的要求，对库房进行合理的房间划分和保管区段划分，对不同类别的科技档案实行定位管理。为方便管理查找，可绘制库位平面图和编制库位索引（包括库位号、科技档案类别、档案号，名称等内容）作为库位管理的指南。

4. 出入库的管理，应随时掌握科技档案的库藏量.借出量、阅览量、移出量、销毁量等。科技档案借出时，要在代卷卡上进行登记，返库时，注销代卷卡，档案及时归入原库位，严格保持原排放秩序。

四、有关保管工作制度

（一）保密制度

为了保护国家机密，贯彻和执行党和国家的保密政策和保密制度是保管工作中不可忽视的方面。制定保密制度的依据，是国家和上级专业主管机关的有关规定。制定

保密制度要同单位保密部门或保卫部门取得联系，互相配合，要经主管领导批准。保密范围和保密等级要划准，不能偏高或偏低。要不定期地进行保密检查。由于科学技术发展很快，科技信息更迭周期缩短，要注意及时降密和解密，以免影响科技档案发挥作用。还应注意对绝密档案实行专人、专柜、专库保管，闲人免进。

（二）检查制度

科技档案部门每年应对科技档案的保管状况进行一次全面检查。检查的重点是科技档案、资料有无丢失、损坏和错位等保管方面的漏洞。另外，也应把库房管理、保密情况、借阅制度等情况作为检查的内容一并进行，通过检查，可找出问题，改进工作，健全制度。除定期检查外，还应在遇有特殊情况或发生意外事件时进行随时检查。先组织专门的检查班子，检查时做好记录，检查后写出报告，采取补救措施。

（三）科技档案修改和补充的监督制度

科技档案的修改、补充，属于技术性工作的范畴，是技术部门和技术人员职责范围的事情，科技档案室的任务是按修改和补充制度给予监督和协助。

第四节　科技档案统计工作

一、科技档案的统计工作

科技档案的统计工作，是运用统计学原理以数字形式揭示科技档案的库藏状况和管理状况。

任何一项工作都离不开统计工作。科技档案的统计工作是对科技档案的基本情况、档案管理工作的水平和业务状况进行统计、分析、综合的工作。没有系统的、连贯的、准确的统计，就很难对科技档案工作做出评价和定性、定量分析。因此，它是对科技档案进行科学管理的重要手段。

（一）科技档案统计工作类型

科技档案统计工作，从统计对象和统计范围来说，可以划分为两种类型，宏观统计工作和微观统计工作。

1.宏观统计工作

宏观统计工作是对国家的、地方的和专业系统的科技档案的数量、管理、利用情况以及科技档案事业的发展情况进行统计调查、统计整理和统计分析。科技档案宏观统计工作的基本任务是：为科技档案事业的宏观决策、规划管理和业务指导提供具有依据作用的统计信息，为党和国家提供系统、准确的科技档案和科技档案事业发展情况的统计资料，是发展科技档案事业的有效工具。

2. 微观统计工作

科技档案微观统计工作，是指基层企、事业单位，专业主管机关和科技专业档案馆，对本单位的科技档案和科技档案管理工作所进行的统计。

（二）科技档案统计工作的意义

1. 正确的统计，可以为各级档案部门提供计划工作、了解情况、检查工作的依据。消除工作的盲目性。

2. 通过统计工作，可以科学地、客观地检验科技档案工作各方面的质量，便于发现问题，及时解决。

3. 统计工作可以反映出科技档案的利用效果。

4. 科技档案的统计，可以使科技档案工作人员掌握和熟悉"家底"及了解工作状态，做到胸中有数，及时改进管理工作。

5. 通过统计工作，可以使上级机关了解下情，加强领导对科技档案工作的情况领导。

6. 连续性的统计工作，为研究科技档案工作规律提供了可靠依据，有助于科技档案理论研究的深入。

（三）科技档案统计工作的要求

1. 要有明确的目的性

统计是为一定的目的服务的，如果没有明确的目的性，就会形成为统计而统计，最终流于形式。因此，一定要根据本单位的实际情况，实事求是地建立统计工作，确定统计项目，兼顾需要和可能，有目的地确定统计内容，做好统计工作。

2. 要具有准确性

统计工作是用数字来表述事实的，必须十分准确。数字的真实性、准确性是统计工作的生命，失去了准确性和真实性的统计不仅毫无意义，甚至是有害的。为了汇总统计的准确性，还要求各种统计报表要及时。

3. 要保持连续性

为了能对科技档案工作的发展变化进行历史地、系统地、全面地分析，要求统计工作必须有始有终，对有关内容的统计不能间断，否则将使统计数据失去利用价值。

4. 建立和健全科技档案工作各项登记制度

统计工作是建立在日常登记之上的，没有准确、完整的登记，就不可能有正确的统计，所以应当在科技档案的收进、移出、整理、鉴定、保管、编研、利用等过程中，作好登记工作。

5．要注意进行分析研究

统计工作的目的不是为了取得统计数字，而是要对统计数字进行分析、研究，从中总结经验，发现问题，分析矛盾，探索规律，改进科技档案工作，提高管理水平。

二．科技档案统计工作的程序

科技档案统计工作的程序，一般分为科技档案统计设计、科技档案统计调查、科技档案统计整理和科技档案统计分析四个步骤。

（一）科技档案统计工作设计

1.科技档案统计工作设计的含义

统计工作设计就是根据科技档案统计工作的目的要求，对全部工作过程预先制定实施方案的活动。

2.科技档案统计工作设计方案内容

①确定科技档案统计调查对象。这里是指，是宏观统计呢还是微观统计，是综合全面统计呢还是就某一项工作的专门统计等。

②建立统计指标和指标体系。为了对统计调查对象进行统计，必须确定需要统计哪些方面的数据，这就是统计指标。只有单一的统计指标，不能全面地反映出科技档案和科技档案工作的状况。因此，必须把多个统计指标组合起来运用。这种组合就构成了科技档案统计指标体系。

科技档案统计指标体系，一般由科技档案、科技档案人员，科技档案利用、科技档案保管条件、科技档案管理主要设备五部分组成。而其中科技档案统计指标包括：总数量（卷折合长度（米）；底图（自然张）和折合成 1 号图纸（每张特种载体档案数量（盒）等。科技档案利用统计指标包括：利用人次（人次）、利用卷次（卷次）、利用经济效果（元）等。其他几部分也都有各自的统计指标。

③制定调查方案和汇总方案。在统计调查开始前要制定调查方案。内容有调查目的（说明收集统计数据，进行统计调查的目的）。调查对象、调查内容（一般用表格形式表示出来），调查数据的起止时间填表说明等。

（二）科技档案统计调查

科技档案统计调查是有计划、有组织地向被调查对象收集科技档案统计数据的工作阶段，它根据科技档案统计设计中提出的具体要求来执行。

统计调查按照组织形式，可以分为统计报表和专门调查等。按照统计范围，可以分为全面调查和抽样调查等；按照统计时间又可分为经常性调查和一时性调查等。

（三）科技档案统计整理

把科技档案统计调查中收集起来的一个个材料整理到汇总表中，使原来只能表明个体特征的统计资料加工成为能表明总体特征的工作过程，叫作科技档案统计整理工作。

统计整理工作的基本工作内容包括：

1. 对科技档案调查材料进行审核，纠正原始报表中的逻辑错误与计算错误，检查其是否完整、准确。

2. 按照要求分组，对各项统计指标进行汇总和加工计算。

3. 编制、填写出汇总表

（四）科技档案统计分析

科技档案统计分析就是对经过加工整理的科技档案统计材料进行分析研究的工作。它的基本任务是揭示科技档案和科技档案工作的发展规律，从而做出科学的预测和结论。

按照分析的内容和范围不同，科技档案统计分析可以分为专题分析和综合分析。

统计分析基本过程如下，①按照科技档案统计分析的目的，拟定分析提纲；②收集科技档案统计整理材料；③采用定性和定量统计分析方法，进行分析、比较；④找出影响科技档案工作开展的关键因素，⑤做出科学的结论，提出解决问题的方法，形成科技档案统计分析报告。

三、基层科技档案统计工作的内容和统计方法

（一）基层科技档案统计工作的内容

1. 基本情况统计

通过填报档案行政管理机关制发的统计报表来进行。内容为，科技档案机构的数量、类型、专兼职人员数量、构成情况（政治结构、文化结构、年龄结构等等）、保存科技档案的数量和内容成分等。

2. 科技档案的数量统计

这种统计，主要包括科技档案的收进、移出、销毁、保存等项目。一般是通过总登记簿或分类登记簿以及移出、销毁清册等进行统计。

3. 科技档案鉴定情况统计

这种统计可以反映出库藏科技档案的价值情况。它分别对永久、长期、短期保存

的科技档案作出数量统计，还要统计销毁档案的数量。

4.科技档案利用情况统计

包括利用效果统计、采用率统计、人次统计等。为搞好这项统计工作，应当建立"利用效果记录卡"，由利用者及时填写。另外，应十分重视"利用登记簿"的填写。

除上述常见的统计外，科技档案部门还可根据上级要求或工作需要，进行其他有关内容的统计，如科技档案保管工作质量的统计等等。

（二）科技档案的统计方法

1.确定统计的内容和项目

如确定内容为库藏数量统计和利用工作统计。统计项目则分别有，库藏量、移出量、鉴定剔出量、封存量、借出量、阅览量、复印量、对内供应量、对外交流量、利用率，复用率，利用效果等。

2.统计调查

根据已确定的统计内容和项目，需要进行一系列的收集、登记和占有统计资料或原始统计数字。这种占有统计材料的过程就是统计调查。统计调查分经常性调查和专门调查。经常性调查即指日常工作中的各项登记。登记是一项工作的原始记录，统计则是定期对这种记录的归纳和概括。没有登记工作作基础，统计无法进行，只登记不统计登记将失去意义。统计调查可分为：基本情况统计报表、专题普查、重点调查、抽样调查和典型调查等多种形式。

3.归纳整理

归纳整理是对统计调查所取得的材料进行分类、归纳和综合。然后按确定的统计内容的项目分类计数，把数据结果填入统计报表。

4.分析对比

对统计调查和归纳整理的数据进行分析研究，为科技档案及科技档案工作管理的状况、发展变化规律、工作质量和水平提供科学的数量化的依据。为今后改进工作进行决策提供科学依据。

第七章　科技档案信息资源的开发利用

科技档案是一种重要的科技信息资源，为了使这一资源转化为现实生产力，直接为四化建设服务，必须大力开发利用这一信息资源。开发利用科技档案信息资源，充分发挥科技档案在社会主义现代化建设中的作用，是科技档案部门的一项光荣而艰巨的任务。实现这一任务，必须做大量的工作，需要各方面的条件。本章主要讲述科技档案信息资源开发利用及其条件，科技档案的检索、科技档案的编研、科技档案的提供服务等四个方面的内容。

在开发科技档案信息资源过程中，建立检索系统，开展档案编研，实质上是对科技档案进行的加工处理，其目的是搜寻和提供较为系统、集中或有较高价值的科技档案信息，为用户利用科技档案信息创造必要的条件，至于如何把这些科技档案信息及时、准确地送到用户手中，这便是科技档案利用服务所要解决的问题。在多年的科技档案利用服务实践中，科技档案工作者采取了多种利用服务的方式，取得了较大的社会效益和经济效益。

第一节　科技档案利用服务的内容与要求

科技档案利用服务，与建立检索系统、开展档案编研是科技档案工作者开发科技档案信息资源不可分割的两个方面，两者相互衔接，相互促进，其目的都是为了方便用户的利用，实现科技档案的价值。

一、科技档案利用服务的内容

科技档案利用服务，也称科技档案提供服务。它是指采取多种有效的方式，直接提供科技档案及其信息成品，及时、准确地满足用户对科技档案的利用需求。

科技档案利用服务的主要内容是：熟悉库藏科技档案的内容与成分，了解企事业单位的业务活动及业务流程，掌握用户对科技档案信息的需求，通过档案咨询、接待等服务方式，把经过筛选鉴别、整序编研出来的科技档案及信息成品提供给广大用户，满足其利用需要。

前已阐述，科技档案信息资源开发的主体是由科技档案工作者与用户共同组成的，而科技档案利用服务正是连接两者之间的桥梁，科技档案工作的服务性也正是在科技档案利用服务中直接体现出来的。因此，科技档案部门必须重视科技档案利用服务，并将此建设为科技档案工作的"窗口"，从而树立科技档案部门的良好形象，用户也可以更好地了解科技档案和科技档案工作，获取所需要的科技档案及其信息。

二、科技档案利用服务的要求

科技档案利用服务的要求，概括起来主要有以下四个方面：

1. 主动性

存贮在科技档案中的信息，内容广泛，门类众多，仅仅依靠用户到科技档案部门查阅，会极大地限制科技档案作用的发挥。科技档案工作者应改变过去"为用户找档案"的陈旧思维模式，确立"为档案找用户"的新观念，抓住企事业单位科技生产活动信息需求量大的特点，主动上门为各部门服务，采取各种方法、手段和技术，使蕴藏在科技档案中的静态信息与生产力各要素紧密结合，转化为现实的生产力。

科技档案工作者主动开展利用服务，其前提必须是要"知己知彼：一方面，要求他们熟悉库藏科技档案的种类、内容与成分，对哪些科技档案能为科技生产活动提供参考和依据，做到心中有数，才能全面地挖掘出科技档案信息的价值；另一方面，要求他们了解并掌握科技档案用户的利用需求规律和特点，能根据不同人员的不同需要，准确地提供利用服务。

2. 时效性

加强科技档案利用服务的时效性非常重要。首先，科技档案作为一种信息资源，如果长时间被束之高阁，得不到及时的利用，很大一部分科技档案信息就会失去利用价值，造成科技档案信息资源的极大浪费。其次，时间对于企事业单位来说，意味着机会和效益，在决策、研发、生产、经营等活动中需要及时获取各种信息，以满足竞争和发展的需要。

科技档案工作者及时提供利用服务，除了要熟知科技档案种类、内容、特点及用户利用需求两方面的因素外，还要熟悉企事业单位各种工作流程，以便科学地预测，把科技档案利用服务渗透到企事业单位的各项工作流程中。

3. 社会性

科技档案利用服务的社会性要求，是指面向全社会的运行机制，这不仅是科技专业档案馆，同时也是基层科技档案机构科技档案利用服务的一个发展趋势。一方面，信息是现代社会的一种战略性资源，科技档案信息不仅对企事业单位内部有用，对外部社会也有着重要的作用；另一方面，每个企事业单位自身形成的科技档案为其所独有，因而是稀缺资源，对外提供能为企事业单位带来经济效益和社会效益。从某种意义上讲，社会化程度也是衡量档案馆（室）利用服务水平的重要标志。

可以预料，随着未来社会的发展，科研院所、高等院校、工矿企业等单位与社会联系的加强，社会上利用科技档案的人员会越来越多。科技档案工作者应把目光放的长远一些，认识到利用服务社会性的发展要求，并作出相应的准备。

4. 安全性

无论是科技专业档案馆，还是基层科技档案机构，所保存的科技档案在一定时间和空间范围内，都会带有一定的秘密性。因此，在主动提供利用服务时，特别要注意保证科技档案信息的安全。

要保证科技档案信息的安全，必须对科技档案信息内容与科技档案用户采取区别对待的原则，并加以严格的控制。首先，对不同机密程度的科技档案信息要分别对待。比如，一般的科技档案可以提供阅览、借阅，技术专利、产品配方等的科技档案则须严格保管，只有具有利用权限的用户才能查阅。其次，对不同的科技档案用户也应区别对待。在档案馆（室），科技档案信息的密级高低与利用是相对的，没有绝对机密而不能利用的科技档案信息。所谓机密性，是指科技档案信息被控制在一定的用户范围内，密级越高，用户范围越小，密级越低，用户范围则越大。因此，要保证科技档案信息的安全，对不同级别的用户应分别对待，授予不同的用户以不同的利用权限。

要做到对上述两因素的有效控制，必须采取可行的措施，如实行完整的利用登记制度，制定利用奖惩措施，鼓励积极利用档案，惩罚借利用之名，行窃取情报之实的行为等等；特别是要把有关规定、办法等写入企事业单位的各项规章制度中，并建立相应的监督体系，以此来保证实施。

三、科技档案利用服务的制约因素

科技档案利用服务，受到档案部门内部和外部的多种因素制约，必须认真研究这些因素，理顺各种关系，才能使利用服务工作有效地开展起来。

1. 利用与保密的关系

做好科技档案利用服务工作，是科技档案工作的根本目的；保证科技档案的安全，特别是保守科技档案机密，是科技档案利用服务乃至整个科技档案工作必须遵循的基本原则之一。然而这两者之间存在着一定的矛盾。

（1）保守科技档案机密的根本原因。科技档案是国家或企事业单位科技机密的一个重要组成部分。科技档案的机要性，是由科技档案的内容性质所决定的，主要表现在以下两个方面。

一是科技档案的经济性。科技档案产生于国家经济建设的各个领域，记录和反映了企事业单位的各种科技活动内容与各项科技成果。随着我国正式加入 WTO。，企业与企业之间、行业与行业之间、地区与地区之间的竞争不断加剧，要想在竞争中处于有利地位，就必须充分发挥自己的科技优势，合理使用和保护本单位、本部门、本行业、本地区的尖端技术和科技成果，从而使自己保持在科技上的领先地位或提升竞争能力，这就需要适当地保守有关的科技档案机密，避免因泄露科技秘密而有损单位、部门、行业或地区的利益。

二是科技档案的政治性。这是科技档案经济性的最高表现。由于人类社会的各类政治矛盾无不源于经济利益的冲突，而科技档案的许多内容又与各种经济利益有着最为直接的联系，因此，从政治矛盾的基本性质出发，我们就不难发现，科技档案机密在阶级与阶级、国家与国家之间，更多地体现在政治上。在我国，科技档案是国家财富的重要组成部分，其内容体现了整个国家的利益，这一点在国家各类尖端技术生产科研部门和军事设施设计建设部门表现得尤为突出。所以，从国家的角度强调保守科技档案机密，实际上是突出科技档案内容的政治性，这在当今纷繁复杂的国际环境下是非常必要的。那种认为科技档案无密可保或忽视科技档案机密政治性质的观点是不非常利于国家安全和政治利益的。

（2）利用与保密是辩证统一的关系。开发利用科技档案和保守科技档案机密，是党和国家赋予档案部门的两个不同方面的重要职能，都具有一定政策性和科学性，二者之间的关系是辩证统一的。

首先，利用和保密都是相对的。开发利用科技档案，是科技档案工作的根本目的，科技档案的利用是否科学有效，直接影响到科技档案工作的效益及其存在的价值。但是，毫无限制地利用科技档案，任何人在任何情况下都可以随意利用科技档案，是不符合我国现代化建设的根本利益的。这种"利用"并不是科学意义上的开发利用，它缺乏利用科技档案中所规定的目的性，是盲目和无原则的"利用"。因此，毫无原则和毫无控制地利用科技档案对我们的各项工作是有害无益的，这就必须要引入适当的控制机制。从科学管理的角度来看，保守科技档案机密，实际上是一种控制手段，同时也是开发利用目的的组成部分。

但是，毫无政策性地扩大保密范围，使科技档案保密绝对化，则无异于禁止科技档案的利用。科学正确的保密观念和保密措施，应当有助于科学有效地利用科技档案，对开发利用起着良好的促进和控制作用。因此，要进行科技档案的利用，就必须同时做好科技档案的保密工作；保守科技档案机密，也必须在有助于促进开发利用的前提下进行。特别应指出的是，开发利用科技档案与保守科技档案机密，二者都是为现代化建设服务的，应当在这个基础上协调好两者的关系。

其次，利用和保密的政策性和科学性也是一致的。利用科技档案与保守科技档案机密，都是政策性和科学性很强的工作，在利用科技档案的过程中，二者的政策性和科学性是统一的，这是因为二者的根本目的是一致的。当然，在具体的工作中，保守科技档案机密更侧重于突出政策性，而科技档案利用则更强调科学性，这实际上是科学有效的要求在两个工作方面的不同体现。重视保密的政策性和利用科学性的统一，有以下四点需要认真地对待：一是正确划定保密的范围，保密不仅不能影响科技档案的正常利用，而且还应促进科技档案利用更为科学有效地进行。二是在保密范围内也要开展科技档案利用，保密不等于完全封闭，即使密级最高的科技档案，也应是要在一定范围内利用的。因此，对于保密的科技档案，必须依据其密级确定相应的利用范围以及需办理的相关手续。三是保密是有时间性的，科技档案的机密等级不是一成不变的，随着时间的推移和科学技术的不断发展，原定的密级会逐步降低直至完全开放。科技档案机密的时间性要求档案部门及时做好科技档案利用范围的调整和利用手续的简化。四是单纯源于科技档案经济性的保密，档案部门可以通过有偿服务的方式从受让方得到必要的经济补偿，从而使保密与利用的矛盾在经济杠杆的作用下得到有效的解决。当然这只局限在部分科技档案的范围之内，对于那些有关国家利益的科技机密，是不可能用金钱来衡量的。所以，科技档案的有偿服务只是处理保密与利用关系的一种特殊形式。

综上所述，在利用和保密两者关系的处理上，对保密放松警惕或不负责任的轻率态度是必须要克服的；把保密与利用对立起来，使保密扩大化、绝对化的做法也是必须要加以纠正的。

2. 针对性与多元化的关系

提高科技档案利用服务的质量，既离不开服务对象与服务内容的针对性，也离不开服务方式与服务手段的多元化，更离不开这两者的有机结合。

科技档案形成于科技生产活动中，其管理和利用的最终目的同样是服务于科技生产活动。因此，科技档案利用服务必须直接针对科技生产活动的客观需要来展开。有针对性地服务，主要表现为两种形式：一是科技档案利用服务的经常性，二是科技档案利用服务的偶然性。前者是指科技档案利用服务，应立足于那些经常性的利用需求；后者是指这项工作还应满足某些专门的特殊利用需要。科技档案工作者要把为那些经常利用档案的部门和人员服务作为工作的基础，提高服务的质量；把根据特定需要开展的特殊服务作为拓宽工作范围的契机，从偶然性中发现必然性，将一些偶然提供的专门服务，转化为经常性的利用服务活动，从而明确科技档案利用服务的范围。

多元化服务是针对性服务要求的必然补充，它是由科技档案的特点和用户对科技档案信息需求的特点决定的。一方面，科技档案门类众多、载体复杂；另一方面，利用科技档案的部门和人员种类多、数量大，往往带有不同的利用目的。多元化的档案内容和形式、多元化的利用需求，必然要求科技档案工作尤其是科技档案利用服务工作以多元化的服务方式与之相适应。多元化的服务，主要表现为两个层次：一是提供利用服务方式的多元化，即采用出借、阅览、复制、咨询等多种方式开展利用服务；二是提供给用户利用的信息内容多元化，包括综合档案信息和其它非档案信息。

现代社会信息综合集成的趋势越来越明显，单纯的科技档案信息利用，已不能满足用户所有的信息需求。以现代企业为例，企业信息流的成分十分复杂，除了内部形成的被记录下来的原生信息外，还包括其它形式的，来源于报纸、图书、资料等载体的政策、技术、标准、人才等信息，单纯的科技档案或档案利用服务肯定不能胜任企业信息服务的全部职责，档案利用服务只是企业信息服务工作的一部分。档案部门应同图书、情报以及其它业务部门密切配合，采取跟踪服务、定题服务等多种形式，把整合集成的信息提供给用户。

在多元化服务的过程中，科技档案工作者应认识到：第一，科技档案信息是信息"家族"的重要组成部分，其真实性、准确性独占鳌头，无可替代；第二，科技档案信息必须与其它信息综合运用，才能全面发挥其价值；第三，科技档案信息必须在利用服务中保持相对的独立性，以保证科技档案信息的安全。

实践证明，凡是在科技档案利用服务方式上走针对性与多元化相结合道路的档案部门，科技档案工作就充满生机、富有活力，最终取得了良好的经济效益和社会效益。

第二节　科技档案用户分析

科技档案信息资源开发离不开科技档案用户的利用，科技档案用户的利用需求及心理，决定着科技档案信息资源开发的活动规律，影响科技档案利用服务方式方法的选择。所以，科技档案工作者在熟悉库藏的基础上，还应了解科技档案用户的需求与心理特点，并进行适当的引导，以便提高科技档案利用服务的主动性、针对性和及时性。

一、科技档案用户

科技档案用户，是指需要利用科技档案及其信息的国家机构、社会组织或个人。科技档案信息发生作用，固然是科技档案信息本身具有价值，但也离不开用户的利用，可以说，用户是科技档案工作赖以生存和发展的前提条件。

科技档案用户有多种类型。从利用行为发生与否看，科技档案用户可分为潜在用户和现实用户，前者指有利用科技档案的需要，还未付诸行动的用户，后者是指现实使用科技档案的用户；从用户范围看，科技档案用户分为内部用户和外部用户，前者是指科技档案形成单位的部门或个人，后者是指科技档案形成单位之外的用户；从利用频率看，科技档案用户分为核心用户和一般用户，前者是指经常利用科技档案的、比较稳定的用户，后者是指不定期或偶尔利用科技档案的用户；从用户利用过程看，科技档案用户分为直接用户和间接用户，前者是指直接利用科技档案的用户，后者则是指委托他人代理进行科技档案利用的用户；从用户的职能看，科技档案用户分为计划决策人员、基层管理人员、科研人员、工程技术人员等。

二、科技档案用户需求及导向

科技档案用户需求是社会需求的一种，它是用户在社会实践活动中产生的、对科技档案及其信息的需要或追求，也称科技档案利用需求。利用需求一旦被用户意识到，便会产生一定的利用行为。

1. 科技档案用户需求的内容

（1）对科技档案的需求。包括对科技档案内容的需求和对科技档案质量的需求。对科技档案内容的需求，是用户对科技档案的最基本的需求。用户利用科技档案的目的就是借助于一定的信息内容，对自己的工作有所帮助；对科技档案质量的需求，是指用户需要的是完整、准确、系统的科技档案信息，而不是片面、混乱、零散的信息。为此，档案部门需要做好日常的收集、整理、鉴定、著录标引和编研工作，提高科技档案的质量。

（2）对科技档案利用服务的需求。一般情况下，用户不熟悉科技档案的情况，需要由档案部门担当中介，把用户和其所需要的档案联系起来，有效地满足利用需求；对利用服务的需求，一般包括：对服务方式的需求、对服务时间的需求、对服务针对性的需求和对利用方便性的需求等。

2. 科技档案用户需求的层次

从科技档案用户需求的运动过程来看，它经过了客观需求和表达需求两个层次。

（1）科技档案的客观需求。科技档案利用需求首先表现为客观需求，它是用户在各种活动过程中产生的，是由活动的性质所决定的。当用户遇到问题时，便产生了科技档案客观需求的状态，这是一种表现为不舒服、未得到满足和缺少某种东西的紧张状态。从用户对客观需求的认识来看，客观需求分为两类：一种是用户没有明确认识自己的客观需求，这时的客观需求存在于潜意识之中，我们称之为潜在需求；另一种是用户认识到了自己的客观需求，此时的客观需求我们称之为认识需求。

（2）科技档案的表达需求。用户的客观需求被认识以后，就会以口头或书面的形式向档案部门表达自己的需求，即产生一定的利用行为，这时的客观需求也就发展为表达需求。根据表达需求所表达内容的不同，它常分为指名需求和主题需求两类。

指名需求专指度较高，一般可作为直接查找的线索；主题需求是用户只能给出主题内容的表达需求。通常，表达需求表现为主题需求时，应首先完成向指名需求的转化，然后才能进行科技档案利用的行为。

潜在需求、认识需求、表达需求三者之间的关系是：

潜在需求 ≥ 认识需求 ≥ 表达需求

这说明科技档案需求的潜力是巨大的，但表达需求只是其中的一部分，甚至是很小的一部分。因此，科技档案部门对用户进行需求的导向，引导用户完成由潜在需求向表达需求的转化是十分必要的。

3. 影响科技档案用户需求的因素

用户需求受多方面因素的影响，分析这些因素有利于我们正确认识和了解利用需求及其变化规律。

（1）科技生产活动的因素。科技生产活动是产生科技档案利用需求的强大动力，科技生产活动的性质决定了利用需求的具体内容，包括所需科技档案信息的内容、服务方式、服务时间等。

（2）用户工作职能的因素。同一活动过程中，人员的分工不同，即职能不同，利用需求的具体内容和程度也不相同。

（3）科技档案工作的因素。即科技档案部门及其工作人员的服务能力。包括：档案部门及其工作人员是否考虑到服务对象的任务、特点，服务是否具有主动性、针对性、时效性；科技档案利用程序是否合理，手续是否简便，检索工具是否科学有效，利用手段是否完备，查全率、查准率如何，等等。

（4）用户个人的因素。用户的档案意识、知识水平、业务能力、工作经验等，都在一定程度上影响着利用需求的产生和实现。一般说来，那些档案意识强、知识水平高、业务能力突出、有利用档案经验的用户，对科技档案的需求相对较多。

（5）社会因素。社会政治、经济、科学、文化等领域的巨大变化，往往会对科技生产活动产生影响，也会对信息交流的方式产生影响，从而影响到科技档案需求的产生和实现。

4. 科技档案用户需求的特点

科技档案用户来源复杂，涉及面广，但同一用户群体也表现出相似的需求特点和利用规律。这里选择一些主要的、有代表性的用户略做分析如下。

（1）从事应用研究和生产工艺技术的工程技术人员。这类人员一般是科技档案部门的核心用户，他们的文化素质较高，档案意识也较强。工程技术人员进行应用技术的研究，从事具体的生产技术和生产工艺性质的活动。其对科技档案的利用需求经常表现出如下特点：

A. 从档案信息的性质来看，要求具有针对性强和内容具体的信息材料，如查用某个具体的图形、数据、表报等。

B. 从档案信息的内容来看，比较注意专利文件和标准化材料，需要同类课题、同类项目或同行业的最新信息。

C. 在利用时间上，要求迅速和及时。

（2）从事基础科学研究的科研人员。这类用户的工作探索性、继承性很强，工作周期较长。因此，他们往往是档案部门的"常客"，属于现实的、核心的、直接的用户。其利用需求的特点是：

A. 从利用信息的范围来讲，利用需求相对稳定，通常表现为对某一个或某几个相关主题的档案信息需求。

B. 从利用信息的形式来讲，更愿意使用原始材料

C. 查全率要求较高，要求利用关于某一专题的完整、准确、系统的成套材料。

D. 在利用时间上，相对宽松。

（3）从事教育工作的专家、学者。大专院校的专家、学者一般都身兼教学和科研两项任务。由于教学的需要，他们要把本学科的基础理论知识与最新的发展成果系统地向学生传授，要不断地编著出各种既反映学科发展过程，又反映未来发展趋势的教科书。另外，由于科研工作的需要，他们也需要在各自学科的某一领域潜心钻研。因此，他们一般也是现实的、核心的、直接的用户。其利用需求有如下特点：

A. 从利用信息的来源来看，通常多为教案、会议文件、专利、标准等，并与中外文期刊结合起来。

B. 从利用需求的表达来看，表达需求一般能准确地反映客观需求。

C. 在利用的时间上，限制较少。

（4）从事科技管理的计划决策人员。这是负责调研计划和论证决策的用户。根据不同层次和不同职能部门的不同需要，计划决策工作既包括对特定的某个专题、某项任务或某项措施等具体技术问题的计划决策，也包括对综合性的、范围较广的方针、策略甚至战略等的计划决策。这类用户常以间接用户的身份出现，其利用需求有如下特点：

A. 从档案信息的性质和范围来讲，要求利用综合性的、可靠的、涉及面比较广泛的档案材料。

B. 从档案信息的内容来讲，有两方面的材料是计划决策人员共同关注的：一是科技政策性文件和分析论证材料；二是历史上处理类似问题时所形成的材料，包括方案、依据、反馈意见等。

C. 在档案信息传递的方向上，要求服务工作具有很强针对性。提供的科技档案信

息要与计划决策人员的工作特点和任务相符，以便对症下药，解决实际问题。

D. 在服务时间与方式上有特殊要求。计划决策人员希望档案部门能及时地、主动地上门服务。

三、科技档案用户心理及导向

科技档案用户的利用行为，既是由利用需求所决定的，同时也受到了心理状态的制约。分析并研究用户的各种心理活动，对于做好服务过程中的心理导向有着十分重要的意义。

科技档案用户心理是用户在利用科技档案之前、利用科技档案过程中及利用科技档案之后所表现出来的特殊心理现象。用户心理是极其复杂的，用户不同，心理也不会完全一致，但掌握用户在利用科技档案的整个过程中所表现出的一般的、普遍的心理非常必要。

1. 利用科技档案前的用户心理

用户在利用科技档案之前，往往有很高的期望值。从利用心理的角度看，主要有：

（1）求快心理。许多用户为了能够顺利地解决工作、学习、生活中的新情况、新问题，希望能迅速满足他们的查档要求，尽快地获得他们所需要的科技档案信息。这在计划决策人员、工程技术人员所进行的实际利用中，时效性要求强、求快心理表现得更为明显。

必须指出的是，极端的求快心理也会对科技档案利用产生不利的影响。

一是一味的求快，缺乏应有的鉴别程序，有时会利用质量不高的科技档案信息；二是在时间很短的情况下，先得到的科技档案信息会在心理上形成优势，从而抑制其它科技档案信息的接受。

（2）求易心理。人类在长期的进化过程中，形成了一种习惯，总是用最小的努力去获得最大的成果，即"最省力法则，这个法则同样表现在科技档案用户的心理活动中，求易心理就是具体的体现。用户在利用科技档案前，总是倾向于选择距离较近、手续简便、容易获取的科技档案。极端的求易心理对用户利用活动的直接影响是会在很大程度上限制利用范围，从而造成资料不全、数据不准、结论依据不足的后果。

（3）求选心理。即用户利用科技档案总是希望能有所选择。选择的内容包括：检索工具及途径的选择、服务方式的选择、科技档案内容的选择、开发成品类型的选择等。科技档案部门应积极主动地为用户创造条件，满足用户的求选心理。极端的求选心理会导致利用时间的增加以及利用服务人员的不满。

（4）求助心理。用户常常希望能在档案部门的帮助下进行科技档案的利用。由于不少用户对库藏科技档案的内容、检索工具的使用、利用的程序及规定等比较陌生，因此获得帮助总是他们所希望的。极端的求助心理，会降低材料的针对性，抑制相关的科技档案的利用需求。

2.利用科技档案过程中的用户心理

用户在利用科技档案过程中的心理，主要体现在对利用材料的要求上。

（1）求全心理。用户在利用过程中，求全心理都是比较明显的，科研方面的用户更是这样。因为科学研究必须掌握某一问题的全部材料，通过对事物的全面分析研究得出结论，而不能仅根据部分材料就简单的下结论。

当然极端的求全心理也会使查准率降低、工作量增加。

（2）求准心理。用户一般都希望获得的信息是最准确的。尤其是查证性需求的用户，由于他们所获得的科技档案是作为处理问题的依据，就更强调准确性。但过分、片面地"求准"也容易出现"漏检"的情况。

（3）求实心理。这是指用户希望利用科技档案能有效地解决实际问题的心理。用户在得到科技档案后，第一个反应就是把科技档案提供的信息往自己的任务、设想及要求上靠，希望能正好与自己的任务、设想及要求对上号。过分的求实心理也会对利用行为产生不良的影响。一是用户得到的科技档案能满足其期望，则原先头脑中形成的概念有了根据，变得更加明确清晰，心理学上称之为"强化这种强化了的概念可能会加速问题的解决，也可能对其它方面的科技档案接受产生抑制作用；二是用户所得到的科技档案与所要求的不相符，就容易产生抗拒心理，而忽视科技档案中有参考价值的内容。

（4）求新心理。科技档案是一种回溯性的科技信息源，但这并不妨碍某些用户在利用科技档案时的求新心理。科研人员和工程技术人员在利用时求新心理尤为明显，他们一般对科技水平高、技术含量多的科技档案感兴趣。过分的求新心理会忽视不是最新的、但有实用价值的科技档案。

（5）求威心理。崇尚权威的心理是普遍存在的。用户利用科技档案时也不例外，这就是所谓求威心理。其不利影响在于：一是只注重源自权威的科技档案，忽视其它科技档案，使查找范围变窄；二是用户一看是来自权威的科技档案，就毫不怀疑地接受下来，从而降低评判的标准。

3.利用科技档案后的用户心理

用户在利用了科技档案以后，其结果无非有三种：一是完全满足了用户的利用需求，二是部分满足了用户的利用需求，三是没有满足用户的利用需求。与之相对应的心理也有三种：信任心理、遗憾心理和怀疑心理。

（1）信任心理。用户的利用需求，无论是对科技档案信息的需求，还是对利用服务的需求都得到了满足，这无疑会使他们相信档案部门是有能力帮助他们解决工作、学习、生活中的有关问题，以后他们会经常满怀期望、充满信心地来利用科技档案。

（2）遗憾心理。用户的需求部分地得到满足，会产生一丝快慰和一丝失望交织在一起的遗憾心理。以后他们会有选择地考虑利用科技档案。

（3）怀疑心理。科技档案部门没有能满足用户的利用需求，用户会对档案部门提供科技档案信息的能力产生怀疑。他们不相信档案部门能够全面、准确地提供所需要的科技档案，或者认为档案部门提供的科技档案都是有所保留的。持有怀疑心理的用户，很可能因此而告别档案部门。

综上所述，用户利用科技档案的心理，无论是在利用前，还是在利用过程中，还是在利用后，都是很复杂的，而且影响用户心理的因素又是多方面的。这就要求档案部门在提高自身业务素质的同时，还要提倡职业道德，讲求服务艺术，循循善诱，以消除用户的心理障碍，使用户"满意而来，高兴而归"。

第三节　科技档案利用服务方式

科技档案利用服务的方式、方法很多，可以归结为以下几种类型：根据收费与否，分为无偿服务和有偿服务；根据服务的性质，分为主动服务和被动服务；根据服务的目的，分为普及性服务和专题性服务。科技档案部门应根据科技档案工作的实际情况，针对实际工作对科技档案多层次、多角度的利用需要，首先确定采取哪一种服务类型，再选用与用户特点及档案特征相适应的服务方式，从而充分发挥科技档案的价值。下面介绍几种常见的科技档案利用服务方式。

一、借阅服务

借阅服务是由用户提出明确的查阅调卷线索，科技档案部门据此调出案卷并提供给用户利用的过程。它是最普遍、最实用、最经济的档案利用服务方式。借阅服务通常分为阅览和出借两种类型。

1. 阅览

阅览，是指开辟阅览室，供用户直接查阅利用科技档案。阅览可以分为闭架阅览和开架阅览两种具体的方式。阅览作为一种常见的服务方式，其功能特点是：

（1）阅览能够让用户直接与科技档案原件见面，从而保证了用户利用的质量。

（2）阅览特别是开架阅览，能够为用户提供较大的查阅自由，从而扩大了科技档案信息的辐射面。

（3）阅览场所为用户提供了良好的利用环境，相对提高了利用的效率。

（4）阅览手续简单，便于管理

阅览室是用户利用科技档案的场所，要求窗明几净，陈列必要的设备，并配置各种档案检索工具和手册、规程、规范等，为用户提供必要的条件。阅览室的大小，根据用户人数的多少和利用的频繁程度而定。

2. 出借

出借，是指科技档案部门按照一定的制度，将科技档案借给用户。出借科技档案，应严格执行有关的制度并办理必要的手续，借阅者应负责保护科技档案，保守机密。外单位一般不能将科技档案借出使用。

（1）出借手续。若科技档案数量大，出借频繁，出借档案应采用双卡制，即每一个借阅者有一份借阅卡（证），每一卷档案有一张出借记录卡（或称代卷卡）。

借阅卡是用户办理借阅的凭证，由档案部门统一印制。其构成类似于图书馆借书证，封面上印有姓名、编号、单位（业务部门）、职务、职称等；里页的内容包括：档号、案卷名称、张（页）数、密级、借阅日期、应还日期、是否续借、归还日期、借阅者签名、归还签收等项目。

出借记录卡的内容与借阅卡里页的内容基本一致。

若科技档案数量不大，出借量较小，采用借阅登记簿进行出借情况的登记也可，内设项目与借阅卡类似。

（2）出借规定。出借规定主要考虑科技档案的种类、特点以及企事业单位科技生产活动的需要，其内容包括：

第一，借阅范围。机密级以上的档案不予出借，易损档案和珍贵档案不出借原件。

第二，借阅时间。不宜过长，避免妨碍他人利用及损毁档案。

第三，借阅数量。同一时间内，对同一借阅者出借的档案数量不宜过多。

第四，借出档案的保护。包括实体的保护和信息的安全。借阅者应当爱护所借的档案，保持其原貌，不得修改或作任何标志；借阅者负有保密的责任，不应将借阅的档案带出办公地点或转借他人；摘抄或复制机密级以上档案的内容，要经过有关领导的审批。如有违反，应作相应处罚。

第五，催还和续借。借出的档案到期未还的，应及时催还。若确因工作的原因，暂不能归还者，应办理续借手续。

（3）出借服务的功能特点

第一，出借能够使用户将科技档案带到工作场所，随时查阅，增加了利用的灵活性，方便了用户的利用。

第二，出借有利于用户深入研究科技档案信息，提高利用的效率和效果。

第三，出借和归还科技档案，有完整的登记记录，有利于统计利用情况和反馈利用效果。

第四，出借增加了档案部门管理的难度，容易削弱对科技档案的保护和对科技档案利用的限制。

二、复制服务

复制，是指以科技档案的各种复制本，如静电复印材料、晒印蓝图、缩微胶卷、胶片等，为用户提供服务。复制可分为单份文件及图纸的复制与全套图纸及文件的复制。其功能特点是：

（1）向用户复制供应科技档案的复制品，既能使用户利用到与原件相同的科技档案，还能保证科技档案的完整与安全。

（2）复制能够为用户利用已有的科技成果创造条件，从而节约大量的人力、财力，提高劳动生产率。

（3）复制是科技档案信息传播，尤其是科技档案信息进入技术市场、进行科技成果转让的基本手段。

（4）复制能够为科技生产活动提供大量的标准化和通用化的成果，从而促进科技活动标准化程度的提高。

目前，在一般的设计活动中，一项设计活动往往有40%左右的图纸不必重新设计，只需套用标准图集或相关设计项目的内容，这40%的图纸就要靠复制供应，可见复制的重要性。对于档案部门来说，进行复制服务，必须区分有偿和无偿的界限。所谓有偿复制服务，主要指的是对科技档案所记述的科技信息，特别是科技成果实行有偿转让，而不仅仅是收取复制成本费用；无偿复制有收取复制成本费和免收复制成本费两种。

三、证明服务

证明服务是档案部门制发档案证明的服务。档案证明一般是档案部门根据机关、团体、企事业单位或公民个人的申请和询问，为证实某种事实在本馆（室）中有无记载和如何记载而摘抄或复制的书面证明材料。证明服务是发挥科技档案凭证作用的一种主要形式，其功能特点如下：

1.证明服务是一项政策性很强的工作，科技档案部门必须严肃、认真地加以对待。

2.证明服务有很强的针对性和时效性，科技档案部门必须有的放矢，及时办理。

3.档案证明办好后，必须认真校对、审核，并加盖公章，方可生效。

4.证明服务既可以用于考核科技人员的科技活动成果，也可用于解决科技生产活动中的一些纠纷，还可以为案件审理提供证据。

科技档案部门在进行证明服务时，必须明确两点：一是自身不是公证机构，更不是终审机构，因此不能越权；二是在摘抄时，要以引用和节录科技档案原文为主，切不可擅自对科技档案内容进行解释，以免影响到证明材料的准确性、可靠性。

四、咨询服务

咨询服务，是科技档案工作者以科技档案信息为依据，进行综合思维，通过个别解答问题的方式，向用户提供科技档案信息、专业知识、检索途径的一项服务性工作。科技档案数量浩大，种类繁多，形式多样，内容复杂，用户即便是具有丰富经验的用户也很难对其有全面而细致的了解。这就要求服务人员在用户利用科技档案的过程中，及时解答用户各种各样的问题，进行咨询服务。

1. 咨询服务的内容

咨询服务主要是以口头形式解答用户在查找和利用科技档案过程中所遇到的各种问题。按其内容性质的不同，咨询服务可分为检索咨询、管理咨询和科技咨询三类。

（1）检索咨询。这是在如何检索科技档案方面给用户以指导，从而帮助用户获取所需的科技档案。比如，指导用户正确地使用检索工具，根据利用需求，共同商定检索策略等。

（2）管理咨询。根据用户的需要，直接用口头、电话或邮件向用户提供科技档案内容中的有关数据。比如，回答用户设计项目或科研项目的承担者、设备的型号与规格、科研或工程项目的审批及验收时间等。

（3）科技咨询。这是一种高级的咨询形式，科技档案工作者通过咨询服务参与科技决策活动。比如，科技档案部门参与论证会议，为施工方案、产品开发方案、技术改造方案等的论证活动，提供以科技档案为依据的咨询意见供有关领导参考。这种咨询涉及面广，挖掘程度深，需要的科技档案数量大，要求科技档案部门与有关部门互通信息，通力合作才能取得富有成效的结果。

2. 咨询服务的步骤

咨询服务从接受咨询，了解情况，查找科技档案，直接解答问题，有一定的工作程序，在不同的阶段有不同的要求，其具体步骤与要求如下几点：

（1）接受咨询。首先要审查清楚咨询的目的、内容、范围和要求的深度与广度，以便确定检索的途径和答复咨询的方式。特别要结合审题，明确有无咨询依据的科技档案材料，有无承担咨询服务的条件。凡尚未明确的问题，应当向提出咨询的单位或个人进一步问清楚，以避免无效劳动或答非所问。凡比较复杂的咨询，可先填写《咨询登记表》，写明咨询的题目和内容，以便分析和研究。

（2）咨询分析。接受咨询后，随即应进行比较深入的分析研究，确定查找科技档案的步骤，做好查找科技档案的准备工作。对于大型的、专题的科技咨询，需要科技档案工作者与专业人员共同研究，制定详细的检索方案。

（3）查找科技档案。确定查找范围，选定检索工具，明确检索途径和方法，从而查找与咨询问题有关的科技档案。

（4）答复用户。找到相关的科技档案，即可回答用户咨询的问题。

（5）建立咨询档案。对已回答的咨询问题，应有目的、有选择地建立咨询档案。凡是具有重要、长远参考价值的，或有可能重复出现的，以及解答不了的咨询问题，包括原始记录、解答咨询问题的过程及最后结果等，均须作详细、如实、完整地记载，并归档保存。

（6）咨询统计分析。对咨询服务进行统计，定期汇总分析，总结经验教训，探索和掌握咨询服务的规律，不断改进工作。

3. 咨询服务的功能特点

（1）对科技档案工作者的要求高。用户提出的问题是多角度、多层次的，咨询人员凭借自身的知识为用户服务，因此要求其具有较高的素质。其至少必须具有以下四方面的素养：第一，熟知档案专业知识；第二，了解科技管理知识；第三，具备良好的表达、交流能力，包括口头表达能力和书面表达能力；第四，熟悉国家、专业系统及本单位的政策、法规，能够正确处理好各方面的关系。

（2）直接性。咨询人员和用户是面对面的交流，一问一答，直接针对用户疑问进行解答，提高了工作效率。

（3）交互性。咨询服务过程中，用户与咨询人员能够就某一问题共同探讨，是一个相互了解、相互影响、相互促进的过程。因此，交互性质的咨询服务能调动双方的积极性，既满足用户的利用需求，又扩大档案部门的影响。

五、信息公布

信息公布，是指科技档案部门通过向本单位、本专业系统或整个社会公布科技档案及其编研的成品信息，实现为用户服务的方式。信息公布对于扩大科技档案信息的辐射面，树立科技档案部门的良好形象有着重要的作用。

1. 信息公布的形式

（1）陈列、展览。即档案部门按照一定的主题，把科技档案原件、复制件或编研成果公开展出。档案部门进行的陈列、展览服务可以有多种形式，如档案部门单独举办、档案部门与其他部门联合举办或由档案行政管理部门组织多个单位共同举办。无论哪种形式，档案部门都应根据主题的需要，积极挑选和提供有关材料，并注意原件的安全保护。

（2）内部打印发放。即档案部门利用科技档案信息资源，并补充其它种类的相关信息，编写信息报道，向内部用户成员打印分发。

（3）公开印刷出版。即档案部门将科技档案编研成果交付出版部门，公开出版，并向社会发行。

（4）媒体报道。即档案部门向报社、广播电台、电视台、网络等媒体，提供多方面的科技档案信息，并向社会公布。

（5）目录交流。即档案部门印发、交换科技档案目录信息，帮助用户了解科技档案的成分和内容，从而吸引更多的用户利用科技档案。

2. 信息公布的功能特点

（1）信息公布服务的用户范围极为广泛，能扩展至整个社会，具有很强的开放性，是宣传功能极强的一种服务方式。

（2）公布的档案信息包括一次、二次、三次信息，能满足各类用户的需要，并充分发挥各类科技档案信息的作用。

（3）档案部门采取信息公布方式，能根据科技生产活动的需要以及用户的需求规律和特点，选择、调整具体的公布内容、形式与时间，因而具有较强的主动性、灵活性。

（4）档案部门进行信息公布的同时，也拓宽了档案信息以及其它相关信息收集的渠道，如网上档案信息的采集。

六、技术市场交流

这是与复制服务密切相关的一种服务方式。所谓技术市场交流，是指科技档案部门将科技成果档案制成复制品后，推向市场，参与技术贸易，从而促进科技成果的转化。这是科技体制深化改革后，对科技档案工作所提出的新要求，也是科技档案部门实行有偿服务、拓宽自身职能的一个契机。

技术市场交流的功能特点主要有：

（1）有偿性。外单位购买科技信息时，须支付一定数额的费用，因其也有科技档案部门的功劳。

（2）时效性。由于技术更新的速度越来越快，科技成果只有及时地进入市场，才有机会实现转让。这就要求科技档案部门应积极收集最新的科技成果信息，关注市场动态，在各方面条件许可的前提下，及时地将科技成果推向市场。

（3）政策性。技术市场交流的政策主要是涉及到知识产权的保护，以及获得经济效益的分配。

第四节 科技档案利用服务反馈

所谓反馈，是指一个系统的输出信息反作用于输入信息，并对信息再输出产生影响的作用过程。科技档案利用服务反馈，是指用户在接受利用服务的过程之中和之后，对包括科技档案利用服务在内的科技档案信息资源开发的内容、方法进行评价，并发表意见。科技档案部门据此调整科技档案利用服务工作，更好地满足用户的利用需求。

完整的科技档案信息资源开发系统，不仅包括科技档案部门进行的开发和利用服务工作，以及科技档案用户进行的信息活化，还包括用户面向科技档案部门反馈其利用效果的过程。科技档案部门根据用户的反馈信息，检验和调整科技档案信息资源开发及利用服务工作，能够从用户需求的角度出发，最大限度地满足其利用需求。

一、科技档案利用服务反馈信息的内容

科技档案用户从事不同性质的工作，有着不同的文化素质；此外，他们的需求也随着科技生产活动的变化而变化。因此，他们所反馈的信息也是多种多样的。对此，我们大致可以将其分为三类：

1. 用户的意见和建议

用户对利用服务质量的意见和建议，实际上是一种针对科技档案信息资源开发具体工作内容的科学性和适用性所提出的反馈信息。它一般包括：检索工具是否方便用户的利用，提供的科技档案信息是否能满足用户的利用需求，利用服务的方式是否能为用户所接受，各种规章制度是否合理和适度，服务人员的态度和能力如何，以及对以上各项内容提出的合理化建议。

一般而言，用户的意见和建设是在利用服务过程中随时提出的，内容相对说来较为具体，往往局限于开发利用中的某些细节问题。因此，这类信息对整个科技档案信息资源开发工作控制的影响是局部的、有限的。科技档案部门可以根据这类反馈信息，对开发利用中的某些具体措施或方法进行调查分析，并在不影响整体功能的前提下，对那些用户意见比较大或比较集中的问题，及时、妥善地加以处理，以进一步完善和发挥开发系统的整体功能。

用户的意见和建议，虽然从表面上看带有一定的局限性，但也不排除某些意见或建议对科技档案信息资源开发工作的整体具有一定的影响力，甚至涉及全局。这种影响力往往表现为：用户从不同角度提出的反馈信息，实质上是针对一个事关全局（或某个主要方面）的问题所展开的，是对该问题不同侧面的分别反映。比如，不同的用

户分别提出：阅览的档案范围太窄，出借制度太繁琐，复制供应不及时，编制印发的内部刊物内容陈旧等。经过综合分析后，可以发现，这些意见的提出，实质上是因为科技档案部门对各种利用服务方式的理解存在问题。所以，对于这些反馈信息，不能只从各自角度单独理解，而认识到此类信息对综合控制的全局意义，应全面、综合地进行分析研究。

2. 利用效果

利用效果是针对科技档案在利用过程中发挥作用的程度所产生的反馈信息，包括：利用科技档案信息在各项工作中所发挥的生产技术效益、设计研究效益、科研管理效益、科技知识普及和社会教育效益等。人们习惯上将之概括为社会效益和经济效益。

利用效果信息一般是在利用科技档案之后产生，常常需要科技档案工作者主动收集。此类信息能综合地反映出开发工作的成败，并能进一步反映出整个科技档案工作的成效。它既是用户乃至整个社会环境评价科技档案工作成就的依据，也是档案部门从宏观的角度调整和完善开发工作及整个科技档案工作的主要参照坐标。

科学地分析并运用这种反馈信息，一方面，可以通过活生生的实例，宣传科技档案工作，扩大其影响，加深人们对科技档案信息资源的认识，以获取更多的支持；另一方面，推广利用经验，从中发现科技档案发挥作用的规律，据此制定开发工作的规划，引导用户优先利用那些可能产生明显效果的科技档案，加强开发工作的主动性。

3. 科技档案的利用需求及趋势

用户对科技档案的利用需求，是根据科技生产活动的需要提出的反馈信息，包括用户需要何种科技档案信息以及何种利用服务方式。这种信息一般较为分散、具体，并常为用户个体的看法。科技档案部门需要将这些信息综合起来，全面地分析研究，才能总结出利用需求的规律及特点，并由此出发，预测出用户利用需求的发展趋势。

用户对科技档案利用需求的发展趋势，是根据科技档案信息资源开发规律和科技生产活动的发展、社会环境的变化所提出的反馈信息。其包括：各项科技生产活动与科技档案利用间的关系、党和国家的各项政策法规对科技档案信息资源开发利用的促进和制约作用、企事业单位内部环境对科技档案利用需求的影响等。这种反馈信息的来源有档案行政管理部门、专业主管部门和国家有关的计划统计部门，其影响范围远远超出了开发利用的反馈控制，实质上是一种对科技档案工作的发展起决定作用的、宏观的反馈信息。档案部门应全面收集和正确分析这类反馈信息，明确科技档案工作发展的重点，结合档案部门的具体情况，采取有效的措施，强化科技档案信息资源的开发，并努力提高服务的质量。

二、科技档案利用服务信息的反馈途径

科技档案利用服务的反馈控制，就是通过收集用户对科技档案利用服务的反馈信息，并进行分析处理，对开发工作的各项具体内容进行调整，以保证开发利用工作的协调发展，实现整体功能的最佳化。因此，科技档案利用服务信息的反馈途径，实质上就是反馈信息的收集渠道和分析处理的方法。

1.反馈信息的收集

反馈信息的收集，可以由用户主动向科技档案部门反映，但主要还是由科技档案部门抓住时机，采取合理的方法和途径，主动向用户询问和征集。反馈信息收集的方法是多种多样的，按收集手段的不同，可分为口头收集、书面收集、电话收集、网络收集等；按收集方式的不同，可分为直接法、间接法，前者指通过服务双方直接接触的方法，收集反馈信息，包括实地了解、走访征询、召开会议等，后者指在服务双方不直接接触的情况下，收集反馈信息，包括抽样调查、从相关材料中了解等。随着科技档案工作的发展，将出现越来越多的收集反馈信息的方法。但总的收集原则是不变的，那就是灵活、主动。下面介绍几种常用的收集方法。

（1）利用情况登记制度。所谓利用情况登记制度，是指用户在利用科技档案时，必须办理登记手续，将利用信息填在档案部门统一制作的表格中。常见的登记表格有两种：一是以单一表形式出现的科技档案利用情况登记单，二是以一览表形式出现的科技档案利用登记簿。利用情况登记主要包括两方面的内容：一是利用科技档案的数量、范围、时间、目的、方式等，二是被利用的科技档案发挥的作用及作用的效果。这两方面的内容都是重要的反馈信息。

利用情况登记制度，适用于收集确定用户的反馈信息，如在阅览、出借、复制、咨询、制发档案证明等过程中应用，不太适合在用户不确定的情况下实施，如技术转让、展览、出版等。

在有些情况下，"利用效果"的内容不能在利用科技档案时就填写。档案部门需要与用户建立联系，在"利用效果"产生后将该部分内容完成。比如：在出借科技档案时，附一张"利用效果登记单"，待归还档案时，将"利用效果登记单"一并交给档案部门。

利用情况登记制度的特点是系统性和规定性。登记内容的不断积累，使得反馈信息在一定的专题下或一定的时间范围内具有较强的联系。登记的各项数据和具体实例因这种有机联系而更具有可比性和参照性，便于统计和分析。必要时，档案部门可将利用情况登记制度作为利用制度的一项内容，或者纳入用户责任制中，要求其在规定的时间内完成档案利用登记的内容。执行这项规定时，科技档案部门应做到以下三点：

第一，提供正式的登记单或登记簿，注明登记项目，并进行必要的指导。

第二，登记必须连续进行，不能间断。

第三，定期对登记的内容进行统计分析，使反馈信息及时发挥作用。

（2）用户意见箱制度。用户意见箱制度，是指科技档案部门设立专门的用户意见箱，让用户随时向档案部门提出利用服务的书面意见和建议。这是方便用户投诉、收集用户反馈信息的简便的措施之一。

用户意见箱制度的特点是随机性、自愿性和针对性。用户一旦发现科技档案利用服务中存在的问题，可随时将意见或建议投进意见箱中，便于档案部门及早处理，缩短改进工作的时间。是否通过意见箱来反映自己的意见和建议，用户可以根据自己的情况自主决定。为尽量减少有些用户不愿意或不善于投诉意见情况的发生，在执行用户意见箱制度时，档案部门还可采取其它配套措施，如对提出有效建议的用户实行奖励等，鼓励用户多提意见。此外，用户投诉的意见或建议往往是针对某个或某些具体的问题，内容具体、针对性强。在实施用户意见箱制度时，档案部门应注意三点：

第一，采取封闭式意见箱，指定专人负责管理，保护用户的合法权益。

第二，定期开箱，并尽量缩短开箱周期，及时收集和处理利用服务反馈信息。

第三，公布重要意见或建议，并公开相应的处理措施，便于用户监督。

（3）用户座谈会制度。这是指科技档案部门定期组织或借助于相关活动召开用户座谈会，征求用户对科技档案利用服务工作的意见和建议，以便了解其利用需求和发展趋势。由于科技档案工作属于科技管理活动的范畴，所以科技档案部门应多借助于重大的科技生产活动召开会议，会前做好充分的准备，使会议开得紧凑、有实效。

用户座谈会制度的特点是直接性和交流性。座谈会为科技档案利用服务双方提供了一个面对面直接交流的机会：科技档案部门可以从用户那里获取反馈信息；用户也能从科技档案部门这里了解科技档案利用工作的一些计划和措施，并参与讨论。双方共同为科技档案信息资源开发出谋划策，促进其完善与提高。实施用户座谈会制度，科技档案部门必须做到以下三点。

第一，有目的、有侧重地邀请与会用户，尽可能安排利用需求较为相近的用户参加同一次会议；并安排一些曾被或将被作为服务重点的用户发言，以便用户反映的问题集中而有针对性，也便于档案部门能抓住关键问题及时处理。

第二，实事求是地解答用户提出的问题，对需要进一步讨论和研究的问题，应耐心向用户解释，以得到用户的理解。

第三，做好详细的会议记录，会后认真总结，及时处理反馈信息，并将处理结果通知用户，便于用户监督。

（4）问卷调查制度。这是指科技档案部门定期或不定期地制作科技档案利用问卷（也称科技档案利用信息反馈卡），在用户中广为发放，有目的地征集用户的反馈信息。

问卷调查，是集主动性、灵活性、目的性和自愿性于一体的一种反馈控制途径。科技档案部门可以根据实际情况，从最想了解的几方面问题着手，有目的地设计问卷，主动征集有关反馈信息。发放问卷的时间比较灵活，可根据工作中出现的一些问题，及时收集意见和建议。用户是否返还问卷，也是出于自愿。

这种获取反馈信息的途径，对科技档案部门设计问卷的能力要求较高。事前，档案部门应对反馈结果有所预见，尽量方便用户填报，减少无效信息，并使反馈信息能进行汇总和分析。事后，应对问卷的统计结果予以公布，对意见较为集中或者强烈的问题指定相应的解决措施。

2. 反馈信息的分析处理

分析处理反馈信息，一般包括定性分析和定量分析两种，实际工作中往往综合运用这两种方法。定性分析，就是集中关于同一性质问题的反馈意见，分析不同意见的合理性和局限性，从而确定改进工作的方法和措施。定量分析，就是对反馈信息进行统计分析，这也是科技档案统计工作的重要组成部分。

第五节　科技档案信息资源开发利用及其条件

一、科技档案信息资源开发利用的内容

在我国社会主义现代化建设中，不仅需要开发利用各种物质资源，而且还必须开发利用各种信息资源。在各种信息资源中，应特别注重开发利用科技档案信息资源。这是因为科技档案是科学技术的直接记录和储备形式，是一种知识形态的潜在生产力。

开发利用科技档案信息资源是档案提供利用工作的拓展和深化，是针对本单位及社会有关方面的需求，通过各种方式对科技档案中储存的科技信息进行发掘，使其尽快转化为现实生产力的重要工作。其内容主要包括以下三个方面。

（一）科技档案的检索

指加工浓缩和储存科技档案信息，组织各种目录和数据库，建立科技档案检索体系，及时、准确地为利用者查寻所需的科技档案。这项工作是在科技档案实体管理的基础上进行的，它为科技档案信息资源开发利用提供必要条件，是一项业务基础建设。

（二）科技档案的编研

是指对科技档案信息进行加工，编辑各种编研成果，把分散的科技档案原始信息集约化。这项工作是具有科学研究性质的开发工作，它是科技档案提供利用的一种高级形式。

（三）科技档案的提供服务

是指采取多种方式，直接提供科技档案服务，以满足用户的需求。这项工作是直接实现"开发信息资源，服务四化建设"的方法和手段。

二、科技档案信息资源开发利用的意义

科技档案信息资源开发利用是科技档案管理的重要组成部分，科技档案是一种重要的科技资源。做好科技档案信息资源的开发利用工作，具有十分重要的意义。

（一）科技档案信息资源开发利用是发挥科技档案作用的直接手段

科技档案是人们在科技活动中逐步形成和积累起来的科技文化财富，它的价值和作用是客观存在的。但是，要使它的价值和作用发挥出来，就需要人的主观能动作用，也就是要建立健全科技档案工作。在整个科技档案管理工作中，开发利用工作是发挥科技档案作用的直接手段。把科技档案收集起来并加以科学管理，只是为了有效地发挥其作用创造条件，要使科技档案中的资源优势变为信息优势，把潜在生产力转化为现实生产力，就必须通过开发利用工作来实现。实践表明，如果不去开发利用科技档案信息资源，科技档案的价值和作用就无法实现，收集和管理科技档案就变得毫无意义，科技档案工作也就没有存在的必要。

（二）科技档案信息资源开发利用是科技档案管理系统自我完善的动力

按照系统论的原理，整个科技档案管理是一个系统，在这个系统中包含科技档案形成管理、科技档案实体管理和科技档案信息资源开发利用三个子系统。科技档案形成和实体管理就是该系统的输入和处理，科技档案信息开发利用就是该系统的输出。输入和处理是为了有效地输出，输出的质量取决于输入和处理的质量。由此看来，科技档案信息资源开发利用工作不仅以科技档案形成和实体管理为前提条件，而且还能发出反馈信息推动和加强科技档案形成和实体管理工作。这种反馈信息，是指在开发利用过程中，能够发现科技档案形成和实体管理工作中存在的问题，提醒人们及时改进。

因此说，开发利用工作是科技档案管理系统自我完善的动力。

（三）科技档案信息资源开发利用是科技档案事业取得社会支持的有效措施

科技档案事业的建立和发展，需要社会各界的支持，尤其需要有关领导和有关部门的支持。然而，建立和发展科技档案事业，一般不能列进生产、建设和科技研究工作目标，只是为实现目标服务的一种条件。只有有效地开发利用科技档案信息资源，使有关领导和有关部门看到建立和发展科技档案事业对于实现他们的工作目标有帮助，他们才会积极主动地支持科技档案事业。这样才能不断改善工作条件和解决实际困难。在实际工作中常常看到这样一种良性循环：由于领导重视和有关部门的支持而建立健全了科技档案工作，又由于科技档案部门大力开发科技档案信息资源，实现了科技档案的有效利用，获得了领导和有关部门的更大支持。由此可见，大力开发利用科技档案信息资源，充分发挥科技档案在社会主义现代化建设中的作用，是科技档案事业取得社会支持的有效措施。

三、科技档案信息资源开发利用的条件

开发利用科技档案信息资源，是一项光荣而艰巨的任务。实现这一任务必须具备如下条件：

（一）明确服务方向，端正服务态度

科技档案工作是一项服务性工作，科技档案信息开发利用则是科技档案工作服务性的具体体现。因此，搞好开发利用工作首先要明确服务方向。

邓小平同志提出的"开发信息资源，服务四化建设"，其中"服务四化建设"，是对科技档案工作服务方向的高度概括。开发科技档案信息资源为社会主义现代化建设服务，是科技档案工作的根本任务。因此，档案部门要提高开发科技档案信息资源的能力，以适应现代化建设的需要。在服务范围上，要由内向转为内外结合；在服务方法上，要由被动变主动，提高服务质量；在服务方式上，要由封闭、半封闭式变为开放式；在服务手段上，要逐步由手工操作向电子计算机操作过渡；在服务效益上，要由无偿服务转为无偿和有偿结合。基层单位除做好日常接待、提供利用的工作外，还要提高开发能力，根据生产、经营、科学技术发展的需要，对科技档案材料进行二次文献加工和三次文献加工，为领导和科技人员提供实用的信息，提高科技档案信息的实用性、有效性。还要面向国内外市场，面向大中型企业，完成产品、技术出口，技术成果转让服务，以及完成"星火计划"服务。

端正服务态度，就是在树立在四化建设服务思想的基础上，加强事业心和责任感，加强服务观念、信息观念，改进思想作风和工作作风，要把为四化服务的思想落实到行动上。为此，科技档案部门和科技档案人员应当摒弃单纯的"看摊守堆"和"坐等上门"的旧观念和旧习惯，经常深入车间，走向科室，到工地现场第一线去，主动了解科研、设计、生产、建设和各项管理工作的实际需要，及时开发科技档案信息资源，提供有效服务。

（二）熟悉库藏，了解需要

科技档案信息资源开发利用工作，涉及科技档案部门开发和用户利用两个方面。这就要求开发利用工作必须做到"知己知彼"。

所谓"知己"，就是要熟悉科技档案库藏情况，对所管理的科技档案内容成分、完整准确程度、利用价值、整理和保管状况、检索工具和编研成果等了如指掌。这样才能做到及时、准确地提供服务，提高工作效率和服务质量。

所谓"知彼"，就是了解客观需要，掌握用户利用科技档案信息的规律性。要了解党和国家在每个时期的任务和方针政策；了解经济形势和生产技术发展水平；了解本单位科技、生产任务和工作计划；研究和掌握不同用户对科技信息的不同需求及其规律性；等等。这就是说，开发利用工作要有超前意识，把工作做到前头。即所谓"兵马未动，粮草先行"，才能取得"雪中送炭"的效果。

（三）正确处理开发利用与保密、专利的关系

开发利用科技档案信息资源，要处理好开发利用和保密的关系。要保证国家科学技术机密的安全，任何单位、个人都要严格遵守《科学技术保密条例》、《开发利用科学技术档案信息资源暂行办法》及其他有关保密规定。既要坚持内外有别，又不妨碍科技档案信息交流；对应该保密的要保密，应该降密、解密的要根据有关规定进行降密、解密，不能因为开发信息而泄密，也不能因怕失密而不加区别地封闭起来。随着科学技术的进步，各有关部门要及时做好科技档案的降密、解密工作。

开发利用与保护专利都是为了使科技成果得到及时、有效、合法的推广应用，促进科技成果向生产产品转化。为了保护专利，科技档案部门专利成果的科技档案须经专利申请人（或单位）同意后才可利用。

（四）加强信息开发手段，完善服务设施

开发科技档案信息资源，把资源优势变为信息优势，是一项细致的专业技术性工作。为此，要认真学习专业知识，掌握有关技术和方法，加强信息开发手段。如开展著录和标引，组织各种目录和数据库，建立科技档案检索体系，开展科技档案编研工作，加工和编写实用的编研成果，为用户准备系统的信息材料等。有条件的单位应用电子

计算机管理档案,逐步由手工检索向电子计算机检索过渡,以便快速、准确地提供服务。

为了开发科技档案信息资源,提供优质服务,必须完善服务设施。如开放阅览室,并配备相应的设备;添置复印和声像设备,有条件的单位要根据需要购置电子计算机、缩微胶片阅读器等。

第六节　科技档案的检索

一、科技档案检索体系

(一)什么是科技档案检索体系

科技档案检索,是指对科技档案信息进行加工存贮,并根据用户的需求予以索取的全过程。它包括两个具体过程:第一,按照一定规则,对科技档案信息进行著录和标引,组成各种检索工具,即输入过程;第二,根据用户需求,依据检索工具,索取所需要的科技档案信息,即输出过程。

科技档案检索体系,是指为进行科技档案检索而建立的完整的检索系统。它由四个部分组成。

1.检索语言。检索语言是表达科技档案主题内容和作为索取依据的一种标识。换句话说,检索语言是根据科技档案信息加工存贮和索取的需要而编制的一种人工语言,它是沟通标引人员和检索人员的桥梁。检索语言通常有分类语言和主题语言两种。

2.著录、标引规则。著录、标引规则是指对科技信息用检索语言和有关符号等加工存贮,进行标识的规范。如国家标准《档案著录规则》(GB3792.5—85),是对各类档案包括科技档案进行著录的基本规范。而标引工作要依据分类标引规则和主题标引规则去进行,同时要与《中国档案分类法》和《中国档案主题词表》配套使用。

3.检索工具。是科技档案信息经应加工浓缩而存贮起来的一种载体,主要包括各种科技档案目录和各种数据库。各种科技档案目录,是用于手工检索的工具;而各种数据库是指机读目录,是进行自动检索的工具。本章主要介绍手工检索工具,即科技档案目录。

4.检索设备。检索设备是指有关的装置,包括目录夹、卡片柜电子计算机和联机检索网络的终端等硬件设备。

从建立科技档案检索体系来说,上述四个组成部分的组合、建立和完善,是一项庞大和细致的配套工程,是开发科技档案信息资源的一项极为重要的基础建设工作。

（二）建立科技档案检索体系的必要性

1. 建立科技档案检索体系是开发科技档案信息资源的必备前提

随着国家经济建设和科学技术的迅速发展，已积累有非常丰富的科技档案。可以预测，随着我国社会主义现代化建设进一步发展，还会不断产生大量的科技档案。开发科技档案信息资源为四化建设服务，是各级各类科技档案部门的一项长期战略任务。然而，要从堆积如山的科技档案宝藏中开发出有用的科技档案信息，单凭人的记忆和传统经验是难以办到的，必须采取科学的方法，建立科技档案检索体系，以满足开发利用的需要。在实际工作中，由于检索工具不配套、检索体系不完善、标准规范不统一、检索途径单一化，致使检索效率和质量不高，影响了科技档案信息资源的开发利用。改变这种状况，就必须从建立和完善科技档案检索体系入手，解决好检索手段问题。

2. 建立科技档案检索体系是建立信息中心和发展信息产业的必要条件

随着社会发展和科技进步，科技信息的利用日趋社会化，各种信息中心和信息产业应运而生。科技档案是一种重要的科技信息载体，科技档案工作承担着科技信息的输出、传播和参与科技成果推广、交流的任务。为了实现这一任务，适应社会对科技档案信息的需要，基层单位科技档案部门必须建立和完善科技档案检索体系，为建立本单位的信息中心和交流、咨询中心创造条件，为建立专业系统以及地区和国家的信息中心和发展信息产业奠定基础。建立科技档案检索体系，是建立信息中心和发展信息产业的必要条件。

3. 建立科技档案检索体系是提高科技档案管理水平的重要途径

我国科技档案管理的发展方向，是采用现代科学技术和方法，逐步实现科技档案管理的标准化、规范化、现代化。为了朝着这一方向发展，必须从各方面做好准备。实现科技档案著录、标引标准化和建立科技档案检索体系，是一项重要的基础建设和准备工作。这是因为建立和完善科技档案检索体系，其本身就是科技档案管理标准化、规范化、现代化的重要内容，它不仅能够带动科技档案各项业务建设的发展，而且能够打破科技档案管理的封闭、半封闭状态，提高科技档案信息资源开发利用水平。因此，建立科技档案检索体系，不是单纯为了查找档案，也是提高科技档案管理水平的重要途径。

（三）建立科技档案检索体系的基本要求

1. 全面、灵活、准确和迅速

建立和完善科技档案检索体系，目的是能够全面、灵活、准确和迅速地实现检索。全面，是指根据用户的需求，在存贮科技档案信息时要有一定的广度，以便在索取时提高查全率，不致漏检；灵活，是指能够从多种途径或多种角度进行检索，方便多种检索需求；准确，是指对科技档案信息在存贮和检索上要有一定的深度，以便在索取时提高查准率，不致误检；迅速，是指提高检索速度，以节约检索时间。

2.科学和实用紧密结合

全面、灵活、准确和迅速地实现检索，必须建立在科学和实用的基础上。因此，建立和完善科技档案检索体系，必须做到科学和实用相结合。

所谓科学，主要反映在三个方面：一是在检索语言的研制和选用时，要满足全面、灵活、准确和迅速的要求，如检索语言体系要科学、合理和便于使用，类别名称和主题词要有相当的词汇数量，每个词汇必须概念明确和具有单义性等；二是著录和标引要力求标准化、规范化，便于组织建立专业性的、地区或全国性的统一的目录中心，以便实现联机检索；三是检索工具必须合理地设计和组织，如检索工具种类要适当，既要明确分工，又可互相补充，同时结构要合理、标识要准确，以便实现多种途径检索。

所谓实用，应当从以下几方面考虑：一是根据实际需要，编制实用的检索工具，不要单纯追求数量；二是组织编制的检索工具既能满足当前需要又能适应长远需要，大型的和小型的相结合；三是配置检索设备要从工作发展需要及人力、财力的实际情况出发。

3.统筹规划和从长计议

建立科技档案检索体系，是一项庞大、细致的系统工程。为了适应检索需要和保持相对稳定性，不论建立哪一级的科技档案检索体系，不论编制何种检索工具，都要从本单位和本系统工作的实际出发，认真进行调查研究，论证所要建立的检索体系和编制的检索工具的可行性，具体规划出实施方案，确定建立检索体系的范围和内容，明确工作步骤和工作法。实践表明，建立科技档案检索体系是一项配套工程，需要各方面的条件。必须统筹规划，从长计议，应当立足当前，考虑长远，逐步实现。

二、科技档案检索工具

在建立科技档案检索体系中，制定检索语言、规定著录与标引规则、配置必要的检索设备，都是为实现科技档案检索工具的标准化。编制标准化的检索工具是建立检索体系的中心内容。

（一）科技档案检索工具及其类型

科技档案检索工具，是揭示科技档案的内容与形式特征、指引索取和组织科技档案信息传递交流的工具。它可以被比喻为存贮科技档案信息的"存贮器"，打开科技档案信息宝库的"钥匙"。其基本功能可概括为：存贮科技档案信息、指引索取科技档案、组织传递交流科技档案信息三个方面。

科技档案检索工具的类型，可分为手工检索工具和机器检索工具两大类别。

1. 手工检索工具

手工检索工具，是指以纸张为载体，由人工操作的检索工具。它是我国的传统检索工具，各单位都普遍使用。这种检索工具可从不同角度进行划分：

（1）按用途划分，可分为库藏目录、检索目录、报道交流目录三种。

库藏目录是反映科技档案实体整理、排架状况和顺序的一种目录，包括科技档案总目录、分类目录等。

检索目录是专门为适应多种检索途径的需要而编制的目录，它是指引人们索取科技档案信息的主要工具。如按照分类语言编制的分类目录，按照主题语言编制的主题目录，按照作者、地区以及各种专题编制的作者、地区、各种专题目录或索引等目录。

报道交流目录是为了向外报道、介绍库藏情况，开展科技信息交流，推广科技成果，实行有偿"让或技术贸易的需要而编制的目录。如科技成果简介、产品目录、数据汇编、专题一览、文摘等。

（2）按载体形态划分，可分为书本式目录和卡片式目录。

书本式目录，又称簿册式目录，如科技档案总目录、分类目录、专题目录以及报道交流目录等。这种目录多是表格式的，一般装订成册，比较固定，节省经费，便于传递交流。中、小型单位科技档案数量不多，适宜采用书本式目录。

卡片式目录一般是一张卡片著录一个档案信息条目，可以复制若干份，按照不同的检索途径组织不同的目录，如主题卡片、专题卡片等。这种目录具有方便、灵活、查找迅速的优点。大、中型单位科技档案数量较多，宜采用卡片式目录。

2. 机器检索工具

机器检索工具，是指以磁带和缩微胶片等为载体，借助电子计算机、阅读器进行检索的检索工具。包括机读目录、缩微目录等。

机读目录是将科技档案目录信息存贮在磁带等上面，由电子计算机进行检索。这种检索手段可以实现多途径、多角度检索，能够大大提高检索效率，提高查全率和查准率，取得比手工检索更为满意的效果。

缩微目录是将科技档案目录信息缩微在胶卷或平片上面，借助阅读器进行检索。

以上两种类型的检索工具，机器检索是一种发展方向，但在较长时间内，手工检索和机器检索两种方法将会并存、结合使用。在中、小型单位档案数量不多，更多地使用手工检索工具，所以本章主要介绍手工检索工具。

（二）常用的手工检索工具

1. 科技档案总目录

是按照接收归档的先后顺序，以案卷为对象进行登记著录的一种目录。这种目录，主要起库藏管理作用。一般有两种情况：如果库藏档案按分类整理顺序排架管理，总目录只能反映库藏档案的增减情况；如果库藏档案按照接收归档的先后顺序排架管理，那么它既是库藏管理目录，同时也能起辅助检索的作用。

2. 科技档案分类目录

是按照科技档案实体分类、排列的秩序，以案卷为对象进行登记著录的一种目录。它的主要作用在于固定科技档案分类、排列的次序，揭示科技档案的内容与成分，是按类别查找科技档案的检索工具。

3. 专题目录

科技档案专题目录，是根据专门的需要，按照一定专题揭示库藏科技档案的内容和外形特征的一种目录，利用它可以索取某一专门问题的科技档案。专题目录一般采用卡片式，它是以单份文件、单张图纸或案卷为对象进行著录的。著录项目的多少要根据《档案著录规则》的规定和实际需要来选定。

组织编制专题目录，通常按照选题、拟定方案、挑选材料、填制卡片、组织排列等步骤和方法进行。

（三）科技档案检索工具的标准化

组织任何一种检索工具，都要经过两个步骤。

1. 著录。是按照《档案著录规则》，对科技档案中具有检索意义的内容和形式特征进行分析、选择和记录的过程。记录下来的事项称为著录项目，若干著录项目按照一定格式组成一条完整的著录结果，称为条目。

2. 组织目录。就是将若干条目按照某种检索语言或其他排检方法进行引和编排，组织成各种目录，如分类目录、主题目录、专题目录、责任者目录等。

国家标准《档案著录规则》，是对各类档案包括科技档案进行著录的基本规范。对于不同科技专业领域和不同种类的科技档案，应根据各自的具体情况，制定档案著录细则。如在著录项目方面，不仅要有产品、工程、课题、设备的题名、档号、代号以及文件类型等事项，而且应充实有关科技项目的性能、规格、用途、重要的技术经济参数、使用的技术规范等事项；又如在著录对象和详简级次方面，除文件级和案卷级外，也可考虑以一个科技项目（或子项）的成套文件为著录对象；再如计量单位和专业符号，应根据国家和本专业的统一规定进行著录；等等。

《中国档案分类法》，是分类检索语言的简表。各科技专业领域运用它时，应当将其中的有关部分展开为详表，即编制本专业、本部门的科技档案分类表，才能够实际应用。在进行类目展开细分和组织档案分类检索目录时，必须遵守《〈中国档案分类法〉类目细分规则》、《档案分类标引规则》。

《中国档案主题词表》是全国档案部门通用的专业性主题词表。但该表对科技档案管理中的专业词汇收录较少，所以各科技专业领域应参照《中国档案主题词表》的体例，运用该表中适用的主题词汇，逐步充实本科技专业领域的主题词汇，为编制科技档案主题词表创造条件。在按照主题词语言组织主题目录时，应遵守《档案主题标引规则》。

应该看到，实现科技档案检索工具的标准化，尤其是实现检索手段的现代化是一项艰巨的任务。为了有效地开发利用科技档案信息资源，必须加快步伐和辛勤地工作，尽早建立本单位、本专业的科技档案检索体系，并逐步实现检索工具。

第七节　科技档案的编研

一、科技档案编研的性质和作用

（一）科技档案编研及其性质

科技档案编研，全称为科技档案编辑研究。它是根据客观需要，按照一定的题目，对科技档案材料进行分析研究、筛选提炼和编辑加工，取得各种编研成果的一项业务工作。

科技档案的编研，是科技档案管理中业务建设的一项重要内容，是开发利用科技档案信息资源的重要形式和手段。

科技档案的编研，在性质上属于科技档案信息加工。为了开发利用科技档案信息资源，科技档案部门应根据客观需要，对科技档案、原始资料、数据进行归纳、综合、计算、分析、翻译、研究加工，把分散的原始信息加工成为系统的、实用的编研成果。科技档案信息加工主要有三条途径：

1. 编辑二次、三次文献，如对科技档案信息加工后形成的专题汇编、专业年鉴、专用图集、专用手册、大事记、大全等。

2. 围绕某一专题（课题）或根据某方面工作的需要，对原始数据进行综合、归纳、分析、筛选，编辑反映规律性、本质性的信息材料，如各种数据手册、市场信息、国内外同行业生产情况介绍等。

3. 对引进项目的科技档案资料进行翻译、整理、汇编、加工，为引进技术的消化吸收服务。

由上所述，科技档案的编研属于科技档案信息加工工作，它可以使科技档案信息进一步系统化和优化组合，提高信息密度和实用性，从而更加适应本单位和社会的需要。

（二）科技档案编研的作用

1. 科技档案编研是提供科技档案信息服务的一种好形式。经过加工、汇编的编研成果，可向用户提供集中、系统并具有实用性的优质信息，在实际工作中会产生直接的、现实的使用效益。同时，还会节省用户查找档案信息的时间，减轻劳动量，使其将更多的时间和精力用于生产、建设和科技研究工作本身，提高工作效率和工作质量。另外，向用户提供编研成果，可以同时满足许多用户的需求，有利于科技档案信息快速、广泛地传递和交流。

2. 科技档案编研是加强和提高科技档案管理水平的重要途径。开展科技档案编研工作，会促使科技档案人员在观念上得到更新，从"闭馆锁库"、"重藏轻用"转向"管用结合"和大力开发科技档案信息资源，向用户提供编研成果，积极参与科技管理活动并为其服务。这样必然会密切科技档案部门与科技部门的关系，取得用户的信赖和支持，更好地开拓自己的事业。同时，科技档案部门开展编研工作，是一种高层次的开发科技档案信息资源的形式，它会激励科技档案人员刻苦钻研业务，提高自身素质和管理水平。再者，通过编研工作，能够检验科技档案的收集、整理、鉴定、保管等各项业务建设的质量，进一步促进和加强科技档案管理工作。

3. 科技档案编研是保护科技文化遗产的有效手段。科技档案中的一部分属于孤本，直接以原件反复多次地提供利用，必然降低档案的寿命，不利于长久留存。如果开展编研工作，向用户提供编研成果，就能保护科技档案原件，延长其保管寿命。

开展科技档案的编研工作，不仅是为了当前的需要，而且也是为后代留存科技文化遗产。我国自古以来在科技文献的编纂方面有着良好的传统，并为后人留下了极为珍贵的科技文化财富。如春秋时期的《考工记》、北魏末年的《齐民要术》、北宋的《营造法式》、明末的《天工开物》等，都是中华民族灿烂文化的杰出部分，受到国内外的广泛重视。正因为有着这些科技文献的留存，我国古代的科学技术才得以流传后世。我们应当继承和发扬这一优良传统，努力开展科技档案编研工作，把社会主义现代化建设成就，通过编研的形式存贮起来，广泛传播和留存下去，其意义和影响将是难以估量的。

二、科技档案编研成果的基本类型

科技档案编研成果从加工方式结合内容性质划分，大致有三种基本类型：

（一）汇编型成果

汇编型成果，是指对科技档案的原文、原图的汇编。就是按照一定的专题，选取科技档案的原件加以复制、注释、编排，汇集成册。这类编研成果有两个显著特点：一是不改变科技档案原文、原图的内容，仅是科技档案的复制品，可以代替科技档案原件使用；二是按专题汇编成册，并经过系统编排和注释，便于用户按专题查阅科技档案，研究特定的问题。这类成果一般有专项文集、专用图集两种。

1. 专项文集。主要是科技档案的文字材料汇编，常见的有"技术文件汇编"、"技术规程规范汇编"、"技术说明书汇编"、"专业技术会议文件汇编，"科学论文汇编"等。

2. 专用图集。是对常用的设计成图进行的汇编，如工程方面的"住宅平面布置图集"、"工业烟囱结构图集"等；产品方面的"通用零件、部件图集"、"服装款式图集""织物花样设计图集"等；设备方面的"易损零件图集"等。不同的图集有不同的作用，有的可供设计参考，有的可作为维修依据，有的可作为推销媒介。

（二）文摘型成果

文摘型成果，就是按照一定的专题，对科技档案的有关内容加以摘录、整理、编辑而成的成果。这类成果的特点是，摘取科技档案原件中的精华，在档案原件内容的基础上，浓缩信息，它有以下几种：

1. 文字摘编。主要是对各种科技成果总结报告、学术论文等文字材料加工成文摘。其形式有用简明文字叙述的，也有用表格式的，如"获奖科技成果汇编"、"科研成果简介"等。这种编研成果能促进学术和技术交流，推动成果推广应用，促使技术成果转让，对仅仅为获取基本信息的用户来说，可以大大节省时间。如某科学研究院摘录历年科技成果报告中的成果报告名称、内容摘要、研究的起止日期、成果发表时间、参加研究人员、成果报告执笔人等项目，汇集成册，提供利用，发挥了较好的作用。

2. 数据摘编。主要是对统计表中的基本数据进行摘编。

如把一个企业历年生产、经营方面（产品品种、产量、质量、原材料、能源消耗、劳动生产率、实现利税等）的各项指标和计划决策时参考；把各类产品的技术参数汇集成册，供科技人员掌握产品状况和供销人员宣传、推销产品时参考；把各类设备的型号、规格、定额、使用寿命等数据汇编成册，作为设备购置和管理的依据；把计算书中有价值的计算公式和计算成果汇集成册，供设计人员参考等。

3. 图样摘编。如把水、电、气等各种不同专业的地下管线图摘录下来，加工汇总成为地下管线网络图，作为基建部门管理和维修的依据。还可以把各种图样数值加工成曲线图、坐标图、方框图等各种图谱，这样既可以指导实际工作，又可作为科研和教学参考资料。

另外，还有把上述两种或三种摘编融合一起的产品样本、基建工程简介、专题汇编、专业手册、市场信息、用户反映、国内外同行业生产情况介绍等，这些编研成果具有图文并茂、事实与数据结合的特点，深受用户的欢迎。

（三）编纂型成果

编纂型成果，是指利用科技档案进行再创作的一种新的知识产品。它是科技档案编研工作的高级形式。这种编研成果有三个显著特点：一是在加工方式上与前两种类型有明显的不同，即它不是进行简单的加工，而是一种再次创作，科技档案仅仅作为素材来使用；二是这类成果是一种新的知识产品，它不是仍然明显保留科技档案形态的一般编研成果，而是一种高水平的编研成果；三是不同于一般的创作活动，它以科技档案为主要依据。这类成果具有科技史料的特征。编辑这类成果是一项大工程，一般由科技档案部门会与有关部门或人员共同编著。常见的编纂型成果有以下几种：

1. 专业年鉴。如企业年鉴，它是记录和汇集一个企业一年中的生产、经营、管理等各类大事的有关文字材料、统计数据、照片等综合性汇集。这种汇集的内容主要包括：生产和经营情况；基本建设、设备引进、技术改造和科技研究情况；各项基本数据统计报表；重要会议情况和重要决定、决议；重要外事活动材料；创优评先材料；有关照片；一年的大事件等等。企业年鉴每年一册，不可间断，以便综合反映一个企业的发展状况。这种编研成果对于了解企业的面貌，预测未来、计划决策、总结工作，以及进行科学研究和编史修志等，都会起到依据和参考作用。所以，它深受企业领导、职能部门和有关人员的欢迎，被誉为办公桌上的档案数据库。

另外，许多科技部门也编有年鉴，如水文、气象等部门都有编纂年鉴的传统。水文、气象年鉴，就是根据科技档案编纂的一种编年体的水文、气象史料。

2. 科学技术专著。它是按照一定的题目，利用和参考有关的科技档案资料，经过分析研究编纂而成的一种著述成果。如首都医院根据病历档案编著的《疾病分类和手术分类名称》；中国第一历史档案馆对馆藏清宫病历档案进行整理研究，编纂的《慈禧光绪医方选议》和《清宫医案研究》等。

3. 科技发展历史。就是根据科技档案资料的记载，编纂或编辑的科技发展的史料性文献。如南京市城建档案馆编辑的《南京古城墙档案材料汇编》；湖南省农业科学研究院编纂的《湖南农业科研志》；某制药厂编纂的《葡萄糖生产技术历史材料》；

某灯芯绒印染厂档案室编写的《灯芯绒科技志》等。还有其他专业、地区和单位的专业志、科技发展史、大事记等。

三、科技档案编研成果的一般结构和编研程序

（一）科技档案编研成果的一般结构

编研成果类型复杂、种类较多，在结构上各有特色，但归纳起来一般由封面、说明或前言、目录、正文、附录等几部分组成。

1. 封面。每一种编研成果，都要设置封面。封面的作用主要是反映编研成果的主题内容和有关事项，以便用户选择使用。封面项目主要有编研成果名称、编辑单位名称、编辑出版单位和时间等。

2. 说明或前言。它是编研成果的重要组成部分，主要说明编辑目的、编辑内容和时间范围、编排体例、编辑者、编辑日期，以及其他需要说明的问题。通过说明或前言，让用户对编研成果有个概括的了解，以便正确地使用。

3. 目录。又称目次，它标明材料排列顺序，以便用户查找有关内容。

4，正文。它是编研成果的主体部分。正文应根据内容划分部分和问题，或分章节，按确定的编排体例进行系统组合。

5. 附录。主要指图例说明、参考文献书目，特别是引用档案材料的来源等。

（二）科技档案编研工作的一般程序

在编研工作中，编辑和研究要同时并举，编辑促进研究，研究为编辑奠定基础，二者相辅相成。编研成果的质量，在一定程度上取决于编研程序，科学的编研程序，能够提高编研成果质量。编研工作的基本程序是：选题、拟制编研方案、选材、加工与编排、审校与批准等。

1. 选题

选题，是编研工作的首要环节。选题是否得当，将直接影响编研成果的质量和价值。选题的基本依据有两条：一是客观需要。即本专业、本单位科技活动的实际需要，国民经济、社会发展的需要，科学技术发展的需要；二是主观可能性。既要考虑库藏科技档案的实际情况，又要考虑人力、物力条件。实践表明，既考虑客观需要，又考虑主观可能，把两者结合起来，才能选好题目。

2. 拟制编研方案

编研方案，又称编研纲或计划，它是组织和协调编研工作，使之有步骤、有计划的进行一种计划纲要。

编研方案的内容，包括编研成果的主题内容；编研的目的和要求；编研成果的结构和体例形式；选择科技档案材料的范围、内容、时间和地点；编研进程的时间安排和工作步骤；参加编研工作人员的组织分工；保证质量的具体措施等。

拟制编研方案，应当组织参加编研的人员讨论，并征求有关领导和科技人员的意见。这样做，不仅能使编研方案完整、周全，而且易于贯彻执行。

3. 选材

选材，是编研工作的关键步骤。其基本要求是：根据编研方案，针对编研成果的主题内容和范围，收全和选准科技档案材料。

收全科技档案材料，要注重选材的广泛性、连续性、真实性。广泛性，就是要围绕编研对象的内容和范围，广采博取，力求齐全完整；连续性，就是要理清科技档案材料的来龙去脉，前后衔接，准确反映出历史联系；真实性，就是选择真实可靠的材料，如有疑点要进行鉴别核实，去伪存真。

选材要注意与编研题目相切近，与编研目的相符合，与编研成果的要求相一致。同时，还要考虑编研成果的印发和使用范围以及有关权益问题。根据这些要求选择科技档案材料，而且还要有一定的界限，不可能一切都包括。

4. 加工与编排

加工与编排，就是对选择来的档案材料进行科学加工和有秩序的编排，这是一项细致的编辑工作。

加工，是在对科技档案材料分析研究的基础上进行的，包括选录、摘抄（或复印）、翻译、绘制图表、内容校对，以及文字、标点、图例、符号的考订、注释和标准化审查等内容。加工要细致、精确，忠于原文，维护科技活动的历史面貌。在此基础上，根据不同情况，可以做必要的删节、简化、修改和补充。尤其是编纂型成果，加工撰写工作量较大。

编排，是根据拟定的体例形式，对选择、加工后的成果材料进行有秩序的排列。排列应力求保持系统性、严密性和逻辑性。

5. 审校与批准

审校，属于质量把关，分为初审和终审。初审，一般由参加编写人员自行审校或互相审校；终审，一般由编研成果负责人或委托有关科技部门审校。

经过初审和终审后的编研成果初稿，应报请有关领导审定批准。定稿后，有关印刷方式、印刷数量、发行范围、发行方式等问题仍需要有关领导批准。

第八节　科技档案的提供服务

一、科技档案提供服务的基本含义

科技档案的提供服务，是指科技档案部门采用多种有效的方式，直接提供科技档案及其信息加工材料，及时、准确地满足用户的需求。

在科技档案信息资源开发利用中编制科技档案检索工具和编研成果，主要是对科技档案信息的加工贮存，为提供优质服务做准备工作。要把开发出来的科技档案信息及时、准确地送到用户的手中，科技档案部门还必须解决如何为用户直接提供服务的问题。

科技档案的提供服务，体现着科技档案工作的根本目的，是科技档案工作为社会主义事业服务的手段，它在科技档案工作中占有突出的地位。通过提供服务，把科技档案事业与国民经济和社会发展紧密地联系在一起，把科技档案信息资源转化为现实生产力。通过提供服务，可以检验和推动科技档案的管理工作，促进科技档案各项业务工作的改进和提高。随着经济建设和科技研究的进一步开放，科技档案部门将把提供服务工作摆到重要位置上，在为经济建设、科技研究与社会发展服务方式上，努力实现由封闭、半封闭式向开放式转变，不断提高服务工作质量和水平。

科技档案的提供服务应当根据用户的不同需求，努力做到广开门路，畅通渠道，优化条件，方便用户，采用更为有效的服务方式。

二、科技档案提供服务的方式

（一）借阅

开展科技档案的借阅，是科技档案部门提供服务的基本方式。它包括内部借阅和外部借阅两种形式。

1. 内部借阅

内部借阅，是指本单位科技人员借阅档案，其借阅方式有阅览和借出两种。

（1）阅览。科技档案部门开辟阅览室，为利用者提供良好的条件，让利用者查询阅览科技档案材料。这种方式手续简单，供需见面，一般不受借阅数量的限制。

为方便利用，应提倡开架阅览。《开发利用科学技术档案信息资源暂行办法》和《国营企业档案管理暂行规定》都把"开架阅览"列为开发利用科技档案信息资源的第一种形式。

所谓开架阅览，是指对降密、解密的科技档案（副本）开辟内部阅览室，开架服务，使科技档案直接与利用者见面。其基本做法是：对科技档案要进行密级鉴别，严格划分开架与闭架的范围界限；开架的科技档案必须是副本（或复制件），原件不得开架；开架前要制定开架阅览管理办法，开设内部阅览室，提供良好的阅览设施和条件；开架阅览仅限于本单位工作人员，办理一定手续即可自行阅览；科技档案人员对阅览者进行必要的协助和指导。开架阅览是科技档案实行内部开放的一种形式，深受科技人员的欢迎。

（2）借出。就是根据借阅规定，办理一定手续，将科技档案出借给利用者使用。一般说来，科技档案应控制借出，一旦借出使用，应严格执行借阅制度，保证档案的安全，并要求按期归还。

内部借阅，要简化借阅手续。但是，为了维护科技档案的完整与安全，掌握科技档案的利用情况，应当建立必要的借阅和登记手续。如小型单位，一般只办理借阅登记。大中型单位，一般凭借阅证借阅并办理借阅登记。借阅登记簿不仅是借阅的依据，而且是了解和统计科技档案利用情况的原始凭证。

2. 外部借阅

外部借阅，是指外单位借阅科技档案。这种借阅属于科技交流性质。利用者需持本单位的介绍信，经科技档案持有单位批准后，方可办理借阅手续。外部借阅一般在指定地点阅读。

（二）复制供应

复制供应，是指以晒印蓝图、静电复印件、缩微胶卷和胶片等复制材料为用户提供服务。它是科技档案提供服务的一种重要形式，包括对内复制供应和对外复制供应两种。

1. 对内复制供应

对内复制供应，是指对本单位各科室、车间提供科技档案复制件。这种服务方式在工程设计、产品设计和产品制造部门工作量较大。对内复制，又分为单件复制和配套复制两种情况。单件复制一般用于查考使用；配套复制多用于设计配套，或为产品生产用图配套。配套复制的内容大体有两种，一种是对标准图、通用图的配套复制；另一种是对非标准图、非通用图的配套复制，这种情况大多是对已有的设计成图的重复套用和复用。

2. 对外复制供应，是指对外单位提供科技档案复制件。这种服务是向社会提供科技档案，实现科技档案有效利用的重要内容和方式。例如：用户使用、维护生产单位销售的产品，要求增补有关的图纸，以建立或补充设备档案；建筑工程竣工交付使用后，使用单位需原设计单位提供设计档案复制件，以健全或补充基建档案；科研成果推广使用时，接收使用科研成果的单位需使用科研成果档案；兄弟单位之间为科技活动参考也需索取科技档案的复印件作为科技资料使用等等。科技档案部门一般以对外复制供应的形式满足上述需要。这种服务方式有助于科技交流；有利于充分发挥科技档案的经济效益和社会效益。

（三）科技咨询

科技咨询，是指科技档案人员以科技档案为依据，解答用户提出的有关科技方面的问题。科技咨询，包括内部咨询和外部咨询，在方式上有口头咨询和书面咨询两种。

咨询服务的内容一般包括两个方面：一是针对科技档案材料有关问题的咨询，如库藏结构、检索途径、检索工具的种类和使用方法，以及某项目科技档案材料的完整、准确、系统程度，被推广应用或重复利用的效果等。二是针对科学技术内容有关问题的咨询，如科技档案中记载某科技项目的技术规范、性能、作用、主要技术经济数据，以及某些专门的或综合性的科技问题等。

（四）信息交流

信息交流，是指科技档案部门通过印发目录和编辑出版编研成果，报道和交流科技信息。信息交流的基本方法和途径有两个方面：

一方面，对内进行信息交流，即将本单位科技档案信息和从外单位获取的有关的科技档案信息，通过印发目录、索引、文献、简介、汇编或编发信息动态、简报等方式，及时地向有关部门和科技人员进行通报、介绍。为此，科技档案部门不仅要对库藏科技档案信息进行加工，而且还要注意收集外单位有关科技档案复制件和信息加工材料，以满足本单位科技活动的需要。

另一方面，对外进行信息交流，即配合业务技术部门，将本单位的科研、设计成果简介、汇编、产品目录、样本等有目的地发送有关单位，为技术转让、产品出口、参与技术市场和信息市场、促进横向经济联系及对外经济技术交流服务。对外进行信息交流，是科技交流的一种重要形式，它会产生显著的经济效益。

在我国，许多专业系统或地区有计划、有组织地开展了科技档案信息交流活动。这就是按专业系统或地区，由下至上报送科技档案目录，建立和健全专业系统或地区的科技档案目录交流中心，来促进科技档案信息的交流、传递。

（五）陈列展览

陈列展览，是指把科技档案中的一部分，按照一定专题予以陈列展出，让科技人员自行阅览，获取所需要的科技档案信息。

陈列展览是一种供需见面的比较直观、具体的服务方式，是为实现一定的目的服务的。陈列的科技档案应当有所选择。比如，以科技交流或成果转让为目的，陈列的档案材料应在技术上具有先进性、典型性和适用性；以宣传教育为目的，陈列的档案材料应具有真实性、原始性，并有发挥重大经济与社会效益的事例。陈列的科技档案材料既可以是原件，也可以是复制件，并要以简短文字加以说明，陈列期限可长可短。

以上五种提供服务的方式，在实际工作中可以结合使用。为了掌握服务效益，科技档案部门要建立开发利用效果反馈记录，尤其要建立服务跟踪记录，收集利用效果信息，总结开发经验，使开发利用形式和内容更加适应我国经济建设、科学技术发展的需要。《开发利用科学技术档案信息资源暂行办法》规定："对于开发利用科技档案信息资源做出显著贡献的集体和个人，应当比照直接从事科技研究人员，根据有关规定给予表彰和奖励 J 贯彻和执行这一规定，有利于调动科技档案人员的积极性和开拓精神，推动开发利用工作向前发展。

三、科技档案的无偿与有偿服务

科技档案部门积极贯彻改革开放、"开发信息资源，服务四化建设"方针，提供了大量科技档案为各方面服务，受到社会各界的好评。在提供服务过程中，许多企事业单位实行部分档案利用收费，通过无偿与有偿相结合的方式为社会服务，收到了较好的效果。

（一）有偿使用原则

总的原则是：区别对待，坚持无偿与有偿服务相结合。具体原则是：

1.各级领导机关因计划、规划、预测、决策所需的科技档案资料应无偿提供或只收工本费。

2.对社会公益性服务（指社会团体、社会服务保障部门。如气象、水文、地震预报及自然灾害抢救等需要）及列入国家发展计划的社会公益事业，应无偿提供使用或只收工本费。但利用者不得将档案及复印资料转让其他单位或进行有偿咨询、营利等活动，否则应承担经济责任及法律责任。

3.本单位工作利用可不收费，外单位需要利用原汇交(个人上报、移交的科技档案，只收取工本费。

4.经济效益性服务，如外单位利用开发成果是为生产经营或研究、设计参考，从而获得商品化成果及一定的经济效益，应按成本费、开发转让费收取费用。

（二）收费标准

科技档案信息的使用收费标准，可根据科技档案所反映成果的技术水平、先进程度。根据开发劳动的难易程度和工作量，以及利用档案资料可能取得的经济效益的大小，本着有利于成果推广、促进生产发展的原则，由主管部门制定。中外合资（合作）或外商独资企业利用我方测量，勘查，勘、探、监测记录所形成的档案资料（如地质、水文、气象、测绘及海洋、石油勘探等），收费标准不应低于其记录成果形成时所用成本的 50%。

（三）收费方法

收费方法要根据具体情况来确定。档案部门配合技术部门参与技术市场、信息市场活动，一般由技术部门统一收费；独立的档案部门，可参照技术合同的方式来规定开发方与使用方的义务、费用及违约处理办法。开发利用一旦确立合同，即可在《中华人民共和国技术合同法》的保护下，解决开发中费用、收益及其他有关问题。

（四）费用管理

开发利用科技档案信息资源的收入（包括计算、汇编、照排、复印、翻译、绘图、晒图及对档案资料二、三次编研加工后直接用于转让、咨询等各种服务方式所得）扣除成本后的净收入，属于开发利用的直接收益，对此应加强管理。如在企业，应视同技术转让收入，按有关规定办理，在事业单位，应该纳入预算管理。

为了发展科技档案事业，本着"以档养档"的精神，对于开发利用中获取的收入，除按照规定留给企事业单位的以外，其主要部分应用于改善本单位档案信息管理的条件，弥补档案事业费的不足。

第八章　科技档案管理服务农业发展的实践策略

第一节　科技档案管理服务农业发展的意义及问题

一、农业科技档案的独特性

（一）长期性

农业科研一般周期较长。因为对植物育种、动物繁育等新品种的研究，受生命周期、自然环境和农业生产诸多因素影响，往往经过多年的筛选、培育，才能育出新品种，如小麦育出一个新品种需要 7~8 年。因而，作为农业科研原始记录的农业科技档案，要形成完整的档案资料，需要长期的记录和积累。

（二）地域性

农业科研的对象是有生命的植物和动物，不同的地区农业自然资源、环境条件不同，相应的主导性作物品种、技术需求、物质手段等就有差异，因此农业科研的侧重点不同，在不同的地区积累的档案资料也有相应的差异。

（三）系统性

农业科研过程是一个完整的体系，因此一个农业科研项目从科研准备、研究试验、总结鉴定、成果奖励、推广转化的各种材料与证明必须完整、齐全并将系统的存放在一起，才能具有保存价值。

（四）使用性

一般档案只是用于历史查考，不具备相应的现实使用价值。但由于农业科研、生产活动具有极强的继承性、连续性和借鉴性，使得农业科技档案更具有现实的使用价值。

二、科技档案管理服务农业发展的意义

1.农业科技档案是开展农业科技创新工作的基础和前提农业科技档案不仅是对农业科研活动的简单再现，更是经过农业科技人员对试验结果的深入分析和总结后提炼出来的精华，它承载着农业科研活动中科技人员的辛勤劳动和智慧来真实记录和反映了农业科研活动的过程与成果、经验与教训，还为今后查考工作、总结经验和教训、研究事物的发展规律、进行发明创造、宣传和普及农业科技成果等提供参考，是农业科技成果鉴定、专利申请和技术转让的重要依据，也是农业科研单位技术创新、管理创新和提高竞争力的重要智力资源。同时，农业科技档案也是农业科研管理规范化、科学化和现代化的重要依据，是上级科研管理部门正确决策、科学主持研究工作和处理重大问题的重要依据，对农业科技档案有效地管理和利用，也是提升科研管理水平、提高农业科研管理绩效和增强持续创新能力的基础和前提。

2.农业科技档案是农业科技创新成果的载体和重要组成部分

农业科技档案记载和反映了农业科技活动的全过程和具体成果，是农业科研工作的重要史料，也是存储科研信息和科技知识的主要载体和重要资源，不仅为农业科学研究提供借鉴，还可对已有的成果进行验证和创新。完善的科技档案管理是科研自主创新的重要环节，科学有效地开发和利用这些宝贵资源，更好地为农业科技自主创新服务，对加强农业科技档案管理工作有着重要的意义。

3.农业科技档案是保护农业知识产权的重要依据

农业科技档案是农业科技活动的第一手资料，详细记录了农业科研成果形成的全过程，包括技术难点、配方等核心技术材料，以及技术开发、转让过程签订的合同、协议等，在农业知识产权纠纷中，农业科技档案具有法律的凭证作用，能为保护科技创新成果所有权和正确处理科研工作中的各种权益提供详实、直接而可靠的依据。加强农业科技档案的管理工作，保护农业知识产权，使农业科研成果得到合法利用，能促进农业科技的进步，使我国现代农业经济得到可持续发展。

（1）能够有效提升档案管理成效

农业科技档案记录着农业科技的演变历史、科技现状和发展趋势，对农业可持续发展具有不可估量的作用，实施农业科技档案信息化管理，档案信息的采集归档既全面又及时，档案管理质量和效率得到双提升。农业科技档案信息化管理与传统信息不全、归档较慢、管理耗时费力、空间与成本消耗较大的纸质档案管理相比，信息化档案管理具有及时性、共享性、完整性、原始性、真实性和无地域限制性特征，能够有效提升农业科技档案的管理成效。

（2）能够有效加快农业科研效率

农业科技档案记录着农业科研的全部过程，对农业发展具有较高的借鉴、研究价值：实施信息化管理后，农业科技档案归档及时，档案整理高效，能够打造出农业科技档案管理一体化模式，拓展档案服务范围，扩宽档案服务渠道，高质量服务于农业科研主体，此外，信息化管理实施后，农业科技档案的应用更便捷，档案质量更高，能够更好地满足使用主体的要求，推动农业科研高质量前进。

（3）能够有效推进科技成果转化

农业科技档案是农业科研的过程与成果，对农业生产具有推动作用。实施信息化管理手段后，农业科技成果在信息化平台就能得到展示，突破时间和地点限制，成果更易于转化。同时，科技档案为用户提供科研信息，帮助用户少走弯路，能够有效减少重复无效科研的几率，并为其提供高价值的参考数据，从而提高农业科研的科学性、有效性、合理性，使农业科研成果直接面向农业，推进科技成果转化。

加强农业科技档案管理，为农业科技创新奠定基础

农业科技档案是由农业科研人员通过试验获得试验结果，并对试验结果进行严谨、全面、详细的分析与总结出来的精华，其反映了农业科研活动的经验和成果，同时也承载了科研人员的智慧与辛劳，为以后的农业科学研究工作提供了可靠有效的参考，已经成为农业技术转让、农业专利申请以及科研成果鉴定的主要依据。通过加强农业科技档案管理，能够为农业科研管理创新和技术创新增添动力，为实现农业科学技术创新和管理创新奠定了坚实的基础，为实现农业科研管理的现代化、创新化管理提供重要参考。

三、科技档案管理服务农业发展的问题

1. 缺乏认识，导致档案资源流失。

在市场经济发展大潮的冲击下，农业科技档案收集管理工作未得到普遍的、应有的重视，特别在当前科研体制改革中，显得尤为突出。有的基层领导对农业科技档案工作意义认识不足，认为农业科技档案管理工作只有投入没有产出，没有经济效益，难以体现工作业绩，只要把档案收集起来保存即可，而未当做一项重要工作来抓。有些科技人员不主动向本单位档案部门移交科技成果档案，甚至出现了私自转让或据为己有，使档案不齐全、不完整、不成套。有关部门对科技档案管理归档质量验收把关不严。

长期以来，农业科研院所作为国家农业科技的研发主体，承担了大量的技术研发项目，积累了大量的试验数据和科研资料，科技档案数量逐年增加也由于农业科研工作的特殊性，档案来源较分散，部分档案管理人员和科技人员的档案管理意识淡薄，

对科研过程中档案材料的收集和整理认识不够，对归档范围及研究材料的完整性等要求不很清楚。例如，一些材料形成的不规范，书写的纸张和试验的数据记录等不准确、不规范，特别是在田间形成的材料，有些科技人员不注意对试验记录书写工具及材料的选择、记录本的清洁和完整等，记录本不符合长期保存的要求，导致使一些珍贵的原始记录缺失；科研课题的文件材料中复印件较多，原件较少。某些科技档案缺少核心内容，导致科技档案材料的完整性和成套性较差。档案部门不能参与科研项目选题、立项、试验设计、生产过程等整个项目实施过程，档案管理人员只能对科技人员提交的材料进行归档，缺乏全面而系统收集科研项目材料的途径。科研工作经常是多部门、多单位参与合作，科技人员的流动性大，科研材料分散在科研部门或科技人员手中，时间一长，容易丢失，这也是造成档案资源流失的主要原因之一。另外，档案的载体形式已日趋多样化，而档案部门多注重收集纸质档案，忽视了电子文件、多媒体等音像材料。农业科技档案资料的不完整、不规范，直接影响到档案的质量和潜在价值的发挥。

2. 缺乏人才培养，管理人员素质不高。

农业科技档案管理的现代化要求管理人员既应具备充分运用现代化技术和设备的业务素质，又应具有较高的专业知识水平和业务技术水平。目前，农业科技发展速度快，农业科技档案管理工作在运用新技术和新设备上发展缓慢，其主要原因是管理人员素质不高，运用现代化新技术和新设备的能力相对落后，很难发挥应有的价值。因此，全面提高农业档案管理人员的综合素质是当务之急。

随着科技发展和计算机、网络技术在科研活动中的广泛应用，使得科技信息的传递途径明显增加，大大提高了信息的时效性，但这些先进的技术多用在立卷目录的检索上，没能在档案信息的存贮、加工和传递上得到全面体现。目前，多数农业科研单位的档案管理手段还比较落后，很多科研单位的档案信息化与办公自动化建设不同步，档案管理手段仍停留在传统手工操作阶段，计算机很少在档案管理中被运用。现阶段，科研工作中大量的科技档案是以电子文档的形式出现，但很多科研单位的归档材料的收集还只限于纸质文档，而且检索方法单一、速度慢、准确率低，难以满足档案资源共享和深化利用等现代化管理的需要科技档案管理工作有很强的专业性，要求档案管理人员不仅具备档案专业知识，还必须有一定的计算机应用能力。自档案管理从手工管理向现代化管理过渡以来，真正既懂档案专业知识，能进行档案信息深层次研究和开发，又熟练掌握农业科技、计算机和网络技术的高层次复合型人才很少，同样，也缺乏既懂档案管理又懂业务的高水平领导者。另外，档案工作的连续性很强，基础业务和规章制度建设等许多工作，都需要档案人员进行较长时间的学习并积累经验，才能逐渐适应或逐步完善。因此，必须加强档案管理人才培养，提高档案管理队伍的整体素质，才能充分发挥档案服务科技创新的作用和功能。

3. 农业科技档案资源的开发利用工作进展缓慢，不能适应科技高速发展的需要。

农业科技档案真实地记录了科技活动过程、成果、经验和教训，为农业科技的发展和新成果的产生提供了参考和依据，使科技工作少走弯路，避免重复劳动，节约时间，降低人力、物力和财力的消耗，有利于提高经济效益，从而用更多的时间和人力、物力、财力去从事发展、开拓新的创造性活动，实现农业科技档案潜在的经济开发价值和社会公益价值。如果农业科技档案信息没有得到及时和有效的开发，就会造成农业科技资源布局分散、建设重复、资源浪费、科研数据垄断、信息滞后，不能适应高新科技高速发展的需求。

4. 档案管理信息化程度低，开发利用率不高

档案利用是实现档案价值的重要途径，是档案管理的最终目的。档案信息化是档案管理现代化的重要标志，数字化、网络化是实现档案管理信息化的必由之路。有些科研单位较少利用计算机管理科技档案，也没有建立起科技档案的电子目录，科技档案仅停留在手工操作水平，主要是立卷和保存，资料查阅的速度慢、效率低，档案管理信息化程度较低。

近年来，随着农业科技成果逐年递增，农业科技档案也在迅速增加，这些档案凝聚着科技人员的心血，但由于科技人员缺乏查阅和利用科技档案信息的意识，加上档案管理人员多数注重归档的数量和规模及对档案的保管，对档案信息资源的利用大多停留在信息查询层面上，忽视了档案信息资源的开发利用，档案的潜在价值不能得到充分的挖掘和发挥，对科技档案的管理没能上升到为科技创新服务这一高度来认识。同时，由于农业科技成果的转化推广机制不畅，科技档案管理人员很少能介入科技成果转化的后期工作，原有档案工作的内容只是注重收集项目开始到鉴定期间形成的材料，成果开发推广阶段档案很少甚至空白，造成了科技档案难以为成果转化提供有价值信息的现象，从而影响到农业科研工作整体发展水平的提高。另外，档案管理人员有限，不少科研单位的档案管理工作只能勉强维持收集和保存，很难进行开发和加工利用，大大降低了农业科技档案的利用率。

第二节　科技档案管理服务农业发展的思路

一、科技档案管理服务农业发展思路

1. 必须加强农业科技档案基础建设

农业科技档案的基础条件，这里主要指农业科技档案资源的贮藏、保存，应具备较宽松的库房，先进而规范的装具（如架、柜、台、盒）和防护技术设备及良好的工作环境等。这是提高农业科技档案服务功能的根基。随着改革开放的深入发展，农业科技体制改革不断深化以及市场经济对科技支撑的需求，近些年来，各农科院所普遍加大了对农业科技档案基础条件建设的投入，特别像铁岭、锦州、丹东、大连农科院投入几十万元改善科技档案的工作条件，每年提供万元的活动经费，有力地提高了科技档案的服务功能。但就农业科技档案工作发展来看，特别像半独立和经济还很拮据的农科院所，还局限在小农经济作坊式的管理上，科技档案资源贮藏、保存条件还很不适应市场经济和科技创新发展的需要，更无法与世界接轨，应该引起关注，加强科技档案建设也应是当务之急。

2. 必须加快实现农业科技档案管理手段现代化

要保护好农业科技档案的实体，建立起合理有效的存放秩序，并尽其可能积极开发科技档案信息资源，充分发挥其在经济建设、科技创新、社会进步中的重要作用，必须加快实现农业科技档案管理手段现代化，这也是提高农业科技档案服务功能的主要标志。农业科技档案管理手段现代化，系指农业科技档案的形成与开发利用工作中，要运用先进的仪器设备及其操作技术，如计算机技术、信息技术、数字化技术、网络化技术、光盘存储技术、缩微技术、音像技术、多媒体技术以及传真、复印技术等。如缩微摄影技术形成的缩微品档案不仅大大节省存储空间，而且在记录档案内容和表现形式方面具有一定可靠性，在一定保管条件下具有保存更长的寿命，而且具有法律效力。光盘技术具有存储信息数量巨大，保存方便，读写速度快、精度高，易于大量复制、数据编辑整理方便简单等特点。随着农业科技档案管理中计算机技术及其信息化、数字化、网络化技术运用，传统的档案管理工作模式和服务方式将发生巨大的变化，农业科技档案管理水平和方法将会适应市场和农业现代化建设需要也会达到一个新的高度。但就目前辽宁农业科研院所整体来看，管理手段和工作方法仍然没有摆脱传统手工操作模式，信息不畅、效率不高、速度不快，是阻碍着农业科技档案服务功能的显示。解决科技档案手段现代化问题的根本在于转变观念，深化改革，增加投入。

3. 必须逐步实现农业科技档案管理科学化

管理就是控制，就是对一个系统中人、财、物、时间和信息协调运用和控制，以最小的输入获得最大效益，在农业科技档案管理工作中，基础设施，现代化管理手段都是管理科学化的硬件条件，而管理科学化软件内容，核心是运用现代管理科学的原理和方法。如系统论、信息论、控制论等管理科学以及经济学、市场学和各种规章、法则等理论规范，创建科学的、先进的管理方法、管理形式、管理体系，使农业科技档案管理工作逐渐走向标准化、法制化、市场化、产业化，实现农业科技档案管理科学化。这是提高农业科技档案服务功能的重要内容。多年来，在深化农业科技体制改革中，我省农业科技档案的管理水平和工作效果有了很大提高，在法制建设、管理规范、标准化上，在管理体制和管理形式上，都有所创新并取得了比较成熟的经验。但就实现管理科学化目标而言，还应该继续加强建设，来适应 21 世纪市场经济，农业科学技术发展和社会进步的需要。

4. 必须提高科技档案专业队伍整体素质

建立一支具有较高政治思想觉悟、专业理论、技术水平、有实际工作能力、热爱农业科技档案事业的干部队伍，同时，不断提高相关人员业务能力，增强档案意识，是发展农业科技档案事业，提高农业科技档案服务功能的关键。经过十几年的工作实践，我省已形成了一支农业科技档案管理专业队伍。他们在相关科技人员的配合下，熟悉和基本掌握了农业科技档案的管理规律，业务素质、技术水平和工作能力都有了很大的提高。这支队伍多年来的潜心工作，为我省农业科技档案事业的发展做出了重要贡献。但就整体素质而言，仍然不适应农业科技事业、现代农业发展和现代化档案管理工作的需要，多数人缺乏现代科技管理的基本知识，不熟悉科技档案现代化操作技术，全面提高科技档案管理专业队伍素质和工作水平已迫在眉睫。我认为培训提高素质的形式和方法可采取：①举办和组织参加专业培训班，进行基本知识和现代操作技术培训；②加强协作网的活动，定期召开经验交流会和学术报告会，组织参观先进典型经验等；③通过写作和科学研究工作，探索在市场经济和发展现代农业的形势下，如何开创农业科技档案工作的新局面；④充实和调整专业队伍结构，包括年龄结构、专业结构和学历结构等，逐渐形成一支结构合理、素质较高具有活力的农业科技档案管理专业队伍。

5. 必须拓宽农业科技档案的信息资源

农业科技信息资源是农业科技档案的物质基地。在迅猛发展的市场经济形势下，知识、科技创新要求农业科技档案工作必须构建多功能、网络化、智能化新的工作模式，科研、生产需要的不仅是传统模式中贮藏的科技档案资料，而且是范围非常广泛的知识、科技信息。因此，在农业发展步入一个新的时期，必须转变观念，解放思想，积极拓宽农业科技档案信息资源，这是提高农业科技档案服务功能的源泉。那么从那些方面开拓农业科技档案信息资源呢？①破除单一科研档案和单媒体档案形成的传统模式，要从农业科研院所从事农业科技活动的全方位，全过程，要从不同层次，不同形式去拓宽信息资源；②从体制上要拓宽科技档案资源收集单位；③农业科技档案内容形成要以课题档案为主体，要形成科技开发、科技推广、科技市场、科技贸易，以及科技开发区、科技示范区、科教基地等科技档案；④加强科技信息网络化建设，广泛搜集与开发利用省内外、国内外科技信息资源；⑤要加强多种形式科技档案载体的制作，特别是注意音像，磁光盘、图表、标本、多媒体等科技档案的形成与开发利用，以及建立各种类型数据库，这是开拓科技档案资源有效途径。

6. 必须加强农业科技档案资源的开发力度

农业科技档案资源是科技劳动的结晶，是国家宝贵的财富，在市场经济形势下，如何开发利用科技档案信息资源，使尽快地转化为现实生产力，为农业结构调整，农业增效、农民增收，为农业产业化、农业工业化、农村城镇化，为我省全面进行小康建设提供有力的科技支持，这是农业科技档案工作面临的义不容辞的责任。近年来，尽管做了大量工作，取得了一定成效，但就农业科技档案工作来说，仍然没有摆脱传统服务方法，开发力度不够，存在着科技档案与经济建设脱节，与社会进步不密结合切的问题。

第三节　科技档案管理服务农业发展策略

一、科技档案管理服务农业"六步"法

（一）"六步"法

1. 加强领导和档案法规的宣传，强化档案意识

档案法规是搞好农业现代化建设的法律依据。因此，我们必须采取多种形式认真组织学习和宣传，学习《档案法》、《档案法实施办法》，学习国家档案局与有关部委颁发的《科学技术档案工作条例》、《科学技术研究档案管理暂行规定》、《农牧渔业科学技术档案管理试行法》及《县乡村农业科技档案信息工作网络试行办法》有关规定，各级农业部门领导要经常过问档案工作，分管领导要亲自抓，要把农业科技档案工作纳入重要议事日程。要尽快建立综合档案室，配备素质高、责任心强的专，兼职档案员集中统一管理本单位各种门类档案，要加强基层农业三站的科技档案管理，

要把农业科技档案工作同农业业务工作紧密结合起来抓，在研究部署和开展业务工作时，要对档案工作提出相应要求，做到农业科技档案工作和农业其他工作同部署、同实施、同检查，并作为目标职责制考核的一项内容，与年终考评奖惩挂钩，以增强农业部门的档案意识，使农业科技档案工作达到标准化、规范化、科学化。

2. 严格执行农业科技档案工作有关规章制度，建立和完善档案的管理制度

各级农业部门要重点抓好农业科技档案，从一开始就要根据农业科技档案工作自身的特点布网建点设人，以点设线，以线联网，建立起与档案工作相适应的档案管理网络，并在网络内层层建立由分管领导、业务主管部门领导、专兼职档案员组成的机构，明确工作岗位职责，与各科建立横纵向联系制度，不定期召开业务交流会，及时沟通信息，了解情况，根据国家规定，制定建立一整套适合本地农业特点的科技档案管理的工作制度，理顺农业科技档案的管理体制，确定农业科技档案的归档范围，保管期限，来保证归档材料齐全完整；建立了科技档案借阅、保管、保密、利用等制度；做到科技档案管理工作有章可循，也确保了档案的安全；建立了档案工作人员目标管理岗位责任制，以保证责权到人；制定了有偿服务办法，以改善职工生活和工作条件，促进改革。做好农业科技档案的形成、收集、整理、归档、保管和提供利用工作，同时，在实践过程中，多开动脑筋，创造性地开展工作，对各种规章制度应不断进行修改、补充和完善。

3. 实行农业科技工作与档案管理"四同步"

即下达课题研究计划任务与提出科研文件材料的归档要求同步；检查计划进度与检查科研文件材料形成情况同步；验收、鉴定科研成果与验收、鉴定科研档案材料同步；上级登记和评审奖励科技成果与档案部门出具文件归档情况证明同步。

4. 提高农业科技档案工作人员的素质，搞好档案业务和技术培训根据农业科技档案的性质和特点，要求从事农业科技档案的工作人员要具备两方面的业务知识：一是农业基本建设专业知识；二是档案专业知识及实际操作技能．因此，在岗的档案技术人员不仅要熟悉掌握本专业技能，还要学习农业基本建设专业知识，适应农业基本建设和形势发展的需要。所以，一方面应对现有的农业科技档案管理人员加强思想建设、法制建设和业务建设，提高他们的政治、理论水平和分析、综合问题的能力，熟悉相关业务部门的工作程度和文件运转情况，另一方面是在农业大专院校设置档案专业、培养档案管理人才，也可有计划、有组织、有考核地选拔一些档案干部参加进修班、研修班，学术讲座、学术会议、业务考察、函授、刊授、电大等各种档案继续教育的专业学习和培训。有条件的还可以选送档案干部到国外考察、进修、访问、参观学习，让他们参与各项活动，开阔视野、拓宽思想，进一步提高档案人员的素质和业务水平，从而做好农业科技档案工作，服务现代化条件。

5. 落实农业科技档案管理工作的组织条件

针对农业科技档案没有明确管理部门的问题，应该采取科技管理部门与档案管理部门相结合的管理责任制，使局科技股和办公室两个部门分工明确，互相支持，共同做好科技档案工作，农业局也明确由科技股负责指导、检查科技文件材料的形成与积累工作，在鉴定前和课题主持人共同做好预立卷工作，然后由科技股移交档案室，由档案人员进行一系列档案规范化工作，并实行集中统一管理和提供利用，这是做好农业科技档案工作的前提。

6. 加强农业科技档案的开发利用工作

充分发挥档案信息资源的应用作用，更好地为农业生产建设和现代化建设服务，逐步拓宽服务范围，使档案工作由过去单位使用的内向型服务，逐步转向既为本单位，又向社会开放的内外结合型服务。各级农业档案部门要花大力气开展提供利用工作，特别是农业科技档案的利用，要变被动服务为主动服务，农业科技档案人员要深入实际，了解服务对象的需要，主动上门服务，使"死材料"变成"活信息。要建立有效的档案信息网络，积极开展信息咨询、办讲座、展览等多种形式的档案提供利用服务，以利于档案信息资源共享，为农业现代化建设服务。

（二）优化措施

1 创新档案工作思路，建立程序化、科学化的档案管理机制

在农业科技体制改革的进程中，随着公益性研究领域的建立，原有公益性研究领域的建立，原有的科技档案上下层级管理模式已不能适应改革发展的需要。科研档案工作要纳入科研计划、规划、管理制度和有关人员职责范围之中，与计划管理、课题管理、成果管理等工作紧密结合。实行科研工作和建档工作"四同步"管理。即下达任务与提出归档要求同步：检查计划进度与检查科研文件材料形成情况同步；验收、鉴定成果与验收。鉴定科研档案材料同步：上报登记、评审科技成果与档案部门出具科研课题归档情况的证明材料同步。传统的"四同步"管理仅限于阶段性控制，难以实现对重点农业科技课题档案质量的全面控制。同时，随着政府审批制度的改革，程序的简化，对科研项目过程的规范化管理和质量的提高，提出了更高更新的要求。为此，在管理机制上，应注重以下几个方面的创新。

（1）探索建立新型管理模式

为解决保管与利用的矛盾，要从既有利于档案的规范管理，又方便科研人员利用的层面出发，积极探索以农业科技档案管理专职部门为中心，以农业项目组为纽带的分级管理模式，即所属科技项目组，以科技项目组为单位保管结题档案和管理的科研题形成的材料，并建立综合性档案的管理形式，对项目组所有研究课题全面进行综合性管理。

（2）实施超前管理和控制

从过去重视档案验收、成果中报材料齐全的监督和指导，转向以过程管理和深化服务中心的农业科技档案工作各个环节的监督和指导：从农业科技档案管理部门向有重点保管成果的档案，科技管理档案的形成：从重视归档后的监督转向文件材料形成过程的监督。

（3）加强各项建设，规范管理

在思想建设上，采用多形式多途径宣传。学习贯彻《农业法》等法律法规，提高农业科技对档案管理人员实现由人治到法治的自觉性，增强他们参与和支持科技档案工作的意识。增强他们对科技档案工作的意识，形成依法治档、科技兴档、自觉归档、规范管档的良好氛围。为农业科技档案工作的正常开展营造了一个良好的环境。可以从组织、制度、业务、标准建设上，从不同角度，不同层面，多途径提高农业科技人员的管理水平，使他们能尽快适应科研课题档案的各项管理工作。进一步做好农业科技管理工作，为农业增效和农民增收服务科学技术是实现农业现代化管理的关键措施，要进一步抓好农业科技管理工作，使档案工作在农业科技创新、技术推广、生产经营、基本建设、保护生态环境等方面发挥出更大的作用。

当前，重点是要抓好农业科技档案信息工作网络的建设，满足广大农民对先进实用技术的迫切需求，让农民走近科技，让科技落户农家，现在"网络"化成为联结农民和科技的一座金桥。农业科技档案是宝贵的信息资源，其中所蕴含的政策信息技术信息、管理信息等，具有巨大的利用价值和开发潜力。农科档案部门和农技档案人员要强化农科档案信息的开发利用意识，搞好档案的开放和复习开发工作。要逐步增强广大农技专业人员的档案意识，将潜在的需求变为现实的利用，培养庞大的利用群体，扩大农业科技档案工作的社会服务方面，使更多的人了解农业科技档案，学会利用农业科技档案，在利用农业科技档案中获得更大更多益处。认真做好农业科技档案的材料形成与积累工作。从目前实际情况看出，由于对农业档案材料重视不够，有些材料的收集分散、零碎、不完整，收集甚少。由于综合档案室的基础性工作一般，必须抓好根据材料的形成年代和积累逐步进行过堂。

首先主要是办公室工作形成的，如计划、通知、上级有关来文、本单位形成的通知、请示及材料总结报告等，这部分材料相对来说，比较容易形成和积累。其次就是有关本局形成的信息类材料和农业生产技术服务方面形成的报表等，这部分材料不仅数量大而且利用价值很高，这些材料的归集整理必须引起高度重视。再次指的是有关农业种子资源方面的一些资料，这部分材料应该属高新技术资料，特别值得重视，也是很好整理归集的部分材料。最后就是种子执法档案是每个案件的原始的办案记录，它关系到种子执法的客观和有误，关系到是否对当事人负责，关系到执法的严肃性。因此，这份办案记录必须准确、规范、合法，经得起历史的检验。种子管理工作其他方面的档案也同样体现出一个单位管理水平的高低，种子管理人员必须认真学习《中华人民共和国档案法》，弄懂弄通档案法律知识通过档案业务培训、自学、档案知识考试等，使全体种子管理人员提高执法水平，增强档案法制意识和法制观念，充分认识种子管理档案的重要性。

如：作为农业种子管理部门对农业种子资源的档案收集、归档过程中，要重点抓好历史材料的收集、清理和日常科技文件材料的归档工作。历史积存材料的收集清理工作难度比较大，要做好如下几方面：一是拟制整理方案；二是确定归档范围，确定各专业应归档的科技文件材料；三是对收集上来的材料进行分类；四是确定归档时间、归档份数、归档要求、归档手续。就目前形势上分析，该部门从事的专业所形成的科技资料，有序组织开展农作物种子管理服务、农作物种子生产经营许可审查农作物种质资源保护利用、农业新品种保护、转基因种子管理、现代种业发展工程项目管理服务、种子生产加工贮藏检验技术人员的继续教育与考核培训等等工作，并取得了积极成效，为种业发展营造了良好的发展环境。随着农村产业化的发展，农村明星专业户、重点专业户、科技示范户不断地出现，建立和管理好村级农业科技档案也十分重要。在抓好农业科技档案管理的同时，档案部门对农业科技档案收集应给予协助和指导，并注意总结推广这方面的经验，因为这些档案是农业科技档案工作的重要组成部分。管好这些档案为农民脱贫致富将起着重要的作用，为大力推进政策惠农、科技强农、执法护农，推动农业提质增效，促进农民持续增收做好服务性工作，既是贯彻和落实建设社会主义新农村，也是该市在加快现代化进程中的一项重大历史任务。同时我们种子管理部门将围绕各级农业主管部门的工作部署，认清形势，进一步增强抓好种业管理工作的紧迫感和使命感。

二、充分发挥科技档案为农业科研服务作用

1. 管理科技档案的最终目的是为科研服务

使科技档案由保管状态转为利用状态，发挥它的技术效用和社会经济效益，才能充分体现科技档案的使用价值，我国每年有数以万计的农业科技成果通过鉴定，但我国的农业科技成果转化率却比西方发达国家低二十个百分点以上，科技成果鉴定后大多进入档案室作为档案资料保存起来。一方面农民对先进的农业科技成果有迫切的要求，但有效供给却严重不足，另一方面大量的农业科技成果却在档案室里无法转化，对农业科研服务乏力。因此，应有选择地建立各具特色的农业科技成果档案数据库，依据一定的规范、标准、发布方式向科研部门，尤其是广大农民展示最新的农业科技成果，用以促进农业科技成果与生产联姻。促进农业产业化，从而提升农业竞争力。

2. 建立科学化的管理方法是提高科技档案利用率的基本条件

档案管理是档案利用的前提，只有管理好档案，才能更好地利用档案。提高科技档案利用率，发挥信息库的作用。随着电脑科技的发展，农业科技档案也由纸张为介质的传统纸质档案正逐步向以磁盘、光盘等为介质的电子文件过渡，网络的普及更是彻底改变了以往陈旧的科研管理模式，微机化管理已经成为档案工作的发展方向和必然途径，档案管理工作的微机化可以在很大程度上提高档案工作的效率和服务水平，方便了查询相关的信息和数据资料，使档案管理更加科学化、规范化，通过建立多种渠道的微机检索路径，可以迅速、方便地检索各类档案的基本信息和详细资料，从而彻底改变过去靠手工操作的工作方式，提高了档案查阅的准确性、最大限度地方便科技人员利用科技档案，如何开发利用农业科研档案信息资源，使之为社会服务，是当前农业科研档案管理人员的工作重点。

3. 充分发挥人的主观能动性，进一步提高科技档案的利用效率

科技档案管理微机化是档案工作的发展方向和必然趋势，也正逐渐变为现实，但再好的管理手段和条件也不可能完全代替人的作用，完善的农业科技档案管理制度的建立是提高农业科技档案利用效率的前提，农业科技档案管理制度的制定，要充分考虑到如何发挥科研人员利用档案的方便性和准确性，以及怎样利用科技档案才能更有利于发挥科研人员的创新能力，科技档案的利用，不应仅局限在查阅过去的资料服务于现在的科研工作，更应该从深层次去分析这些资料在形成过程中科研人员的思维过程，有哪些是可以为我们所借鉴的思考问题的方式，而不应仅局限在其结果上，因为在当时的科研条件的局限作用下，完全有可能会得出与客观实际不符的结论，因此在科技档案的利用问题上要充分发挥人的主观能动性，才能在更深层次上去挖掘其内在价值，使前人的智慧和财富为我们所利用，更好地为今后的科研工作服务。

4. 科研档案管理者与科研人员相互合作，促进科研档案的利用效率

科研档案管理工作，不只是为了管理而管理、重管理轻利用，应讲究社会效益和经济效益。作为农业科研档案管理者不仅要熟悉档案管理业务，还能指导科研人员对科技档案的高效查阅，农业科研活动与农业科技档案管理活动，如何达到合理互动、和谐统一是我们必须要面对的问题，农业科研档案能够为农业科研活动提供非常有价值的信息，从而促进农业科研工作的顺利进行，档案管理人员要主动分析和跟踪农业科研动态，把握信息需求动向，并熟悉已存档案的情况，主动地为农业科研提供服务，在档案利用形式上，要从实际出发，不断完善服务方式和手段，特别是充分利用信息处理和网络技术，建立快捷、实用的查询检索系统，以满足农业科研工作者对技术档案的需求，达到档案管理的真实目的。在提供科技档案服务的同时还应提高科技人员归档的积极性，为及时准确地将科技资料归档提供可靠的保证，依靠档案管理员和农

业科技人员的密切配合，大力促进农业科技成果的转化。只有处理好农业科技档案管理和农业科研的相互关系，才能够做到既做好农业科技档案管理工作，又促进农业科研工作的良性循环，使农业科技档案更好地为农业科研服务。

三、加快农业科技档案管理信息化发展进程

1.转变管理理念，推动农业科技档案信息化进程

农业科技档案信息化建设不仅需要做好当前电子档案的收集整理工作，还需要对以往及现在的纸质文件进行电子化录入与整理，并对新产生的电子档案及时归档，确保信息化档案的全面、真实、有效、可靠。要完成这些工作，首先，需要引进专业化的电子档案人才，快速提升档案信息化管理水平，加快电子档案转化进程，其次，电子档案的信息化管理还需要完整的硬件配套设备，从高精度的扫描、拍摄等录入设备，到高速、稳定、体量大的存储硬盘，以及功能全面、使用便捷、可持续升级的管理系统，每个环节的设备缺一不可，尽量避免购置没多久就出现跟不上要求的浪费行为。

2.构架多类型数据库，满足各类数据的存储需求

农业科技档案信息化建设要做好数据库建设。首先，档案类型划分要精细化，分列时间（年度）和内容等数据划分标准，构架多类型数据库；其次，数据库建设中要引入人工智能、智能算法技术等智能技术应用到农业科技档案管理中去，实现信息化建设走向最前沿，提升电子文件录入效率等，降低人力劳动强度；再次，大数据技术的融入，促进农业科技档案管理走向目标化、多元化，满足各类用户的需求，并掌握用户动态，提供精准服务。最后，信息化系统与办公系统、农业科研系统等能够关联互通，打破系统独立格局，为数据传输提供高效路径，降低档案管理成本。

3.架设性能强大的服务器，满足各类用户的使用需求

要提升农业科技档案数字化服务的能力和优势，打造集群化档案服务，就要架设性能强大的服务器，为档案网站的各项功能提供强力支撑，首先，档案服务器要具有一定的规模，能够大量存储农业科技档案，提供高效存储，存储的档案数据形成镜像文件提供给外网查询、下载、分享。其次，架构档案服务器时，要重视对用户信息及档案资源的保护。一般通过功能完善的网站提供外部信息传输，用户需要查询农业科技档案时，通过外网网站访问，避免直接访问服务器源文件导致信息不安全。最后，架构外网平台时，信息化管理平台要便捷易懂好操作，使更多的基层农技人员和农民群众能够及时了解农业技术的发展现状和趋势，更好地进行农业科技创新，为我国农业发展助力。

4.从平台建设、加密技术等多方面保障档案信息安全

首先，为防止信息丢失、黑客攻击以及病毒侵扰等，在开发信息化管理平台时，

构架内外网单独执行模式。内网用于农业科技档案的相关管理，外网有权限时才可对内网的镜像数据进行访问，其次，积极运用区块链技术、云加密技术、数字水印技术等多种加密技术的叠加应用，防止信息被恶意删除、篡改等。与此同时，做好信息备份计划，备份设备相互独立以免全部损坏。最后，加强农业科技档案管理安全制度的建立与健全，明确权限和职责，建立台账，确保事后可追溯、可调查，同时，做好管理人员的安全教育，避免一切引发安全风险的操作发生。

5. 从实践能力出发，多维度提升档案信息化管理水平

农业科技档案管理信息化需要具有信息化应用能力、档案管理能力和创新能力的人才，推动农业科技档案信息化实现高效、高质的管理，那么就要加强农业科技档案管理的人才培训。首先，培训以信息化应用为核心，如大数据挖掘技术、云技术等在档案管理中的应用，同时制定方案，整体推进，确保档案管理人才梯度培养，达到能应用、会应用、熟练应用水平，避免培训工作流于表面，缺乏实践，其次，要加强行业的横向联合与沟通，加强与档案馆、图书馆、科技馆、展览馆等部门合作，打造行业横向交流的平台，为农业科技档案管理人员提供行业培训机遇，借鉴信息化管理的成功经验，促进农业科技档案管理人才质量的提升。

分析与实践表明，提升农业科技管理水平，档案信息化建设是极为重要的一环。档案信息化的建设与提升，无疑会大力助推农业科技水平的提升与发展，切实搞好新农村建设，档案信息化建设至关重要，万万不可小视。

四、健全农业科技档案系统工程，为振兴农村经济服务

1. 明确农业科技档案管理工作的指导思想

农业科技档案管理工作应从全面反映和维护农业科技发展建设历史面貌出发，积极拓展档案工作为农业科技发展建设服务的渠道。尤其在探索农业科技建档工作中，根据农业科技发展特点，按照《档案法》及有关法规、规章主动引导、督促、检查、指导农业科技部门建立档案工作，制定符合本地区本部门特点的，具有指导意义的、科学合理的归档范围及保管期限表和各项规范的档案管理制度，以适应当前农业科技发展的新变化和新需求，使农业科技档案工作更好地为顺义区农业科技建设提供有效服务。

2. 明确农业科技档案管理工作的原则

农业科技发展的特殊性决定了其档案管理与一般档案的管理有较大区别。在管理原则和方法上，不能简单地照搬原来的管理模式，而要围绕农业科技发展需要，研究探索出适合于农业科技档案管理的新路子。为此，在农业科技档案管理工作中要遵循以下几个原则：

维护档案内容完整原则。在农业科技发展建设过程中直接形成的并能够反映部门或者区域农业科技领域相关工作原始面貌的各门类档案，是研究农业科技建设，维护农业科技发展真实历史面貌等方面的具有依据性、参考性作用的原始记录。为此，在确定农业科技档案范围和坚持归档的内容要不丢、不漏、齐全完整、全面系统，是开展农业科技建档工作必须遵守的最重要原则。

集中统一管理原则。科技档案工作是农业发展建设的一项重要任务，必须在党和政府的领导下对农业科技档案实行集中统一管理。首先，在管理方式上，农业科技档案是农业科技事业发展建设的重要组成部分，归国家所有，任何集体和个人都不能私自占有；其次，在管理手段上，区县档案行政管理部门，要加强对农业科技档案的统一领导和管理，要制定相应的规章制度、办法等，以加大对农业科技档案的监督管理力度，规范农业科技档案工作，确保农业科技档案的完整与安全；第三，组织措施上，在宏观上加强对农业科技档案工作的统一规划和协调，在微观上加强业务指导监督和培训。

简便易行原则。由于农业在科技发展中，较其他行业发展慢，内容多而杂并且不规范，因此对农业科技档案的管理工作不能搞一刀切、一个模式，要根据各部门工作性质和特点，制定出切合实际、简便易行的档案管理办法和规章制度，使档案人员感到这些业务规范便于理解，可操作性强，参照标准就能够顺利开展工作。

通力协作，分类指导原则。农业涉及领域广泛，各领域发展速度不一样，档案基础不一样，在帮助各农业部门建立档案时，要征求各部门意见和要求，根据不同领域、不同部门制定出相应的档案整理方案。

服务性原则，搞好农业科技档案必须强化服务意识，各级档案部门要紧紧围绕服务农业的大局，找准档案工作为农业科技发展服务的结合点和切入点，充分开发农业科技档案资源，通过档案咨询、档案阅览、档案编研等多种形式主动为社会各界提供优质、高效的服务。

3. 加强领导，形成思想共识

针对农业科技档案意识薄弱、建档工作量大、面广、任务艰巨等实际情况，要加强领导，加大宣传，提高认识。首先争取区级领导的重视，成立农业科技建档领导小组，把农业科技建档工作做细做实，并把各级农业部门档案管理工作列入年度经济和社会发展目标责任制考核内容。同时，各乡镇要把自己管辖范围内的科技建档工作列入议事日程，完善督查机制，做到有人抓、有人管、有人查。并召开各乡镇干部会议，通过广播、宣传栏等媒体，宣传农业科技档案工作的重要性，使乡镇分管领导及有关人员对农村科技档案工作的认识进一步提高。深入各乡镇搞好调研工作，准确掌握农业科技档案工作家底及趋势，针对各乡镇实际情况，及时研究对策。

4.建立完善的档案管理制度，增强档案管理意识根据《中华人民共和国档案法》和《科学技术研究档案管理暂行规定》的要求，结合农业科研单位的具体情况，建立完善的规章制度，增强科技人员尤其是课题组长的档案管理意识，使之认识到科技档案是国家科研经费产生的成果，是属于国家和单位的宝贵财富，不是个人私有财产，同时，明确对科技档案材料的形成、积累、整理和归档是科技人员不可推卸的职责，是科研课题和科研院所持续发展的重要支撑。要让科技人员全面了解档案和所形成档案材料的各种要求，在课题开题时就有意识地收集和整理归档材料，全面、及时地上交符合要求的档案材料，保证所形成案卷的数量和质量。另外，档案管理人员还要定期检查各课题科研材料归档的进度，对于没及时归档的科研材料，要督促、提醒科技人员及早归档。通过科技人员和档案管理人员的共同努力，形成完整、规范、科学的档案原始材料。

5.实行档案规范化管理，提高档案管理队伍整体素质科技档案的规范化管理包括科技档案本身的规范化和科技档案管理工作的规范化是两个方面的内容。科技档案规范化是根据科技文件材料的形成规律，在归档前按照材料的形成和积累，分类建档，统一规范管理，包括从科技材料的书写、质量、格式以及形式和程序等，到对科技材料的整理和加工，最后到形成案卷的格式等，都要按照统一标准进行集中规范管理。档案管理规范化是从制定分类方案、整理和保管、鉴定和利用、统计和借阅、保密、销毁和移交等相关的规章制度到人员、设备等都要统一进行规范管理。

强化档案管理队伍建设，建立一支素质高、结构合理的档案管理队伍是做好农业科技档案规范化管理的根本？新时期要求档案管理人员既懂档案管理知识，又懂信息技术和有关电子政务知识；不但要具备对归档材料进行规范整理和妥善保管的能力，还要具备一定的编研能力；不仅能熟练操作计算机及使用相关软件对库藏的科技档案实行微机管理，还能围绕需要或一定的专题对科技档案中存储的科技信息进行挖掘，及时、主动地提供高价值的信息资源。另外，档案管理人员应积极参与科研计划管理，在制定科研计划的同时提出建档要求，并做到全程跟踪管理。对于科技档案管理队伍整体素质的培养，一是各级领导要重视档案工作，强调爱岗敬业、责任心和服务意识强的科技人员到农业科技档案的管理工作岗位，避免档案管理人员频繁流动；二是采用"请进来"和"走出去"的办法，有计划地安排档案管理人员进行在岗培训和继续教育，更新知识和观念，拓宽知识面，使之既懂档案管理的专业知识，又掌握农业科研的基本知识，从根本上提高档案管理队伍的整体素质。

6.改进管理和服务方式，加强科技档案信息资源的开发利用农业科技档案管理人员除了要熟悉档案管理业务，还要指导科技人员对科技档案的高效查阅，使档案为农业科研活动提供有价值的信息，从而促进农业科技创新工作的顺利进行。档案管理人员应主动分析、跟踪农业科研动态，把握信息需求的动向，主动为农业科研提供服务，从过去偏重课题验收和成果申报等材料齐全转向以深化服务和过程管理为中心的档案材料的监督和指导，加强文件材料形成过程和形成前的监管，重视在听课题档案材料形成的管理，把档案管理工作延伸到课题研究的每一个环节和阶段，使科研课题材料的形成和积累、整理和归档都处于受控状态，使科技档案由保管状态转变为利用状态，充分发挥科技档案的使用价值。

对科技档案的利用，不能局限于查阅过去资料服务现在的科研工作，应从深层次分析前人在形成这些资料过程中的思维过程，从中借鉴前人思考问题的方式。要不断完善服务方式和手段，充分利用信息处理和网络技术，建立快捷、实用的查询检索系统，满足农业科技人员对技术档案的需求，达到档案管理的真正目的。在实际工作中，只有正确处理好农业科技档案管理和农业科研的相互关系，才能既做好农业科技档案管理工作，又促进农业科研工作的良性循环，使农业科技档案更好地为农业科技创新服务。

7. 建立网络，整合服务体系

档案网络，是农业科技档案工作的一项基础建设，要花大精力，切实抓好，落到实处。

一是建立组织网络。首先建立农村科技档案建档工作领导小组，然后采取创新的工作方法，对相关科技部门及乡镇分管领导、党政办、文书（档案员）提出具体要求，做到职责明确，责任到人。集中全区范围内相关部门档案管理人员，采取团结互助的整理办法，联合作战，将科技部门、科技企业及各乡镇相关科技档案工作逐个建立起来，使该工作在面上快速推开，积小胜为大胜，以会代培，利用召开会议机会，对档案员进行以会代培，现场观摩整档操作技术，边做边讲解，通俗易懂。

二是建立信息网络。档案业务主管部门与科协合作建立乡镇农业科技档案信息网络，制作农技信息网页，并不断丰富内容，为农业、农村和农民提供档案信息服务，加快档案信息化建设，不断完善丰富档案局（馆）互联网网页内容，为逐步实现档案信息资源共享提供条件。

三是建立辅导网络。为加强农业科技档案业务辅导工作，建立区级业务辅导员、乡镇档案员、应急小分队等档案辅导网络队伍，除区级业务辅导员、乡镇档案员外，根据辅导实际情况，在社会上聘用熟悉文档的人员，通过业务培训后，作为档案业务辅导应急小分队，哪里需要就派往哪里，在工作中由他们充当"小老师"，对档案员进行业务辅导。

四是建立服务网络。要提高档案员的素质，举办业务培训班、外出参观学习是一个重要的途径。因此，可以建立局（馆）服务、乡镇服务和自我服务三个层面的服务网络，区档案管理部门针对各部门档案员变动频繁的情况，定期或不定期举办档案业务培训班，同时镇、乡结合本地实际，举办辖区范围内农业科技档案业务培训班，邀请市（区、县）档案局业务指导人员讲课，不断提高档案员的业务水平．鼓励各部门档案员主动"走出去"，到档案局（馆）、乡镇向业务辅导员咨询档案业务，同时也尽可能组织各农业科技部门档案员赴外地参观学习档案管理先进经验，让大家拓宽视野，获取知识。

参考文献

[1] 李静 . 互联网时代档案管理新模式的研究与思考 [J]. 内蒙古科技与经济，2022(1):36-37.

[2] 马佳丽 . "互联网＋政务服务"背景下档案管理模式研究 [J]. 中文科技期刊数据库（全文版）社会科学，2023(3):4.

[3] 刘友梅，张光阳，杨立军，等 . 新形势下农业科研院所科研档案管理思考 -- 以湖北省农业科学院植保土肥研究所为例 [J]. 农业科技管理，2022, 41(3):4.

[4] 苏添华 . 数字化模式在档案管理中的应用探究 [J]. 海峡科技与产业，2022, 35(10):40-42.

[5] 杨凌嫒 . 新规定下农业科研档案管理工作的思考 [J]. 城市情报，2022(17):3.

[6] 刘建慧 . 档案管理信息化与数字化的思考 [J]. 数字技术与应用，2023, 41(2):3.

[7] 郭秀萍，胡新元 . 新时期农业科研档案管理数字化转型研究 [J]. 农业科技管理，2023, 42(2):5.

[8] 谢晓佳，康芳灵，严延冬，等 . 科技小院模式助力农业科技推广的实践与思考 [J]. 云南农业大学学报：社会科学版，2022, 16(3):6.

[9] 王春梅 . 新形势下科技档案信息化建设与思考 [J]. 办公室业务，2022(3):3.

[10] 路燕李欣田迎芳乔淑赵博 . 河南科技服务新型农业经营主体的实践与思考 [J]. 农业科技管理，2022, 41(1):16-19.

[11] 黄杰，李成贵 . 新形势下农业科研单位科技推广服务的实践与思考——以北京市农林科学院为例 [J]. 农业科研经济管理，2022(2):6.

[12] 曾力旺 . 科研档案整理分类的思考与实践 ——以中国热带农业科学院科研档案管理为例 [J]. 兰台内外，2022(3):23-25.

[13] 张铁华 . 农业科研单位档案管理工作实践与思考——以辽宁省果树科学研究所为例 [J]. 农业科技与装备，2022(5):81-83.

[14] 石媛楠 . 农业农村档案工作的实践与思考 [J]. 河北农业，2022(8):66-67.

[15] 刘诚 . 信息化在科技档案管理中存在问题和对策 [J]. 中文科技期刊数据库（全文版）社会科学，2022(2):3.

[16] 张俊涛 . 新时期加强农业科研单位科技档案保密工作的思考 [J]. 农业开发与

装备 , 2022(4):3.

[17] 宋晓丽 . 科研院所科技名人档案管理探究——参与潘镜芙院士学术成长资料采集项目的实践与思考 [J]. 机电兵船档案 , 2022(1):33-35.

[18] 裴家艺 . 科技档案管理的实践途径 [J]. 科技创新导报 , 2022, 19(20):3.

[19] 许莉 . 农业科技档案管理工作存在的问题与对策 [J]. 中文科技期刊数据库 (全文版) 农业科学 , 2023(3):4.

[20] 杨春雨 . 农业科技档案管理信息化及其建设路径探讨 [J]. 吉林蔬菜 , 2022(4):158-159.

[21] 张铁华 , 才丰 . 农业科技档案的作用与管理策略 [J]. 中文科技期刊数据库 (全文版) 农业科学 , 2022(10):3.

[22] 安芬 . 农业科技档案管理信息化建设路径探讨 [J]. 陕西档案 , 2022(1):50-51.

[23] 郭磊 . 加强企业科技档案管理工作的思考 [J]. IT 经理世界 , 2022, 25(8):4.

[24] 陈小平 . 做好企业科技档案管理工作的思考 [J]. 城市情报 , 2022(7):0043-0045.

[25] 李洪峰 . 加强企业科技档案管理工作的思考 [J]. 云南科技管理 , 2022, 35(1):34-36.